纪念中国人民抗日战争暨
世界反法西斯战争胜利 70 周年重点出版物

学者的责任

中国学者在抗日战争中

杨宗元 编

中国人民大学出版社
· 北京 ·

目　录

导　言

我国的学者自古就有“修身、齐家、治国、平天下”、“为天地立心，为生民立命，为往圣继绝学，为万世开太平”的强烈的社会责任感和使命感。当日寇的铁蹄踏上积贫积弱、累累伤痕的中华大地，在民族生死存亡的紧要关头，每一个学者都以自己的方式，承担起作为学者的爱国责任。

一、奔走呼号宣传抗日

九一八事变后，东三省沦陷，外敌压迫空前严重，而蒋介石实施“攘外必向安内”政策，消极抵抗，一味退让，领土主权任人践踏。在国家遭受野蛮侵略，民族面临生存危机的背景下，中国学者表现出了空前的团结与一致，不分党派，不分学派，不分领域，一力抗战。一方面他们呼吁国民党“团结抗日，一致对外”、“立息内争，共御外侮”，另一方面他们利用各种途径和方式动员民众，宣传抗日。

吴稚晖早年加入孙中山领导的同盟会，是国民党内颇具威望的元老，具有举足轻重的地位。他积极反共，在四一二反革命政变中为蒋介石出谋划策，为蒋介石所倚重。但对于国民党在抗战的不抵

抗，吴稚晖则深恶痛绝："不抵抗主义者，反在唱高调，真令人痛心到极点!"(《教育改造与救国》)

1931 年九一八时，马相伯已届 91 岁高龄，他为抗日救亡奔走呼号，发表《为日祸告国人书》，主张"立息内争，共御外侮"，自 1932 年 11 月起，他连续四个月发表了 12 次国难广播演说，还先后发起组织江苏国难会、不忍人会、中国国难救济会和全国各界救国会等爱国救亡团体，被公认为救国领袖、爱国老人。他积极支持抗战政治家的活动，与宋庆龄、杨杏佛、沈钧儒、史良、王造时、邹韬奋、章乃器等人有交。1936 年，沈钧儒、邹韬奋等"七君子"入狱，马相伯多方营救。七人获释后，前往看望马相伯，合影留念。沈钧儒在照片上题书"唯公马首是瞻"。

很多学者奔赴各地演讲，宣传抗日。如本书收入的《抗日的效能与青年的责任》就是丁文江在燕京和协和两所大学的演讲，他谆谆教诲青年，要以十二分的努力，彻底了解近代国家的需要，养成近代国民的人格和态度，学会最低限度的技能。而对于受高等教育的青年而言，做改造新国家的预备工作，是他们唯一的责任！陶行知也于 1936 年 5 月间在各地演讲宣传抗日，本书收入的《怎样才能粉碎日本的大陆政策》、《中国的出路》就是他在中山大学、南宁市中学的讲演。

办刊也是学者宣传抗日的重要渠道。各种宣传抗日救亡的刊物如雨后春笋般涌现，邹韬奋主编的《抗战》月刊，上海救亡协会的机关报《救亡日报》，胡风主编的《七月》等为全民族抗日救亡运动的兴起，起到巨大的推动作用。学术性刊物也承载了抗日救亡的使命。爱国学者、著名史家顾颉刚于 1934 年发起组织"禹贡学会"，创办《禹贡》半月刊。创刊不久，顾颉刚痛感民族危亡、国土沦丧，将研究重点由古代地理转向边疆地理，目的在于宣示疆域，昭告世人，中华国土不容觊觎。即使创刊已久的刊物也将重点转向宣传抗日。《大公报》主笔张季鸾在九一八事变之前就根据形势的发展变化写了一系列社评，向当局进言，为国家献策。九一八事变以后，张季鸾又写下《愿日本国民反省》、《望军政各方大觉悟》等一系列文章。1934 年初，钱端升赴天津担任《益世报》主笔，8 个月期间共写了 170 篇社论，揭露与驳斥日本侵华阴谋及其罪行，大声疾呼各界人士放弃对日和平幻想，积极做好抗日准备。为此，蒋介石大为恼火，勒令邮局停邮《益世报》。

也有很多学者用戏剧、音乐、绘画宣传抗日救国。夏衍、于伶等百人集体创作演出的大型话剧《保卫卢沟桥》、郭沫若的《屈原》、《棠棣之花》、张寒晖《松花江上》、麦新《大刀进行曲》、田汉聂耳《义勇军进行曲》等作品极大地鼓舞了抗日救亡的热情与士气。

二、以所学报国

在抗战时期，广大爱国学者不得不背井离乡，颠沛流离，在敌机的频繁轰炸中，既要忍受物质生活的艰辛，又要忍受仪器、设备的简陋和图书资料的缺乏，但他们仍旧坚守学者之道，把自己的才智和学识都奉献在民族的抗战和文化教育事业上。他们自觉地把学术研究与挽救民族危亡结合起来，把学术研究与对中国社会现实的关注结合起来，以所学报国。

在抗日战争中，《科学》杂志的创办人、曾任四川大学校长的任鸿隽应蔡元培之邀，担任中央研究院化学研究所所长，他因陋就简，筹建化学研究所实验馆，使科研工作得以正常进行。在昆明乡村躲避日军空袭时，他还翻译了 W. C. D. 丹皮尔的《科学史及其与哲学宗教的关系》一书。这是我国较早的一部科学史译著，也是一部备受学术界重视和欢迎的著作。他谆谆教诲学生，“救国是我们的最高责任”，“读书即是救国，救国必须读书”（《为新入学的学生讲几句话》）。

史学等人文社会科学领域的学者自觉地将抗日救国作为学术研究的重要内容。九一八事变发生后，傅斯年发奋著书，于1932年10月出版了《东北史纲》，针对日本学者“满蒙在历史上非中国领土”的反动言论，证明有史以来东北就是中国不可分割的一部分。此书后来译成英文，送交国际联盟。《东北史纲》一书为李顿调查团报告书明确指出东北三省“为中国之一部，此为中国及各国公认之事实”起到了重要作用。

政治与外交领域的学者也将中日关系作为他们重要的研究课题。1936年元旦，钱端升撰文《论中日关系》指出，中日“亲善之不可能”，必“置之死地而后生”，只有下牺牲的决心，准备作积极的抵抗。1938年10月，抗日战争已进入相持阶段，钱端升的眼光已经超越当下的战争，论及中国外交的根本政策，强调我们需要一个目光远大的外交政策，奋斗能解决民族目前之厄，但只有和平堪作长期的外交政策。

军事家更是将中日战争作为必然的研究主题。著名军事理论家陆军大学校长蒋百里文武兼修，他与胡适共同创办新月社，并与徐志摩结为至交，应梁启超之约为其《近三百年学术史》作序，但在民族危亡的时候，他最终着力耕耘的仍是军事领域，并以其卓越的军事理论和军事教育成就闻名于世。早在1922年他就表现出对日本侵略的高度警惕。1933年，他再赴日本，拟就国防计划，以备不可避免的中日之战。1935年，他被聘为军事委员会高级顾问，翌年赴欧美考察军事，归后提出建设空军的建议。1937年初，蒋百里最重要军事论著集《国防论》出版，轰动一时，扉页题词是：“万语千言，只是告诉大家一句话，中国是有办法的！”

中国是有办法的！中国的各界学者用自己的专业知识，为中国的抗战，为中国的富强寻求解决的办法，调动政治、经济、军事、文化等各方面的学术力量以笔墨救国，挽救民族危亡。

三、深入民间普及教育

1931年的九一八事变以后，日本帝国主义企图变中国为其独占的殖民地，中华民族到了生死存亡的关键时刻。抗日救亡运动成为此时中国政治生活的主题，由于学者更早地认识到知识的力量，因此，一批学者选择了教育救国之路，他们深入乡村普及教育。晏阳初、陶行知、黄炎培、梁漱溟等是其中重要的代表人物。

晏阳初是享誉世界的平民教育家、乡村建设运动的倡导者。他认为救国之路在于救治国人的“四大病”，即贫、愚、弱、私，主张在先教农民识字的基础上，再实施生计、文艺、卫生和公民“四大教育”，培养知识力、生产力、强健力和团结力，以造就“新民”。他主张在农村实现政治、教育、经济、自卫、卫生和礼俗“六大整体建设”，从而达到强国救国之目的。为此，他身先士卒，举家迁往农村，河北定县进行了长达11年的乡村平民教育实验，探索农村建设、民族自强自救的道路。随着日本帝国主义侵华行动日渐扩大，空前国难来临，晏阳初加速推行平教运动，将平教运动十年计划改为六年。定县沦陷后，他在四川、湖南等地继续坚持平教运动和乡村改造工作，宣传发动农民进行抗战。

中国近代著名教育家及社会活动家陶行知被毛泽东称誉为“伟大的人民教育家”。为了推行平民教育，他辞去了东南大学教育系主任之职，放弃了高薪，风尘仆仆地奔走于全国十几个省市，使成千上万的平民受到了教育。在平民教育处于高潮时，他又创办了晓庄试验乡村师范学校。九一八事变后，陶行知积极从事抗日救亡运动，将爱国赤诚与教育运动结合起来，先后发起并推行普及教育、国难教育、战时教育、全面教育和民主教育等教育运动。1939 年 7 月 20 日他在四川省合川县创办了育才学校，育才学校吸引了许多著名进步学者、专家、教授来校任教，如艾青、贺绿汀、章泯、陈烟桥、戴爱莲等。周恩来专程到育才学校访问并做了抗战形势报告，题词："一代胜于一代"。

黄炎培是一位职业教育家，秉持"教育救国"理念，全力兴学。他不仅在国内皖、浙、赣、鲁、冀等地考察教育，而且走出国门，赴美国、日本、菲律宾以及南洋各地考察教育。他全力推进乡村职业教育，成为乡村教育运动的代表人物之一。他发起成立"中华职业教育社"，主持创办《教育与职业》月刊，创设"中华职业学校"，并亲订"手脑并用"的办学方针和"敬业乐群"的校训。九一八事变后，他投身抗日救亡运动，提议设立"民族复兴教育设计委员会"，希望通过教育促进民族复兴。

梁漱溟是现代新儒家的早期代表人物之一，有"中国最后一位儒家"之称。他致力于把社会教育和社会改造融为一体，发起乡村建设运动。他 1931 年到山东邹平，进行了长达七年的乡村建设运动，后来实验区逐步扩大到全省十几个县，在海内外产生了深远影响。七七事变后，他主张团结抗日，一致对外，为联合中间势力，形成政团力量，促进联合抗日，他于 1939 年参与发起组织"统一建国同志会"，1941 年又参与发起和组织"中国民主政团同盟"，任中央常务委员并赴香港创办其机关报《光明报》，任社长。

教育救国和实业救国、科学救国一样在当时的中国不能真正改变中国命运，不可能真正地解决中国的问题，但它是中国的学者在面临民族危亡时自觉的民族自救运动，体现了中国学者的高度的爱国精神和责任感。当时有成百上千的知识分子抛弃城市的优厚待遇和舒适的生活环境，深入民间，把他们所学到的知识文化和科学技术传授给农民，帮助他们扫除文盲和脱贫致富，他们的一些做法，至今仍具有借鉴意义。

四、争取国际支持与援助

中国三四十年代的学者大多有国外留学经历，他们利用自己的学术影响和国际影响在国际上宣传抗战，争取国际社会的支持，募捐筹款，为抗战筹资出力，同时呼吁国际社会对日本实施经济制裁。

原本胡适反对对日开战，主张谈判缓解局势，以待国际形势的根本好转。七七事变后，他终于从不主战的“低调俱乐部”中走出来，决定接受蒋介石的委托，去美国开展民间外交，为中国的抗战寻求援助。1937 年 9 月，胡适和钱端升、吴忠绂一起共赴美国，在美国从事演讲活动，宣传中国抗战决心，争取美国朝野的理解与支持。此后他又去加拿大、英国、瑞士等国巡回演讲，向这些国家的政府和民众介绍中国抗日战争的情况，说明中国抗战的意义和赢得胜利的信心，争取各方面的支持。胡适的国民外交活动，在日本国内也引起了强烈的反响。1937 年前后在日本留学的杨鸿烈从日本返国给胡适写信说：“在日本人眼中，先生是他们的‘侵略主义’的大对头。”①

还有很多学者向国际社会募集资金，援助抗战。抗日战争爆发后，黄炎培任战时公债劝募委员会常务委员兼秘书长等职，他曾六下南洋，向印尼、马来西亚、新加坡等各国的华侨商贾们筹募来大笔资产，援助抗日斗争。陶行知也在 1936 年 7 月至 1938 年 8 月间先后前往欧美亚非等 28 个国家及地区宣传抗日救亡。1938 年 8 月，

① 《胡适往来书信选》，中册，376 页，北京，中华书局，1979。

他回国路过香港，倡导举办了“中华业余学校”，推动香港同胞共赴国难。

即使未能走出国门的学者，也仍然通过致电、声明等方式向国际社会表达中国学者的声音。1937 年 11 月 3 日，九国公约有关国家在比利时首都布鲁塞尔举行会议，讨论共同反击法西斯及中国对日抗战问题。会前，文化界著名人士、中央研究院院长蔡元培、同济大学校长翁之龙、交通大学校长黎照环、暨南大学校长何炳松、浙江大学校长竺可桢，联名致电布鲁塞尔会议，要求制止日本对华侵略，严惩日本违反国际公约的暴行。随后，又由蔡元培领衔，南开大学校长张伯苓、北京大学教授胡适、北京大学校长蒋梦麟、中央大学校长罗家伦、清华大学校长梅贻琦等 103 人，向国际社会发表英文声明，揭露日军破坏中国教育机关的暴行，吁请国际正义力量制裁日本的法西斯主义行径。

中国学者也参与到各种国际组织中，对争取国际舆论和增进各国对中国的了解，有极大促进作用。罗家伦从 1938 年起担任“国际反侵略运动大会中国分会”理事，之后多次与中大教授、各高校校长致电美国总统罗斯福、国会议员、美国参议院等，呼吁对日本实施经济制裁。朱家骅于 1936 年起任中国国联同志会会长，钱端升、罗家伦、胡适、徐悲鸿、傅斯年等均为国联同志会理事。1938 年 7 月 5 日，国联同志会总会第 22 届年会在丹麦首都开会。钱端升等代表中国国联同志会出席，并提出五项提案，其中不仅包含对日经济制裁的提案，也包括援助中国的提案，提议不承认、不与日本作不利于中国之交涉，给中国财政、军需品之援助，并扩大救济运动尤其是战地儿童救济。

总之，中国学者在抗战中利用自己在国际上的影响，开展形式多样的广泛的民间外交活动，表达中国学者的声音，争取国际支持，为抗战赢得了更多的空间。

五、维护和保护民族文化

在日寇入侵、国土沦丧、民族危机十分严重的抗战时期，要团结全国民众，抵抗强寇，一个重要的手段就是要弘扬民族文化，振奋民族精神。抗日战争中的中国学者一方面发起文化救亡运动，以无形的文化鼓舞士气；另一方面积极采取行动，在战乱中保护中华民族有形的文化资产不受损失，或少受损失。

文化救亡运动中比较典型的是“新启蒙”运动。张申府是新启蒙运动的重要代表人物之一。他是一二·九运动的重要组织者和领导者，并因此而与夫人刘清扬被捕入狱。以救亡为己任的张申府正式发起了“新启蒙”运动，以建立民族的自尊与自信，其实质是反侵略的文化救亡运动。“今日是中国团结救亡，民族解放，争取自由民主政治的时代，今日的新启蒙运动，就是适应这个时代的思想方面、文化方面的运动。”(《什么是新启蒙运动》)

更多的学者通过自己的学术研究，宣传中华民族优秀的文化传统。傅斯年撰写的《中华民族是整个的》是针对日本人策动的华北自治所表达的对中华民族完整统一的坚定信心，“我们中华民族，说一种话，写一种字，据同一的文化，行同一的伦理，俨然是一个家族。也有凭附在这个民族上的少数民族，但我们中华民族自古有一种美德，便是无歧视小民族的偏见，而有四海一家之风度。”张君劢也在《中华新民族性之养成》中指出：“看不起自己历史的，不是好民族。总得先有自尊心和自信心，然后可以立国。”

尤其引人注目的是，很多学者着眼于中华民族的长远兴盛与发展，撰著至今影响深远的作品，如冯友兰先生的《贞元六书》、钱穆先生《国史大纲》等等，这种以弘扬传统文化精神为宗旨的学术研究可以看作是文化精神的抗战。正如贺麟先生在《文化与人生》序言中所说："八年的抗战时期，是中华民族历史上最伟大最神圣的时代，在这期间，不惟高度发扬了民族的优点，而且也孕育了复兴的种子；不单是承先，而且也是启后。不单是革旧，而且也是徙新；不单是抵抗外侮，也复启发了内蕴的潜力。"

战乱之中，保护我国的文化资源、文化遗产不被损毁也成为知识分子义不容辞的使命。如以郑振铎为首的"文献保存同志会"收集和抢购了大批因战乱而流失的珍贵文献。故宫的文物、各地方博物馆的文物、图书馆的古籍都是学者倾力保护的对象。中国学者或以组织或以个人的力量，竭力保护中华文物古籍的隐藏和及时转移。

随着东北、华北、华东、华南及华中的沦陷，各文化机关被破坏，图书仪器被劫掠，教师学生受到迫害。为了保存自身实力以求生存，中国社会出现了史无前例的高等教育机构大迁徙。在这场大迁徙中，承担保护文化资源责任的正是无数的学者。以中央大学为例，1937 年 8 月 19 日起，中央大学及实验学校连遭四次日机轰炸，时任中央大学校长的罗家伦一面坚守岗位，一面主持迁校事宜，民生公司的轮船将在南京的大学全体师生、眷属和全部设备溯江而上全部安全迁到重庆沙坪坝新校舍，连实验农场部分名种牛、猪和鸡鸭也悉数带走。

但更多的学校在日寇炮火的狂轰滥炸中，大量仪器、设备毁于一旦，许多校舍、建筑被夷为平地，大批珍贵图书、资料、手稿不是被毁就是流失。南开大学在遭到日军毁灭性轰炸后，校长张伯苓慨然向新闻界声言："敌人此次轰炸南开，被毁者为南开物质，而南开精神，将因此挫折，而愈益奋励。"[①] 黄炎培也撰写了《吊南开大学急告教育当局》，指出："这是一·二八焚毁上海东方图书馆后第

---

① 梁吉生：《张伯苓》，见《中国现代教育家传》第 2 卷，70 页，长沙，湖南教育出版社，1986。

二回毁灭文化机关的暴行的铁证”，他正告敌人：“尽你们的凶狠，能毁灭我有形的南开大学的校舍，而不能毁灭我无形的南开大学所造成的万千青年的抗敌精神，更不能毁灭爱护南开大学的中华全国亿万民众的爱国心理。”

总之，面对日本帝国主义的疯狂入侵，在国家生死存亡的紧急关头，抵御外侮、救亡图存成为中国学者必然的选择。他们奔走呼号宣传抗日救亡，在颠沛流离中以所学报国，摩顶旋踵推动平民教育，走出国门，争取国际支持与援助，竭尽全力保护民族文化遗产。虽然他们政治主张可能不同，他们选择的救国之路可能不同，他们抗日救亡的方式也可能不同，但在中华民族面临生死存亡的严峻形势下，抗战成为压倒一切的主题。

本书所选主要是学者从 1931 年九一八事变到 1945 年抗日战争胜利之间所做直接论及抗战或能够反映作者在抗战中行状的文章、讲演、通电、宣言等文字，以反映中国学者在世界反法西斯战争中所发挥的积极作用。由于学识所限，也由于本书篇幅所限，书中所选的人物、作品挂一漏万，即使本导言中提到的人物、文章也未能尽收，但仅从这有限的文字中我们仍旧可以看出中国学者“铁肩担道义、妙手著文章”的历史传统，看出他们忧国忧民、以天下为己任的博大襟怀。

本书的编写得到了各位著作权人的大力支持，中国人民大学出版社学术出版中心符爱霞、吕鹏军、吴冰华、丁桃荣、王琬莹、罗晶、刘广宇、李文、王宇、陈石军在本书编写过程中做了许多具体工作，在此一并致谢。

马相伯

马相伯（1840—1939），学名乾、良，一字建常，另字志德，江苏丹阳人，中国近代著名教育家、思想家和政治活动家，耶稣会神学博士。曾参与洋务活动，创办震旦学院（1903）、复旦公学（1905）。辛亥革命后，担任总统府高级政治顾问，兼任北京大学校长，参与筹建辅仁大学。晚年宣传抗战，随迁大后方，从上海辗转至越南谅山时不幸逝世。

马相伯学贯中西，精于欧洲语言、宗教、哲学和历史，杰出教育家蔡元培，民国高官于右任、邵力子均为其弟子。其弟马建忠所著、在我国语言学史上具有划时代意义的《马氏文通》亦由其整理删定出版。其本人述而不作，系统性的作品只有《致知浅说》，这是一部关于西方哲学的教材。方豪辑录有《马相伯先生文集》（1948），复旦大学出版社曾出版《马相伯集》（1996）。

1931 年九一八事变时，马相伯已届 91 岁高龄，他为抗日救亡奔走呼号，发表《为日祸告国人书》，主张“立息内争，共御外侮”。自 1932 年 11 月起，他连续四个月发表了 12 次国难广播演说，还先后发起组织江苏国难会、不忍人会、中国国难救济会和全国各界救国会等爱国救亡团体，被公认为救国领袖、爱国老人。他积极支持抗战政治家的活动，与宋庆龄、杨杏佛、沈钧儒、史良、王造时、邹韬奋、章乃器等人有交。1936 年，沈钧儒、邹韬奋等“七君子”入狱，马相伯多方营救。七人获释后，前往看望马相伯，合影留念。沈钧儒在照片上题书“唯公马首是瞻”。

马相伯的抗战言论，有马相伯秘书徐景贤 1933 年编辑的《国难言论集》，由上海文华美术图书公司刊行；1936 年又有马相伯口述、王瑞霖笔记的《一日一谈》，由上海复兴书局刊行。本书限于篇幅，仅收入（1）1933 年著《国货年献词》，提倡国货；（2）针对日本强占东三省，与章太炎等共同发表的《联合宣言》；（3）发给冯玉祥、宋哲元的电文，慰勉其抗日，庆贺其大捷；（4）《双十节献词》，于内忧外患之中，希望国人能体天下为公之意，希望政府能承担起责任，使民有所归，希望国家厉行民治，实行民主；（5）1936 年著《题赠全救会第二次执委会词》，指出耻莫大于亡国，战虽死亦犹生；（6）1936 年著《救国谈话》，表达对政府不抵抗的愤怒，号召“我们的人民决不能再等待，只有起来抵抗”。（7）1938 年 3 月的呼吁《精诚团结，一致对外》。

国货年献词*

诸位，我们每逢吃了外国人的亏，因为自己的实力比不上人家，政治的力量不能制服人家，常常用经济绝交的办法，像最早的抵制美国货，后来的抵制英国货，或时常听到的抵制日货。这样方法诚然有他的效果，亦许有的时候比了枪炮的力量还要厉害。特别是我们中国近百年来做了国际市场，外国的货品的第一个大主顾要是不照顾生意，外国人的确是害怕的。但是一个人买东西，大都有了需要才买的。我们为了日常的需要有的时候竟然不得不买。假使一时为了爱国心的冲动或者可以暂时忍住不买，日子久了，到了爱国热忱减退的时候，为了需要的缘故，又不得不买了。所以我们所用的方法只是一种消极的方法，是决不能持久的。况且抵制一国的货品，无形中便是推销另外一国的货品。譬如抵制日货的时候，英国货的销路便增加起来。我们的金钱照样还是流到外国去，于自身仍然没有丝毫好处。因有日常生活的需要是实在的。假使不用日货，总得要有一种货品来代替他，决不能绝对不用的。所以我们空说抵制，实在不是一种办法，实在是无益的。我们现在最好的办法，便是用自己的国货来作代替品。我们不要用任何国家的货品，我们只是用自己的货品。我们更不必再提抵制哪一国的货品，我们只是提倡采

---

* 原载《申报》1933 年 1 月 1 日“国货周刊”栏刊首文章。

用自己的货品。

但是提到国货，一般的人都缺乏一种信仰，尤其是上海这种地方，一般的心理总把外国货当作好的。这是什么道理呢？因为从前的国货确乎比不上外国货。但是近年来我们的制造工业进步的非常之快，一切货品实在和外国差不多，只是坏在一般人都不去采用。不去采用，怎么会试出他的好处来呢？所以我们应该先对国货有一种信仰，然后尽量采用。国货的销路广了，资本更加丰足，便可以精益求精，到那时候，外国货不用抵制，自然不得势了。

我们现在为了提倡国货，特别定出民国二十二年叫做国货年。叫做国货年，就是我们打算把这一年的时间完全用在国货运动这件事上。我们在这一年里应该时时刻刻提倡采用国货。我们要在这一年里在国人的心里养成对于国货的信仰，并且打定提倡国货的决心。我们假使能各各人有同样的信仰，下同样的决心，合力来做一年的国货运动的工作。我们对于雪耻御侮工作可算完成一大半了。

联合宣言*

（一）①

东三省称为满洲，不过一种通称。盖满洲只是一种部类，非东三省全称为满洲也。论古来历史，汉时已有辽东（今锦州）、玄菟（今东边道）二郡。明时亦设辽东都指挥司，驻沈阳。是其地原为中国内地，非同藩属。论今日户口，东三省汉人凡二千余万，满洲人不过百万。若论民族自决，三省当属汉人，不当属满洲人。再辽、金、元人主中国，及康熙与俄国尼布楚一体文约（内有□种拉丁文），均认为中国土地，而种性早与中国同化。犹记咸丰年，西洋史家载，中国库页岛有特种鹿驾车耕田，直至同治，该岛尚进口貂皮等。东三省属中国无疑。日本攻东三省，实明知取非其有，故遁辞曰自卫。又不可，乃文其罪二造满洲国。人民不服，而有义勇军，非明明伪造耶？

---

* 原载《申报》“本市新闻”栏，分别刊于1933年2月10日、2月20日、4月2日。

① 原题《马相伯、章太炎联合宣言》（后世称《二老宣言》）。《申报》弁言：“中国汉学大师章太炎、九四老叟马相伯，鉴于国联会议对于否认满洲国一层，未有决议，特以中国学者之立场，以历史及掌故等言，证明东三省属中国，特联合宣言。兹觅得全文如次。”《宣言》末附言：“案此为中国第一流学者联合对外宣言，将能代表其数千弟子、名教授、科学家及教育界服务者，为拥护中国固有主权，向全世界作公正宣布，证明东三省当属于中国，尚希全国同胞，一致奋起自救。”

（二）[①]

热河不得为满洲之一部份，较东三省更易明白，盖热河在明时，本朵颜等三卫之地。朵颜种类，即古之山戎、汉之乌桓、唐之奚，与契丹种类甚近，而与满洲种类相远。其后清人夺取其地，本非满人之旧居。至于今日则热河所有汉人几四百万，而满洲人无几，更不得谓热河为满洲人所应有。若谓曾经满洲人夺取，即为满洲之一部份，然则北之桦太（中国名库页），南之台湾，何尝不经满洲人夺取，日人何不以桦太、台湾归之满洲伪政府乎？日人又称汤玉麟曾署名于满洲国宣言，是真是伪，无可证明。假令有之，但可名为个人私约，岂中国政府中国人民所承认乎？此尤不值一笑者也。世人公认高丽乃箕子之子孙，生焉息焉，具有历史。最近韩国志士对国联有表示，即要求光复旧物，因此可断言曰：上述橡皮线，不但不应伸至我热河。按诸公理，应缩出高丽外。谨请拥护人道者，一至为公理努力。二十二年一月十八日马相伯、章太炎宣言。

（三）[②]

全国同胞公鉴：

自九一八事变突发，迄今已一年又六月。伪国成立，亦已逾载。

---

① 原题《马相伯、章太炎联名宣言》（后世称《二老宣言》）。《申报》附有刊前弁言："日人应缩出高丽外，热河非满洲之一部。"并附言："暴日强占东三省后，向国际诬称满蒙本非中国领土。学者泰斗马相伯、章太炎二氏昨日复联名发表宣言，根据史事，证明热河与满洲无关，而高丽乃我国箕子之裔。日人生命线不应伸至热河，且应退出高丽。该宣言将电达日内瓦，昭告世界，兹录其原文如后。日人认我东三省为其生命线，国人曰：此线是橡皮性质，'有伸缩力'，请看下文。"

② 原题《三老宣言》，为马相伯、章炳麟、沈恩孚三人联合宣言。

曩者我政府坚持信赖国联之政策，日惟呼吁国联，冀其能主持公道，抑止侵略，予我以助力。然而近日国联固已正式承认九一八以来日本制侵略为违背国联盟约之非法行为矣，亦已明认东三省为中国领土不容分割矣，亦已否认满洲伪国之合法存在矣。国联此种明白昭示之态度，予我正义上之助力实多，抑且国联之所能助我者，此亦即其最高限度。吾人在此种正义赞助之下，则惟有切实认清，以自力自助自救之意义，对于当前日本之侵略暴行，不仅作消极之抵抗，同时更应动员全民族积极收复失地，根本消灭伪国，是为国联决议之精神，亦即为世界正义之所在。若阳示抵抗以息人言，阴作妥协以受敌饵，则吾人直无异于反对国联之决议，而默认日本之行动，是即为自甘宰割，自甘灭亡，我不自助，谁复助我？故全国人民今日急应一致奋起，予政府以有力之督促，务使东北半壁江山，不至自我沦亡。黑山白水，不止就此变易其颜色也。此则良等所冀望于国人者一也。

次之，先哲有言，人皆有不忍人之心。此不忍人之心，实即为生命之活力。惟不忍，故能爱人；亦惟不忍，乃能发挥其生命之伟力，以表示人类不甘为奴隶之心。今日我前线将士之所以出死入生，与强敌作艰苦之奋斗者，无他，亦即不忍我民族横遭蹂躏宰割之故。然则吾人宁独坐视前线将士艰苦奋斗而不予以援助乎？故吾人今日在另一方面之工作，又应充分发挥其不忍人之心，以赴汤蹈火之精神，予前线将士以物质之补助与精神之安慰，以鼓励其为民族生存而奋斗之勇气。此又良等所冀望于国人者二也。

国难急矣！举国环顾，山河日非。瞻顾民族之前途，辄中心忉怛而未能自已。自憾樗栎庸材，无以救国，兹谨以诚挚之呼吁，促我国人奋起。言哀意诚，尚希国人共鉴之。马良、章炳麟、沈恩孚等叩，四月一日。

致冯玉祥、宋哲元电*

（一）勉冯玉祥电①

张家口民众抗日同盟军冯总司令焕章先生勋鉴：

宥电奉悉。日本逞无厌之欲，满洲燃已死之灰，而当局视为癣疥微疾，溃烂不治，脏腑皆糜。他且弗论，即如北平城中，日兵入者已二千五百人。甚至搜查住宅，巡逻东城，我宪兵反退让惟谨，如是犹谓北平未失守乎？假令妥协速成，日兵暂退，而重门洞开，去来无禁，不过数年，则黄河以北皆敌有矣。民众弗忍，诉于执事。执事以坚卓之性，应迫切之求，起虽晚而合时会，地虽小而系人心。夫抗兵相加，哀者制胜。执事与察省民众可谓哀者矣。守察既固，必令华北设备完全，方得恃以无恐。然则东未定沈阳，北未复热河，尚无时不在哀中也。日本为患东隅，四十年矣。满洲之略有中土，前者已二百九十余年矣。辛亥之役，幸赖民众协力，光复旧物，满洲之害虽去，而日本之患未除。今以当局疏慢，致二寇协力，危及

---

* 原载《申报》“本市新闻”栏，《勉冯玉祥电》刊于 1933 年 6 月 2 日，后二通电文刊于 8 月 9 日。

① 原题《马相伯、章太炎电勉冯玉祥》，为马相伯与章太炎联名给冯玉祥（焕章）复电。《申报》弁言：“‘随全国民众，为执事后盾’，九四老人马相伯、国学泰斗章太炎同情冯玉祥宥电之抗日主张，特电张垣，慰勉有加，兹录其原文如下。”据文气和用典判断，本电稿应为章太炎拟定，或经章氏修改。

奥区，如此弗治，是非独漫视外患，并于辛亥革命之功而亦尽堕之也。执事身预滦州倡义，至今三十余年，不忘旧事，鸠合义众，缟素为资。所据察哈尔地方，本七国秦汉间云中、定襄旧郡，与郭汾阳倡义朔方何异？执事之心，足以代表全国有血气者之心；执事之言，足以代表全国有血气者之言；执事之行，必能澈底领导全国有血气者之行。某等虽在暮年，一息尚存，必随全国民众，为执事后盾。惟秉义直前，勿稍瞻顾。马良、章炳麟。

（二）致冯玉祥通电[①]

……执事以枪口不向内之誓言，俯听调处，明轩继任，付托得人，存大信也。失军得信，执事亦无不利。时局正艰，国亡无日。一身虽退，尚非骑驴种菜之时。所愿老骥壮心，勿灰于伏枥也。马良、章炳麟。齐。

（三）致宋哲元通电

张家口宋明轩将军鉴：

执事喜峰一捷，功冠诸军。今继焕公，萧规曹随，人心自顺。若谓察省已安则未也，戒之戒之，贺者在门，吊者在闾矣。马良、章炳麟。

① 原题《马氏等之两电》，为《申报》节录马相伯与章太炎联名致冯玉祥齐电中的文字。《申报》弁言："九四老人马相伯等昨发出两电，一致冯玉祥，一致宋哲元，兹照录如下。"《申报》刊登致冯玉祥齐电稿仅为最后一节，以上均略去。下文所选即致宋哲元（明轩）齐电中的文字。

双十节献词*

今日为我国二十二年国庆纪念日。衰迈余年，每逢此日，万感丛集，喜惧交并。喜者以在艰难之途程中，我国家又添寿一筹，余又得一度与全国人士应祝国运之无疆。而惧者则以先烈创造民国之艰难，皆所目击，缅怀往事，默察现实，又深感创业难，守成尤不易。吾人于先烈艰难奋斗所遗留之成果，不得不兢兢业业。然而今日国庆才二十二年，政府明令因国难不举行庆祝，则已三次。前途荆棘，国步弥艰。年复一年，岁复一岁，以今日测来兹，宁堪设想？国人如再不奋发，如再不更新，则来年此日，恐将无举杯庆祝之望，而“双十国庆”恐亦将成为历史上之名词矣。言念及此，余心滋痛。

曩者国人每逢今日，辄多悔恨过去，希望来兹，而自矢以今日为陈死新生之界石。忽忽廿二载，国犹是，民亦犹是。抑且山河破碎，民生困敝，国势每况而愈下，则复何说。余年衰迈，惟愿国基巩固，民生安乐，他无所望。故在今日，请以至诚挚之意，陈其最低限度之希望。语出肺腑，窃愿国人一垂听之。

余认为一切祸乱之根源，皆在于“私”之一字，一切之所以颓废不举，亦由于私。惟私故争，惟争乃乱。二十二年来扰攘不息之内乱与割据自雄之局势，何莫非自私一念所造成。惟私乃罔恤民生，

---

* 为 1933 年双十节所作。

乃罔恤国脉。文不能廉，武不能死。东北之失，守土长官能慷慨以赴难者，竟无几人。而争权夺利者，则两年以来，复循环相继。人但知有己，莫知有国。正气销沉，纪纲尽废。此又何莫非自私之一念所由致。故余以为今日而言陈死新生，即人人能体天下为公之意，人人能以国家与人民为念，止乱兴国，是即其基。此余之希望一。

余又认为，为政之道，在于以德服人，而不在于以力威人。所谓以德服人者，一言以蔽之，即使民能安其生之意。民不聊生，甚且恶生乐死，威将安施？是理至明。征之中外古今之史迹，莫不如是。固不必旁征博引，侈谈主义。今日我国日谈民生，而民生日困。老弱辗转，少壮流离，黄河以北，大江以南，满目疮痍，危机四伏。然而取诸民者，仍竭泽而渔，毫不顾恤。民困水火，安得不乱？不澄清政治，招安流亡，而又从而威之以力，是何异于抱薪救火，火炎不灭，且助其威？日前报载，某革命伟人纪念塔下，乞丐群集，有碍观瞻，地方警察，严予驱逐。塔高巍巍，而民无所依。观瞻为重，民生为轻。今诚不解此穷苦无告之民，驱逐又将安之？抑且我国今日饥寒之民，随处皆是，茫茫大地，无一片干净土。若曰有碍观瞻，则此成千成万困苦不堪之人民，又将驱往何处？余认为负责之政府，对于流离之人心，应善为安抚，而不应予以驱逐。盖驱逐终非所以解决问题也。故今后应严惩贪污，减轻苛税，以解民困，救济农村，使民有所归。民生安定，祸乱自平，国基自强。此余之希望二。

余前曾发表一文，主张政府应培植民力，俾能自治。政府为人民之公仆，而不应塞人民之聪，掩人民之明，而强其视，强其听。能如是，政府乃真为人民之政府。真的人民自己的政府，乃真能为人民谋福利，而政府乃能博得人民之拥护与爱戴。反之而不能为人民谋福利，是断不为人民自己之政府，而与政府打成一片，是何能得？故今日急应厉行民治，实行民主，俾民能自助自救。此余之希望三。

总之，今日内忧外患，相逼而来，国脉民生，不绝如缕。此一块中华民国之招牌，行且为人所打破。趁此事尚可为，大家急应奋起挽救。若得其打破以后，再谋恢复旧观，则千难万难矣。朝鲜、印度，殷鉴不远，国人其三思之。

九四老人马相伯。

题赠全救第二次执委会词*

吾国开化最早，而国事日非，其故安在？三代前征诛之局，今不得而知矣。三代后大都胜者认土地为战利品，认人民为俘虏物，由其宰割而已。倘能首级多，封户多，便如陈平之宰肉，奉为宰天下之极规，试问以此俘虏之民于天地，何能侥幸于万一乎？故今日必用真民治，礼所谓民则君，以自治也。君自治必不用他人领导。若由政府指定，须有万不投票之决心，付之以尔为尔，我为我可也。美国总统威尔逊尚且说民治主义今当受最后之试验矣，主义纯洁，精神洪大，人人奋斗之日至矣。不奋斗者，当绝之于斯人也。

耻莫大于亡国，战虽死亦犹生。

在全国各界救国联合会执行委员会席上书赠出席诸委员。

* 全国各界救国联合会执行委员会第二次会议于1936年9月18日召开。

救国谈话*

什么叫国家？国家就是民众所有的。古话说：人为万物之灵。这就是因为人能合群，合群才能抵抗一切。国家就是合土地、人民、政治三者而成的。国家先有土地，有土地然后人民才有饭吃，所以土地是第一，第二才是人民。所谓政治，就是引导人民利用土地。人民自已决不愿失掉土地，政治更不能丧失掉一寸土地。政治不能引导人民以利用土地，反把土地丧失了，那还能算政治吗？阿里士多德的时候，那时的国家，以国土为无上之权，然而现在中国的国家，却以土事敌。还有比这个再坏的国家么？这次有人从四川回来说起内地真有人吃人的事，怎么会把中国弄成人吃人的国家呢？

从前，冯玉祥在察哈尔起兵打热河，我并不以为冯玉祥一定就此能打胜日本的。不过冯玉祥这样做，东北的人民、东北的义勇军就会起来，决不象现在那样苦了。东北的义勇军已经很有组织，他们说中国人不打中国人，所以站在前面的中国人都散开，我们的枪子就可以打倒日本人了。

阿比西尼亚只有一千万人，只抵得上意大利的五分之一。意大利以五千万的人民，打一千万的人民，这一千万的人民，竟出头来抵抗，也抵抗了七个月。日本只有八千万人，而中国有四万万人，

---

* 原载《救亡情报》1936 年第 10 期。凌琛记。

日本只有中国的五分之一，五倍大的中国，碰到只有自己五分之一的日本侵略，竟不敢出来抵抗，这叫做“缩头乌龟”。可是缩头做乌龟的，是政府而不是人民。人民要出头抵抗，政府还要压迫呢！

日本人在天津已经直接压迫人民的爱国运动，我们政府也继续替日本人帮忙，压迫爱国运动。这样的政府，我们没有旁的话可以形容，我们中国政府实在是“帮凶”。

胡展堂[①]没有死之前，写信给我商行止，我告诉他：你要上南京，不如匍伏上东京，否则，就在广东领导人民实行抗日。

我气量太小了，看到政府尽管不抵抗，就不自禁的说了这许多话。孟子说：“君有大过，则谏；反覆之而不听，则易位。”这是一定的结果。

中央就好比会长，终身委员长，就是皇帝。委员长做了这许多年，失地也失得不少了，难道委他的人民不应该有所表示么？

“家必自毁而后人毁之，国必自伐而后人伐之。”一定我们有可伐之道，然后人家才会来伐。孟子说，国家是土地、人民、政治三者而成，而现在的政治却领导人民去丧失十地，这就是没有政治，就是不成国家了。而政府还喧嚷着预备，预备到几时？阿比西尼亚人民并没有预备已起来抵抗了，我们人民决不能再等待，只有起来抵抗。

---

① 胡汉民（1879—1939），字展堂，国民党早期主要领导人之一，晚年主张抗日、剿共，反蒋。

精诚团结一致对外*

现在国家是在风雨飘摇、存亡绝续的最后挣扎中，当前的急务，除了团结救亡、抵御外侮而外，再没有第二个更重大的问题。各方面各团体的主张政见，容有不同，但是总必以保全国家独立、民族生存为前提，任何方面决不能超越国家而存在，任何主张决不能在亡国之后去实现，如果国家不保，还有什么方面可争？还有什么权利可夺？在欧美多党制的国家，平时各党彼此攻击，互相捣乱，原属常事，但是一遇外侮发生，大家立刻便会放弃私见，联合一致，应付外急，这一点正值得我们取法。中国今日的国难，直是亘古未有，全国团结一致，犹恐不易渡过难关，假使放弃当前的外侮不顾，转向内部从事争夺，自戕国力，动摇军心，这正是中了敌人离间的毒策，走上自杀的道路。试问国家亡了之后，各方又岂能独存？目前从事争夺的人，无论他的主张如何，动机怎样，但其结果只有促成分化，破坏抗战，直接间接做了敌人的帮手，代他执行了离间的毒计，这不但是国家民族的罪人，也决不是忠于其论的党员。末了，须要特别说明的就是：大敌深入、山河破碎的时候，绝对不是各方闹意见、争权利的时候，大家应该认清当前的国难，民族的危机，彼此消弭私见，联合一致，凝固成坚强的力量，向着唯一的敌人进攻，到了把敌人击退，国族复兴，那时国会开会，大家再来从事计议，岂不好呢？

---

* 原载《申报》（汉口版）1938年3月31日。

吴稚晖

吴稚晖（1865—1953），名朓，后名敬恒，字稚晖，江苏阳湖县（今武进县）人，近代著名文学家、教育家、哲学家、书法家，中央研究院院士。1902 年加入上海爱国学社，曾参与《苏报》工作。1905 年在法国参加中国同盟会，出版《新世纪》报，鼓吹无政府主义。1924 年起任国民党中央监察委员、国民政府委员等职。1927 年支持蒋介石反共清党活动。1953 年卒于台湾。1962 年被授予联合国“世界百年文化学术伟人”荣誉称号。代表作有《盦客座谈话》、《上下古今谈》、《一个新信仰的宇宙观及人生观》等。

吴稚晖早年加入孙中山领导的同盟会，是国民党内颇具威望的元老。他较早呼吁中国青年到海外以半工半读方式留学，和李石曾发起组织勤工俭学会，创办里昂中法大学并发起留法勤工俭学运动，培养了大批近代史上的风云人物，留法的学生中就有周恩来、李立三、聂荣臻、陈毅等。他在文化领域也贡献颇多，早在 1895 年，他便草创了“豆芽字母”，开中国拼音字母之先河。他十分关注国语读音统一问题，1913 年他担任国语读音统一会会长，1923 至 1925 年曾与蔡元培共同创建北京世界语专门学校，并积极倡导注音识字运动。在 20 世纪 20 年代初著名的“科学与人生观”论战中，吴稚晖被胡适誉为科学派的“押镇大将”。但他晚年积极反共，在“四一二”反革命政变中为蒋介石出谋划策，为蒋介石所倚重。

但对于国民党在抗战中的不抵抗，吴稚晖则深恶痛绝：“不抵抗主义者，反在唱高调，真令人痛心到极点!”(《教育改造与救国》)抗战时期，吴稚晖还提出“摩托救国论”，他认为“我们现在缺乏的就是机器，所以不能同别人抵抗”，“要是中国人个个都有摩托癖，一定可以救中国了”。摩托救国，就是提倡武力救国，提倡物质建设和国防建设，促进各项实业计划的开展。

本书收入吴稚晖1931年在中央大学的演讲词和1933年在建设委员会纪念周上的讲话，这两篇均为倡导摩托救国论的文章。《教育改造与救国》、《救国须改良教育》两文则倡导教育改造，把救国作为教育的重要目的之一，号召对于日本的侵战，要进行抵抗。

摩托救国论（一）*

“各位在座的都是中国有希望的青年，现在国耻当前的时候，责任格外重大，非比我老朽了。但是中国的国耻，决不是破题儿第一遭，也不是什么新奇的花样。中国的国耻很多，并且很久就有的了。先自黄帝、尧、舜时算起，中间受了不少外族的欺侮：蚩尤、玁狁、匈奴、北魏、辽、金、元、满清。我们中国已做过不少次的亡国奴了。但是中国人向来是以堂堂大国自居好肉麻的角色，以为那些蛮夷的小小的捣乱不算什么一回事，也不过像臭虫、虱子一般的打麻烦罢了。到了鸦片战争，我们的两广总督也被别人捉到印度的加尔各达做囚虏去了。吃这样的苦，我们还不以为可耻。到了甲午那年，日本小鬼竟敢公然的同满清大皇帝捣起蛋来了，无故在东海里打沉中国好几条运船。这时我们的皇帝太翁才勃然大怒，下圣旨叫迎头痛击日本的兵舰。那知道这一气气过火了，就把辛苦练成的北洋舰队气得精光大吉，并且还赔款、割地，真是‘赔了夫人又折兵’，大触霉头。到了庚子那年，大家觉得洋鬼子越发太胡闹了，似乎有打一下的必要。这么一打，又打脱了不少的银子，打丢了不少的权利，从此大家才晓得天天起来都是国耻，灶神菩萨，一碰一鼻子灰。这样对付外国人，不是根本的办法，所以才革命，推翻满清。想不到

---

* 本文系1931年11月10日在中央大学演讲词，原载南京《中央日报》，1931年11月14日。

我们革命后还有国耻，更想不到最近有这样大的一个国耻！”

然后他又讲到外交的政策和救国根本的问题，他说：

“在前几回的国耻里，我们的外交家不会用手腕，所以老上当。这一次的国耻，虽不绝后也要算空前了。所以怕再上当，就反对直接交涉。既然这样，就赞成间接交涉了。换句话说，就是让国联或第三国出来调停。国联这次可算卖尽了老力。但是狡猾的日本在日内瓦扯着把子，中国就做了个大笨瓜，一肚子气闷着，这样那能说得上交涉呢？间接交涉又是个此路不通。所谓反对直接交涉，就是同反对交涉一样，直截了当说一句，就是不交涉！然则怎样办呢？那只有一条路，大家去拼命！换句话说，就是反对直接交涉，主张直接战争！战争这两字太可怕了，就说抵抗吧！但是我们一面又唱不抵抗呀！或者不抵抗，是不直接抵抗，就是用拖人下水的方法，惹别国同日本干。但是这种障眼法，有谁个文明国家肯上当呢？民国十六年武汉收回了英租界，说还要收回日租界，于是日本开了几十只军舰到汉口。鲍罗廷便教我们呱呱叫的外交家陈友仁出来说一声不抵抗。日本人一看，弄得莫明其妙，随后把军舰又开走了。那一回就算是不抵抗成了功。但是实际上就算是不要了一次脸！这一回我们又叫不抵抗了，结果怎样，不能断定。世界上好的事和坏的事是隔不多远的。越是好办法，愈加容易出纰漏。譬如跑铁丝一样，从铁丝上跑过去了，自己是呱呱叫的好角色，能够得大众的喝彩。但是一跌下来，脑袋不开花也嘴巴不整了。如果走木板桥，虽不出色，但不危险。越是出色的事情，危险愈大。不抵抗三字用得巧是很好，用得不巧就倒楣了。如果世界还有所谓公理，不抵抗的最后，终得到所谓同情。那么这回的事，解决起来就容易了。否则除了不交涉、不抵抗外，还有什么玩意儿可做呢？所以我们觉得不抵抗，终不是好办法，最好的还是只有拼命。因为就是现在用不着拼命，将来恐怕还是要拼命的。说到拼命，决不是空手做得过去的。除了这种拼命的决心以外，还要有准备。啊！说到准备，又要教人捏把冷汗了。我们从甲午认识并且了解国耻的由来以后，到如今已三十多年了。拿我个人说，我准备了些什么呢？别的人在这三十多年中又准备了些什么呢？现在我们仍然在这里唱抵制日货。怎么东京没有人唱抵制华货呢？这证明中国准备了这样久，连准备一点华货被人抵制的都没有！推开窗子说亮话，我们现在为什么提倡不抵抗呢？不过因为不能抵抗罢了。为什么不能抵抗呢？就是没有极利害的机关枪大炮。我们从今天起叫做准备准备。准备三年不成，五年；五年不成，十年；十年再不成，那么老大的中国真真不可救药了。”

他在中间又讲到中国宗教的问题，但是与本文没有多大关系，故从略。现在让把最后一段与本题最有关系的记在下面，就是何以摩托能够救中国呢？他说：

“我们现在缺乏的就是机器，所以不能同别人抵抗。庚子那年八国联军进平、津的时候，有二百几十个德国兵占据了北洋学堂的最漂亮的建筑，所谓大楼。有一天来了二三万中国义和团，有的背着火枪，有的持着长矛，攻打大楼，德国兵一个个按着不动。看见义和团都是雄纠纠地大汉儿，好像戏台上装的张翼德差不多，耀武扬威，看得很有趣。等他们快到楼下的时候，‘轰’！一排机关枪，不费力就把一批中国人打死了。于是义和团又排队向大楼前进。这样一批一批送了二三千人的老命。结果二百几十个德兵，弄得摇头奇怪。所以我们只说拼命，还不行，还得准备机器。但是机器的花样太多，我们只要准备一样就够了，那就是摩托。法国不也是一个海军国么？可是当英、美、日拼命在那么讨论海军问题时，他丝毫不管，却暗地里在那里造飞机。现在列强都晓得没有那一国的飞机有法国这样多，是世界第一等的空军国！我们也来学法国的方法，准备摩托：天上的飞机，地上的铁甲车，海底的潜水艇。如果三样，只要这三样，能够发展到相当的样儿，就足够自卫了。但是中国事事不如人，发展摩托那能比别人强呢？其实我这话错了，中国人不见得事事都不如人的。譬如鸦片烟，世界上的人都不吸，独我们中国人吸，不是胜过别人的地方吗？（此时大家的鼓掌声、笑声齐作）你们不要笑，据海关上过去的统计，每年中国人吸鸦片烟的消耗大约有五万万，实际上十万万都不止，你看惊人不惊人？他们能吸十万万的鸦片，再玩一玩十万万的摩托有什么不能呢？把摩托看做鸦片第二。要是中国人个个都有摩托癖，一定可以救中国了。”

教育改造与救国*

贵校是我久想要到的地方，可是总因为他事的羁绊，而不能如愿以偿。今天，高先生约我讲演，实在是一无准备，没有什么可说。只能将个人对于教育刍荛的见解，来和诸位讨论讨论。

教育究竟是什么？刚才高先生说："教育是救国的根本事业。"虽则不能说单是教育可以救国，可是在如今，则非将教育来做救国的工具不可。中国之有教育，已历数千年，当然是立国的根本问题。可是，在过去，我们有的只是深中了科举流毒的教育！

在四十年前，我国屡受列强的侵略和压迫，甲午一战，受着极大的打击；中国固有的弱点，暴露无遗。当时朝野上下，狼狈万分，觉到列强有共管和瓜分的野心，而认为要救国，非改革旧教育、实行新教育不可。一直到现在，新教育已有四十年的历史。在当时，大家以为七八年，便可整顿起来，抵抗日本；岂知至今，独依然如故！试问这十年、二十年、三十年，直到现在四十年，救国的教育，还未实现，这是什么原故？新教育实施的效果，究竟在什么地方？我个人总是这样想：我们的新教育是走错了途径！我们教育还是蹈了过去古典式八股式教育底覆辙，所以四十年来所得的是这么样的结果！

---

* 原载《教育与民众》1933 年第 4 卷第 6 期。

贵校于学校教育以外，另倡社会教育，另征款项，辛苦艰难，经营成这里的教育学院。在旁的地方一般大学生，或许要说，这校是不正式的。其实呢，我感到贵校是站在救国的中心地位，而旁的学校才是洋八股式的教育！

我常在细想，教育是什么？说起来也可以很简单。阎王造人只给与每人以耳目和心灵等器官，却没有给与知识。倘使连智识都给与，岂不是个个人都成了预言家吗？教育则要人去获得智识，阎王仅给我们以求知的工具，切实去求得智识，便要靠教育。

教育是开发知识的泉源，他的目的有三：

1. 补充人类知识　教育是补充人类知识的工具，已如上述。个人以为每个人从七岁到二十岁的阶段里，应得强迫受教育，由社会供养他。至于所学，当因各人的性趣而不同。不过要达到目的，实在是很难实现的理论，社会应负责给与个人以教育。换句话说：教育成了社会的责任，补充智识成了人人应享的权利。惟是现在教育并不是这样。现在有机会受教育的人都是这么想：找得高等知识以后，在生活方面，可以宽裕一点，并且还可以多沾些利益。因为大家为着这种目的而补充自己的知识，才进学校，来受教育，所以结果则造成了整批的能消费而不能生产的知识分子！造成了失业的恐慌！出路的闭塞！

2. 满足实际生活的需要　向来中国的教育目的，在乎增高地位，而不计及实用和需要，只望读书后，生活和名誉各方面，得着优裕和赞扬。历来社会所尊重的人物，是八股先生们。从前所谓的八股，是进身之阶，获得优越地位的敲门砖；在如今，洋八股是替代了从前的八股地位。以前有一段话很可以代表历来中国教育的观念："天子重英豪，文章教尔曹，万般皆下品，惟有读书高。"这就是读书的唯一目的。读中国八股以求高为出路，和读洋八股以求高为出路，其用意手段和目的，实在是一般无二。社会上只有"读书高”的份子，国家就可好了么？我不相信日本人拿大炮机关枪来打的时候，请几位“读书高”的朋友，拿了几篇论文和哲学，贴在城头上，就可以抵抗么？所以教育必须要顾及的，还是实用和需要！

3. 救国主义　为了救国，要受教育，讲起来，似乎不十分合论理的。要国家做什么呢？世界上有了国家这个东西，就闹得你争我夺，干戈相见。不过，在将来，也许有没有国家存在的一天，但是在现今，是决不可没有的。国家是一个现在必要的团体。假如以团体去做侵略的武器，我不赞同的。但若是以团体而去抵抗敌人，这是合理的行为。我并非说小气话：日本人在一夜的时间里，不声不响地掩进了东三省，不但占据了地土，并且席卷了《四库全书》以及其他种种东西。不抵抗主义者，反在唱高调，真令人痛心到极点！假如有人把我们的东西拿走，我一定要把他送到公安局去办。东三省事件，送到国联上，可是它既非警察，更非公安局，那会有良好的结果。这种不合理的侵占，我们应得有合理的抵抗！

救国，是救护自己的国家，我们要用什么来救和要救什么？这个问题，可分三方面来说：

1. 救济农村经济破产　我们要培植适当的能力，来救济农村经济的崩溃。去年，我曾遇见一位朋友，是任造币厂厂长职务的，我问他为什么要造银币？他说：“因为银元常给人私自镕化掉，如果只剩钞票，不是危险的么？所以造币是为中国银行、交通银行造的。”我又问：“这些银子从什么地方运来的？”他说：“是美国运来的大条银。”我想：中国人真有福气，吃的用的，都是外国人送进来，连银子也是这样。后来马寅初先生对我说：“不要发呓语，中国每年要有十二万万元，流到外洋，那里会有人送银上门来。俗语说：‘穷虽穷，家里还有三担铜。’现在的中国，连三担铜都没有！”从这可看到我国破产是到了什么程度！照我的意见，教育应当培植有救济农村经济能力的人才。

2. 抵制外货之实力　刚才在贵校实验科学工场上，看见陈列着许多自制仪器，这也是抵制外货能力的表现。现在我们吃的用的物品，大都从外国运来，以至利权外溢，所以我们的教育，该培养有抵制外货能力的人才，实事求是地制造，增加生产。那末，外货自然而然的不能畅销于我国了。

3. 制造机械之技能　我们要有制造机械能力的人才。外人用大炮机关枪打来，我们也用大炮机关枪还击去。此次“一二八”十九路军的抗御暴日，确是非同小可，在前面有大炮机关枪接连冲来，天空还有飞机在上面掷弹和放射机关枪，而十九路军连钢盔都没有。我们军士个个都有“拼命”决心，可惜机械不及日本的锐利，终遭失败！可知坚兵利甲，虽非救国的唯一办法，但亦不能不准备。前清义和团之乱，德兵只二百人，用机关枪射击，结果义和团五六千人死于非命。由此可证枪炮的犀利，是不能不有的。照报纸上面的统计，英、美、法、日等国的利器，超过我国几十百倍，这是我国应当注意而准备的。

教育虽是立国的根本事业，可是从实际方面看，教育经费的支绌，服务教育者待遇的菲薄，竟出乎人意料之外。下面有一则故事，讲给诸位听：衙门内的老夫子，在名位上虽总是首席，可以待遇极坏。有一天，他听厨房里在切东西，厨夫口内从老夫子念起一直念到账房，老夫子很得意。过去一看，原来是在切毛笋。从笋根切到笋尖！老夫子吃的是笋根，账房吃的是笋尖。过了一天，他又听得厨夫在切东西，却倒从账房念到老夫子。他想这次我该吃好的了。岂知那边是在切韭菜，从韭菜根切到韭菜尖，老夫子吃的是韭菜尖，账房吃的是韭菜根。现在支配教育经费，也是这种状态。中国的教育，是衙门内的老夫子。譬若有六百兆的经费，除去三百兆军费，余下的半数，是包括着行政、建设等费。在经费上我们的希望不可过奢，工作上却应加倍努力！

我近来感觉到贵校是改造社会的中心。高等学校，注重农工商等科，这是对的。中学和小学呢，小学是灌输粗浅的知识，中学是培养普通的知识，在理论上虽是很对，但是现在的小学，穿惯了长衫和童子军服，毕业小学校后，俨然的一个小先生，再也不肯劳动！教育部朱部长考察了日本教育以后曾说："在日本，社会教育的学校，是比正式学校来得多。"在中国，系统的学校，固然是需要的，但须给与救国的能力，因为普通的学校，如果没有一种特殊技能的训练，就要造出整批的失业人群！

伍朝枢先生说："一个国家，如多讲空的学问，如哲学政治等等，这是人与人争的科学；如讲真实的学问，如自然科学等，是人与物争的科学。人与人争，不论他们谁胜谁负，总是不合道德的，而酿成世界人类的不幸。所以我们应当提倡人与物争的学问，因为物是给人类社会所使用的。"世界上有二种主义：一为人道主义，不论强弱，一律应受保护；一为选种主义，就像你们鸡场上选择鸡种一般，譬如意大利鸡，每年生二百四十只蛋，中国鸡每年生八十只蛋，结果，淘汰中国鸡，繁殖意大利鸡。这种方法，用于人与物争，是很有益的，假如应用于人类的选择，颇不合人道。因此，我们应该侧重人与物争的科学。

个人以为非正式的学校，应当多办一些，学校教育，要改良品质，不要扩充数量。至于学习，在从前，单教年轻人，以为易教易学，其实老年人也具有同等的学习能力。我在五十九岁的时候，同几个学生赴法，那时我很有勇气想进学校，当时，在芝加哥大学，有一老太太，她刚在文学院毕业，那时已八十七岁，因为家里富足，又学另一门课目了。所以学习不单是小孩子的权利，年龄大的，也要学习。

贵校是中心社会教育的发祥地，诸位将来和民众接近，对于三种能力灌输的责任，要靠诸位了。深盼诸位能切实负起责任来，我们国家才不至于给人家的大炮和机关枪随意扫射！

摩托救国论（二）*

诸位先生：

今天是总理纪念周，因此就想到总理《建国方略》的《实业计划》。《实业计划》完全是物质建设的方略，要是能全部实现，一定可以救国。我之所以提倡摩托救国，也逃不出《实业计划》的范围。各位是专家，我这乡下人在各位面前讲摩托救国，未免觉得有点班门弄斧。摩托救国，缩小范围来讲，也可以说是飞机救国。放大了讲，就是物质建设和国防建设。

我是乡下人，所以喜欢说乡下话。乡下人说话颇有真理。譬如绅士问话，必定问这人有学问没有？乡下人问起来，便问这人识字不识字？其实在识字多少，便是这人的有学问没有学问，因为一个字解释很多，你认得这一个字，未必都知道各种的解释，那便算不得有学问。所以这是乡下人的真理。你假使再问我们乡下人，中国人不及西洋人，究竟在什么地方？我们一定答说是，因为中国没有机器。这又是一个真理。机器不如人，别看着是件小事，实在是大事。请看看任何帝国主义者，总是拿机器来欺负人，中国就吃了这个亏。有人说：现在中国人的道德太差，人心不古。但是我不相信。每个人本来就有道德的。现在人的道德，未必不及古人。因为物质

---

* 本文系 1933 年 2 月 13 日在建设委员会纪念周讲话。

不进步，就把道德变成空话。《儒林外史》有一位高翰林，他说："己饥己溺。"正是八股文料里教养门的话头，可以认得真的么？所以天天不给人家饭吃，天天劝人讲道德，不是替高翰林的八股文料里多添些话头么？现在的人，口头讲道德，那一个不是天花乱坠，何必嫌他不会讲再去锦上添花，送些料头给他呢？

我且举几个古人的话来证明我的理由。从前管子说过："衣食足，而后知荣辱。"可见得足了衣食，才能去导人民于正轨。孟子说："救死而恐不赡，奚暇治礼义哉。"这句话翻作白话，就是："肚子饿了，那能不做贼呢？"孟子向来是讲仁义而不讲利的。这里却这样说，好像自己反对自己，其实这才是人生的真理。诸位如再不信，我可以再请中国第一位圣人孔夫子出来。孔夫子在卫国就是现在河南彰德一带，冉有替他赶车。孔子看见人民众多，就叹息道："庶矣哉！"冉有便问："既庶矣，又何加焉？"孔子道："富之。"假使冉有当时只问这一句便止，那我今天的话就难以证明了。幸而冉有接问："既富矣，又何加焉？"孔子曰："教之。"富之便是"足衣足食"，教之便是文化。可见得必定使百姓富足之后，方能谈得到教育文化。无衣无食，国破家亡，生存尚成问题，那里去谈道德礼义呢？

今天为什么说这种话呢？因为中国人做了几千年文章，大家总有点夸大狂，总以为只要有了一点精神文明，可以立国。我在八九岁时，在先生家里，看见一位发福音的外国人，我笑得要命。现在以为洋化是好的，那时看见满面生毛的外国人，我只当他是一个猢狲。后来中法之战，大家还觉得中国是中朝天国，一定可平定蛮夷。但是已经怀疑，觉得只有陆军是天下莫强焉，海军实在不如人。到了甲午那一年，我正三十一年岁了。我在北京的时候，那时一班名流，所谓翰林、进士便像今日的教习学生，大家都慷慨激昂骂李鸿章卖国：怕西洋人罢了，怎么连日本小鬼怕起来呢？六月二十五，日本打坏了一只商船。七月初一光绪皇帝下了上谕，说要"迎头痛击”。我们听了大为高兴。记得那时有一位湖南抚台吴济卿，他很气愤的自己请缨到前敌去。湖州人吴昌硕先生，也随同前去。吴先生很有见识，到了营口，一看事势不妙，连忙教家中发了一个电报，把他叫回来，说是母亲有病。他回到上海，一班名流请在四马路五层楼吃茶，就是现在四马路世界书局那地方。有位高邕者，见了他就向他打拱作揖的说：“昌翁，昌翁，你是忠孝两全!”他是脚底下明白，所以早走了；否则随了大帅逃走，就是狼狈不堪。从此中国陆军的纸老虎也被人拆穿。

自从甲午以后，中国维新，大家都到日本留学，我也是其中一个。彼时日本人又来灌米汤，说中国是以精神文明立国的，我们听了也很高兴。庚子以后，大家又到西洋去。我们到了欧洲，欧洲人每每问我们是不是日本人？我们说不是。那没有涵养的人便立刻变了脸，有涵养的人还要安慰我们，就说“一样”、“一样”。这是什么话呢？那时天天怕瓜分共管，一直闹了一二十年。岂料国民党改组之后，口气一变，忽然要打倒帝国主义。试问拿什么东西去打呢？人家打来，又拿什么东西去抵御呢？现在最时髦的话是抵抗。我们抵抗，是维持我们的人格，是做人的最小限度，有什么希奇呢？现在一般青年，中学读完，还要到大学去，大学完了，还要到外国去留学。留学的结果，还不是取得学士、硕士、博士的头衔来写履历？这些头衔从前尚可骗人，试问现在还有什么人要着这博士、硕士的履历呢？

所以再这样不求实际的下去，恐怕日趋堕落，一定同归于尽。我提倡飞机救国，因为我们学人家来不及，只有捡要紧的来迎头赶上。一国的文化，只靠武力作后盾。现在的武力，惟有飞机超越一切。古人说：“长兵胜短兵。”我们看看汉朝匈奴以及辽、金、元、清，他们取胜中国，又有什么文化呢？不过他们有他们特长的武力。我们看清朝的上谕，每每说“本朝以骑射开国”。“骑射”就是清朝特长的武力，就是长兵胜短兵的明证。我们今日的长兵是飞机，我们样样不如外国，假如飞机比人好，制造得好，使用得好，也未尝不可胜过人家。飞机的建设，比较费用少而收效速，是中国救死救亡的唯一出路，所以我主张飞机救国。因为提到飞机救国，想到摩托救国。摩托就是发动机。飞机固然必需摩托，但是藉摩托的制造，还可以促进各项工业，促进我们的实业计划。我们如能造得好摩托，除飞机外，我们还可以造坦克车和潜水艇。西洋在一百五十年前，也是和我们差不多。自从一七六九年以后，因为蒸汽机的发明，而到现在的程度。所以事在人为，只要我们认定一项去做，没有不成功的。例如近来有人发明烧炭的摩托，也是一件很好的事。总而言之，不问用煤炭、用油或用水力，都可发生动力。动力之中，又分静动力与动动力，如蒸汽电厂、水力电厂、蒸汽原动机，这都是静动力，固定在一处地方，不能移动的。如飞机、潜艇、汽车所用的动力，从油的热力发生，可以行动自如，或飞行，或捷走，那是动的动力，比静的动力还要紧。我们此时大家都应该发愤去研究动动力，并去找寻汽油的来源，以备与敌人决死战。扩而充之，可以促进我们的工业，促成我们的实业计划。到了那时，又有谁敢来侵略我们呢？

此外不过我有一句切实话，就是奉劝诸位先生，遇见亲戚或朋友，教他们子弟，以后再不要学什么文学法政，因为中国实在不需要这些东西。犹之乎下雪，在现在是很好的称为瑞雪。假如六月里下，就要上“灾异记”了。假如中国能和外国站在水平线上，自然没有外侮。能力相等，也就自然有了道德。我现提出八个字，作为我们今后共同趋求的目标，就是“实业计划，匹夫有责”。

救国须改良教育*

余离开北方，已三四年。故到北平去视察北方政治及其他一切情形，纯系个人名义，并非中央所派。是否到前方去，尚不能一定。大概新乡是回来必经之地，要前去看看。……汪院长最近亦不能北来。李协和先生主张开放政权。在我看政权终要归还人民的，无所谓开放不开放。当初孙中山先生宣布训政，是希望有智识的人，指导忠实的老百姓，培养他的政治智识。中山先生在宣布训政时，特别注意乡村自治，尤其对人民选举权格外重视。革命成功后，有高级权利的人并不注重于此。地方训政要点，为各地方设县参议会，由县参议会选举县长，由各县选举全省执政人员。其意旨为训练民众，使人人渐次练习作参政的准备。现在政治仍然由上而下，县长由省委任。民权发展，毫无准备，实在不好。中国至此田地，开放政权，并不能救济国难。

欲救济国难，必须养成救济国难的力量。欲养成力量，必须改良教育。中国向来注重道德，但是只有道德，不研究吃饭问题，也是不行。比如一家人家，家务虽已整理好了，而无饭吃，亦是无法。所以苏俄革命才成功，就宣布实行五年实业计划、十年实业计划，以培养力量。过去教育之错误，非人民不争气，是制度太不良。余

---

* 本文系 1933 年 5 月 4 日在济南对新闻记者谈话，原载《中央周报》1933 年 5 月 15 日第 258 期。

以为今后教育方针应有三要点：一、农村经济破产，须教以复兴农村力量，使农作物增加，以救济农村破产；二、外国货物，向中国来一天比一天多，须教以制造国货，以抵制外货；三、外国人大炮机关枪来打我们，须教以制造大炮机关枪以抵抗他。中国吃日本的亏，全在兵器上。因为人家力量足，枪炮新式，我们打不了他。

甲午之战打败了以后，我们早就该发奋报仇。比方两个人打架，有一个败了，就向胜的作揖，说三年以后再见。他一方回去就苦苦的练功夫。第一次铺上一层棉花，一拳打透了。第二次再加上一层，以至三层、五层、十层、二十层都打透了，其他功夫也练好了。三年后一比较，把先前胜的打败了，才算个人。但是“大刀救国”，不能喊一辈子。我常对别人说：“国难至此，责任全在年老的身上。因为四十年前，中日之战，目睹日本人欺负我，打我，同现在一样的利害。那时候我是三十一岁，蒋先生（介石）只七岁，当然不知道。一班青年，更不知道了。所以说：这四十年来我们早应当教养青年以报国仇，不该把责任放弃了。”

看见《大公报》上登载着梁漱溟的演词，还大讲其风凉话。说什么中国上了提倡军事当，把农村经济破坏了。实在不对。因为现在是大组织全破坏了，不只是农村。我国素来讲伦理，所谓孔门伦理，就是三民主义。共产主义、帝国主义也是各有各的伦理。但是应该有一定主张，譬如有人说孝最要紧。我们也说对。又有人说非孝要紧。我们也说对。良心上没一定主张。试问中国大炮机关枪不能制好，军队能算练得好么？尤其现在一班青年，光念洋八股，又有什么用处？不过博得硕士、学士虚衔而已！

又到咸丰十年，英法联军在广东，擒去两广总督叶明〔名〕琛，解到印度加尔各答，并且把红顶花翎装起来，售票两角看一看。虽没亲自看见，看看书上就可知道。此刻东三省山海关的炮声，是大家经验着，可以想到当初甲午年日本的大炮，才是如此利害。我们自甲午到今，四十年空空的过来了，希望现在的人们，别再空空的过去。四十年依然不能复仇，应打破只念洋八股投社会时髦需要，以求博士、硕士头衔的心理。要注意教育应改的三个方针。

据我观察世界的大势，推测日人如此跋扈，将来也许走到很不好的路上。因为从前德国的声势，比现在的日本不在以下，结果还不免叫协约国打的他一败涂地。现在一般人都把教育看作小事情。我劝办教育的人，实在也用不着增加经费，因为从前清以来，衙门里教书的老夫子，同现在一样叫人看不起，待遇也是最薄。记得有一个笑话，有一次一个老夫子上厨房里催菜。厨子正在切毛笋，边切边说："先切的笋根给老夫子，最后的笋尖给账房先生。"又一天厨子又切韭菜，说："先切的给账房，后切的给老夫子。"当厨子的都看不起教书的，又何况别人呢？我们对于个人的小孩子，应该教好，兴家立业。不教书，他又焉能兴家？所以这四十年来，不能把人民教好，使复仇，闹成现在的地步，罪恶都在老头子身上。不该放松他们，光教他们守道德，不教他们吃饭的办法。说句迷信的话，阎王放出了人的生命，只能给他受智识的工具，如耳目鼻等，不能把智识同时付给。必须受教育，才能得到智识。以个人经验看，世界上的人应该有四个阶段：二十岁以前是受教育的时代，二十岁至四十岁是替社会服务的时代，四十岁至八十岁是需要帮忙的时代，八十岁以上完全是受人供养的时代。世界上虽然有人如此提倡，将来如何实现，尚不能预定。使小孩子受教育，应当为国家着想。譬如有五个儿子求学，假若其力量供给在两个儿子身上去求学，将来必能成为人才。若勉强使五个儿子去求学，非但学不成才，则五五二百五，全成"二百五"。更当注意，勿光为个人求虚名，学洋八股。应该对我以上所说的改良教育制度中的三事，多加考虑。

黄炎培

黄炎培（1878—1965），字韧之，又字任之，号楚南，别号抱一，江苏川沙（今属上海市）人，教育家，社会活动家。曾师从蔡元培。因发表进步演讲而受迫害亡命日本，1905年加入同盟会。辛亥革命后，任南京临时政府江苏省教育司司长。1917年，在上海发起成立“中华职业教育社”，推广和改良职业教育。1925年，明确提出“大职业教育主义”。九一八事变后，投身抗日救亡运动。1941年，与张澜等人发起组织中国民主政治同盟，曾任主席。1945年又与胡厥文等人发起成立中国民主建国会。1945年7月应邀访问延安。新中国成立后，历任中央人民政府委员、政务院副总理兼轻工业部部长、全国人民代表大会常务委员会副委员长等职。著作有《黄炎培考察教育日记》、《中华职业教育社宣言书》、《八十年来》等。

黄炎培是一位职业教育家，秉持“教育救国”理念，全力兴学。他不仅在国内皖、浙、赣、鲁、冀等地考察教育，而且走出国门，赴美国、日本、菲律宾以及南洋各地考察教育。全力推进乡村职业教育，成为乡村教育运动的代表人物之一。发起成立“中华职业教育社”，主持创办《教育与职业》月刊，创设“中华职业学校”，并亲订“手脑并用”的办学方针和“敬业乐群”的校训。他也是一位社会活动家，参与组建民主政治同盟等民主政党，访问延安后撰写的《延安归来》对人们了解延安发挥了重要作用。

九一八事变后，他投身抗日救亡运动，提议设立“民族复兴教育设计委员会”，希望通过教育促进民族复兴。抗日战争爆发后，他率职教社内迁，并担任中央国防参议会参议员、国民参政会参政员、战时公债劝募委员会常务委员兼秘书长等职，他曾六下南洋，向印尼、马来西亚、新加坡等各国的华侨商贾们筹募来大笔资产，援助抗日斗争。他还积极与共产党人接触、配合，力促抗日，1940 年周恩来来重庆时，他请周恩来在他创办的中华职教社组织的星期讲坛上讲演，轰动山城。抗战后期，发起民主宪政运动和调和国共两党之间的关系，成了黄炎培政治活动的主要内容。

本书共收入五篇文章。《国难中之职业教育》、《留告四川青年同学书》、《吾人在非常时期将以何者为最大贡献乎》、《一封公开的信》均教诲青年，国家民族生死存亡的问题是摆在前面的大问题，发挥爱国的精神，中国将永远存在，永远光荣，大家要为国珍重，为国努力，要用最大的努力尽最后的责任。《吊南开大学并急告教育当局》一文，表达了作者对南开大学毁于日军炮火之下深深的哀痛和激愤，也于急难之中提出了建设性的意见。

国难中之职业教育*

诸位同学：兄弟承温先生的介绍，今天有这样好的机会与四个学校的同学相聚一堂，来共同研究问题，很觉高兴。温先生是我认识四川朋友的第一位，兄弟是提倡职业教育的，温先生亦为四川职业教育的提倡者，今天承他介绍，所以更觉得兴奋。

大家天天想解决的问题，怕就是职业问题吧？兄弟今天来贡献点意见，希望在座的男同学、女同学考虑一下，不对的，请原谅，对的，请大家遵照实行。现在先把商业包含的重要问题谈一下。它一共包含三点，要是一位青年老记着这三点，我敢担保许多人都要来聘这位青年去服务。哪三点呢？第一点就是商业的宗旨。许多人最容易误会的，就是商业的宗旨，以为商业只是为个人谋利益，只知道如何挣钱。在历史上像汉朝，只敬重农业，却轻视商业，他们以为农是本，商是末，国家法律规定不让商人有很高的位置，连车子、衣服也有一定限制。由汉朝一直下来，都把商业不认为可贵的，因此商人自己也觉得不很高尚。譬如在浙江一带，许多人问做买卖的只说："你在哪里发财？"答的人只这样说："在那里骗饭吃呵！"诸位想想，这问答的人是不是都错误了呢？兄弟认为商业的宗旨：

---

* 本文系黄炎培 1936 年 3 月 17 日为民生（航运）公司温少鹤（嗣康）组织的四川省立重庆高级商业职业学校、重庆市立实用高级商业职业学校、重庆市商会私立益商职业学校、重庆市商会私立通惠中学等四校计 500 余名学生演讲的讲演词。原载《教育与职业》1936 年 6 月第 176 期。

一方面是为自己谋生，一方面是为群服务。这两句话是一件事，譬如一物两面。我们何以知道商业是为群服务呢？兄弟来说明一下。譬如兄弟是江苏人，诸位是四川人，江苏到四川五千里，现在重庆的货品运到上海，上海的货品运到重庆，这些都靠重庆与上海的商人来贩运的。要是重庆四乡的农作物生产起来了，工厂把它制造起来了，没有商人来贩运，重庆的货物就用不完，卖不掉，在上海也要发生同样的情形，那就不得了。这所屋子，假使没有电灯，两小时之后，就要发生问题。电灯的电是哪里来呢？是从发电机发出来的。发电机呢，重庆不能够制造，它们是由上海或由外国运来的。要是没有商人，那就发生问题呀。所以，商业的宗旨不单是为己谋生，同时为群服务。本人有了利益，大家也有了利益，这不是为群服务么？商业不是很高尚的么？诸位如果不明白商业是为群服务，很是危险。为什么呢？因为不明白这宗旨，许多生意他都会去做了，鸦片烟可以发财，外国货也可以贩运。但是错了，就为是忘掉了为群服务的宗旨。

第二点就是毕业后的职业问题。大家毕了业是不是有事做，有不有做事的机会，要是没有的话，不是就不得了吗？诸位同学，不错，毕业的时候，大家来恭喜你们，可是你们自己却很耽忧。兄弟认为这个问题倒容易解决，因为这全凭自己去做呀！譬如有一个银行或者大商店，要招五位练习生，向温先生办的学校来要。他们要成绩好的呢，还是要成绩坏的呢？当然要成绩好的罗。那末，假如温先生今年有三十位毕业生，他们就选了五位好的去服务，其他二十五位就错过了这个机会。第二个机会来了。某商店又要招请五位，又选了五位好的去，其他二十位就保留下来。大家都是毕业生，有文凭，为什么自己老是没有机会呢？在这个地方，我们拿好坏的事实来分析一下。所谓好，譬如功课，当然要成绩有百分或者九十九分才行。但只是功课好，够了吗？不够，还要身体强健。身体强健，够了吗？不够，还要技能纯熟。譬如你学的会计科，要是你写帐不正确，又慢，我想老板一定会说，好是很好，但慢了一点。这一下又糟糕了。所以技能又要纯熟。这样，够了吗？不够，还要脾气好。譬如一个同学被某银行请去了，他感觉住的地方赶不到学校，床铺也不好。要是当一个零售商店的店员，买主要买茶杯，拿了一个，不行；掉〈换〉一个，不行；再掉〈换〉一个，阿呀！怎么这样麻烦，真是懊悔，不该进商业学校啊！这可不行的。兄弟是办职业学校的，我曾经问学生在商店的生活怎样。一个说，阿呀，忙得不得了呵！又一个说，阿呀，没得事情做呵！忙也不得了，闲也不得了，这样才真不得了。还有薪水，初进银行，自家的薪水，假定每月十五块钱，一问大先生多少？五十元，一百元，两百元。他们没进过学校，我是学校毕业的，他们的薪水高，我们的薪水低，这怎么成话呢？这样是不对的。你一进去，要是老板就给你每月一百块钱的薪水，好了，看你有多大本领，一个月拿人家一百块钱，自己写帐、写信、生意方针一点不懂，商店老板要不要你呢？要是只有十五块钱，自己的脾气还好，商店老板认为便宜，下半年就会加薪水。所以第一步要别人认为相当，在那个时候表示自己的本事，一定会有好的结果。以上四项都要全凭自己去做。兄弟在中华职业学校时，常有两句话，就是“利居众后”，“责在人先”。这两句话是唐朝韩文公①讲的，这八个字好极了，我将它送给所有的商业职业学校。今大在座的诸位同学也带去考虑它一下！

职业学校的学生，明白了第一、第二两点，还不够，还要懂得第三点。我们要明白摆在前面的大问题，就是国家民族生死存亡的问题。很明显的现在只有两条路，一条是生存，一条是死亡。过去我们只要个人努力就可以生存，今后要大家一齐努力，集中大家的

① 韩文公，即韩愈（768—824），字退之，谥文，世称韩文公。唐代著名的文学家、教育家。

力量，才能抵抗敌人压迫，取得生存。举个例来说，四川的蚕丝畅销各地，就是云南、缅甸都有。从前，四川的丝商各做各的生意，相互的抵制，你有了销路，我也来抢，这叫做“商业竞争”。到现在，大家知道这种竞争是自杀的政策。譬如去年的轮船生意，一张船票本来是十块钱，后来你卖九块，我卖八块，你跌价，我也跌价，弄得大家都支持不住。假如一个同学来开一家晶明眼镜公司，有个同学又另外开一家光明眼镜公司，好了，大家都同归于尽。中国的商业，过去都是如此。现在我们明白了，我们要去改革。四川的丝业在报纸上看见将要组织一个大公司，各工厂都加入进去，你的丝推销那一个地方，我的丝推销另一个地方，生意的盈亏，由大家平均负担，便益大家便益，吃亏大家吃亏，外国人只能在一个公司购买货品，没有人竞争。现在有一个新名词，恐怕大家听来都害怕的，就是“统制”。其实不但商业应统制，教育也应该统制。现在有许多大学、中学，都无一定目的，尤其不得了的，是普通高级中学。诸位能够升大学的，自然可去进普通高中，不然，千万进不得普通高级中学，那是一条死路。就是商科职业学校，也须注意供求状况。我不知道重庆有多少商科学校，有多少商科学生，顶好先把需要数量估计一下：譬如从今年起，预计三年以内，需要多少商科学生。自然，有些商店临时发生闭歇或新设，是不可预定的，但可来一个大概的估计。不但商业，就是建设也一样。譬如丝业大公司成立了，要多少学生才够，不够，应该办一个短期商科学校。总之，须得先把供给与需要估计一下。上海中华职业学校有土木科，去年有一个机关来要一千六百个土木工科学生。学校仅有一百多学生，哪里有那么多人呢？现在有这样严重的需要，许多学校不知道，还在那里办普通科，弄得许多人没有出路，这是甚么道理呢？就为是没有统制。四川在蒋委员长统辖之下，许多事都清清楚楚的了。我以为四川的教育，也应该统制一下，要教育有办法，定要从统制教育着手。

我在成都，已向着建设、教育两厅建议。

现在时势紧迫极了，我们有形的国难以外，还有无形的国难。诸位同学应当知道敌人不但用政治力量来亡我，还用经济力量来亡我。国际贸易上有两个名词，一个叫“出超”，一个叫“入超”。民国二十四年入超三万万四千三百万元，二十三年五万万三千万元，二十二年七万万三千万元，二十一年九万万元。诸位！把四年入超的数字加起，不是二十五万万元以上吗？这不是一个惊人的数字吗？向外国买货要用现钱，用金的国家要用金子，用银的国家要用银子，这四年一共流出了二十五万万元现金。像这样下去，真不得了。我从一月二十九日离开上海，据上海海关一月份报告，真是可喜，一月份竟出超一百三十五万元。但是诸位不要高兴，中间那还有点道理，说出来大家怕还要发愁的。这是坏现象，亏本亏得少就是买外货买得少，即是说没有钱去买外国货了。出超的现象就是表现大家没有钱的缘故，所以这是坏现象。不过是有办法的，因为这种权柄在我们的手中，只要大家下决心不买洋货，从今以后，货物只有出口，没有入口，我们开商店也开国货商店。这是我们应该提倡的，知识分子更应该提倡，是学生更应该，大家应当来一个运动。在上海有许多国货机关联合起来组织一个国货大团体，在这个团体中有一个妇女国货团，现在已成立起来了，准备要派女团员到长江一带来宣传。各地都在提倡国货，但本地的太太、小姐是不大引人注意的，他们来了，大家一定要去争看上海来的太太、小姐，借此我们就可以宣传提倡国货了。他们到重庆时，还希望商界的领袖们予以指导。这是商业的生死关头，这是中国的生死关头，所以更盼望商界的领袖们，也来发起一个运动，每个月举行一次，分区作露天讲演，专门提倡国货。

今天讲的虽然偏重商业，但甚么学校的学生也应该明白，应该实行的。兄弟这是第一次到四川，以后何时再来是不能预定。我们会面的机会很少。今天我极诚恳的与诸位谈话，希望把区区热忱贡献大家。但是不能继续，有甚么方法呢？九一八以后，我们出了一个刊物，名叫《国讯》。兄弟每期多多少少都写点文章，我在四川也写了五篇文章，诸位要是认我还可以做朋友，我们来做一个文字之交吧。诸位有文章，也可以寄来发表，并且有朋友帮助，大家来解决问题，希望每个学校图书馆都有一份，诸位每人有一份更好。还有一本书，更郑重的报告诸位。东北大学文学院有一位学生名叫苗可秀。苗先生毕业的时候，正是九一八事件发生的时候。苗先生愤于国难，在辽宁当义勇军，打了两年多，被日本人打伤了，躲在乡间，被日本人搜了出来。他躲藏的那家被抄了，苗先生也被逮捕。临刑时讲了许多话，日本人良心发现，允许他写信，苗先生一共写了两封信。读了过后，不能不令人下泪、激昂、奋起。他希望中国人起来抗敌。苗先生死后，日本人把他的信寄给他两位北平的师友，现在苗先生的信、作品、史略印成一本书，我到讲演的地方，都送他们一本。今天郑重又郑重的也送诸位一本，并盼温先生把他多翻印些，希望男女青年，每个人能有一本，时常放在案头上，时常去读读，发挥爱国的精神。要是个个人都能如此，中国不但不会灭亡，中国将永远存在，永远光荣！

留告四川青年同学书（节选）*

一、大家把人格建立起来

二、大家把同情心实现出来

三、大家把眼光放大起来

四、努力团结

五、努力生产

炎培第一次来四川，自入夔门，到今两个月了。我来川的目标，除了私人游览山水，病后休养身心，和一部分家庭团聚以外：一，想看看困难声中的四川，究竟天产的丰富如何？民生的疾苦如何？怎样才能完成未来重大使命？二，想看看四川一般青年思想如何？能力如何？将如何修养以负荷未来责任？基于前一目标，此两个月来，仰赖当局诸公及各地诸友好的指导与助力，东游万县、重庆、江北、北碚，观地方建设；北游绵阳、剑阁，观剑门关天险；西游灌县，观都江堰水源，登青城山，游峨眉、嘉定，上峨眉金顶；南游内江、自贡两井，观糖、盐及天然煤气之利。所至，尽吾目力所及来看，尽吾耳力所及来听，还尽吾笔力所及来记。基于后一目标，凡以对男女青年同学诸君演讲相邀，只须时间允许，没有不应命。自从离开上海，到此时为止，演讲已达三十四次。演讲以外，我男

* 原连载于《国讯》第130—133号，1936年5月21日—6月21日。另据《黄炎培日记》，该文于4月13日始起草，4月16日报载第一部分，至19日完稿。

女青年同学诸君，还订期谈话。口头发问以外，书面发问；集团谈话以外，单独谈话。我呢，只须时间允许，没有不应答。有时寓庐缺少坐位，乃至席地而谈。自从成都省党部公开演讲，有人投书于我，说“今天听讲，几乎使我流下泪来”，要求我在离开四川以前，多写几篇关于青年修养的文章，指示青年今后应走的方向。还可怜那边远地青年，另求设法在边远各地报纸转载。我可爱的青年男女同学诸君啊！这不是我的思想和说话能感动人，实是诸君的善于感动，实是诸君的心头，烦闷到极点了，痛苦到极点了。诚然，诚然！在这样环境里，苟有一分良心，怎能不教人烦闷和苦痛呢？

诸君所感受的烦闷和苦痛，我从诸君口头和书面所发问题中，拿来归纳一下，大概不外下列三点：

一、国难严迫到这般地步，想到我国家民族前途究竟怎样才能回复吾们的光荣？维持吾们的生命？

二、历年兵灾匪祸，同胞痛苦到这般地步，吾们该怎样来挽救？

三、回想我们青年自身，国家、社会正在需要人才，但吾们的出路究竟在哪里？

大概诸君心坎里问题，逃不出这三点罢！那么，吾就对这三点，尽吾所知和所能来解答一下。

在吾没有具体解答以前，吾劈头先贡献一句话：“诸君！吾们须坚决地相信吾们中国绝对不会亡的。就是看吾们怎样干法。”

一个国家和民族的生存，有若干条件：看他物产方面的天赋怎样？看他人民的智力怎样？体力怎样？看他民族的历史怎样？这几个条件，不用我细表，诸君都明白。我们不说大话，至少总可以说，件件都在水平线上。所缺少的，就是看吾们人民对自己国家有没有真切的认识？能不能根据他们的认识，从自信心发为勇气？能不能从他们自信心和勇气中间，把各个人的聪明，陶铸成为统一的观念；把各个人的力量，锻炼成为整个的力量？换一方面说，就是看他们能不能把所有聪明和力量，不用在个人的功名、地位、权利种种的争夺、种种的打算上，而完全用在保养和发挥吾国家民族的光荣和生命上？要是他们能了解、能实干的话，我中华国族一定不会灭亡。要是不能的话，本来中国不会灭亡的，就为这一点，结果免不了灭亡。这是我多年来对于吾乡顾亭林[1]先生所著《日知录》上一句名言“天下兴亡，匹夫与有责焉”的解释。

（略）

翻过来说，我们站在匹夫的地位，要负起兴天下的责任，却也并不是难事。我们既经了解吾们的国家和民族生存上所缺少的条件，是聪明集中，是力量集中；吾们既然不甘心做安南人、台湾人、朝鲜人，我们先各下一个大决心，把自己所有聪明和力量，不许有一些私藏，不许有一些浪费，完完全全贡献给我国家和民族生存需要的工作上，一切从我个人做起。农工啊！尽我心力来增加生产，改良生产。商人啊！尽我心力来推销国货。教师啊！尽我心力来教民族前途所托命的青年。学生啊！尽我心力来修习将来效用于国家的学业。不管别人怎样，我总是这样。官吏啊！既然献身国家，人人须有鞠躬尽瘁、死而后已的精神：文官，不把政权当做个人立名、个人发财的工具，而但认为是我尽忠报国的机会；军官，不把军权当做保全个人禄位的工具，而愿将军队完全贡献给我国家；领袖，但知服从民众公共的意思，来行使吾领袖的权能，完成吾领袖的职责，对任何方面，绝对大公无私，不管别人怎样，我总是这样。有人说：你这样了，别人不这样，有怎么用处？须知一人这样，别人都会跟上来的。一部大历史，人心风俗的转变，都是一二人创出来的。青年诸君啊！无论诸君现在当学生，将来直接、间接替国家服

---

① 顾亭林，即顾炎武（1613—1682），原名绛，字忠清，后更名炎武，字宁人；学者称亭林先生。明末清初著名思想家。因其为江苏昆山人氏，故黄炎培言“吾乡顾亭林先生”。

务，这等处希望诸君要“自尊”，要凭自信心和勇气来担荷这责任。是什么责任？这是匹夫兴天下的责任。

困难严迫到这地步，很多人问政府应付方针怎样？我敢公然说：这一点没有问题。现在问题不在方针而在方法，政府地位，不能跟吾们同样说话。可是政府决定大策以前以后，还有个必要条件，就是必须个个人负起匹夫兴天下的责任，像上面所说。

兴天下当然须根据了理论，提出方案来。这方案，至少要适合三个方面：一、这片地；二、这群人；三、这个时候。这不是短篇说得了。基本的要求，还是在每一分子依他自己的觉悟，对大群负起责任，所以希望诸君先从这点上努力。

诸君既备具自信心和勇气，接受我上边的话，我才敢把对于兴天下基本要求的具体意见提出来。因为吾的具体意见，不是说的，是做的。是希望人人自己做的。

第一，做人最小限度，须让我做一世清清白白、堂堂正正的人，知识尽管有高低，但既经根据我的认识，见得该这样做，便得这样做。环境任何严重？须用我定识和定力去变化他。为变化环境，先求适应环境则可，随环境转变则不可。孟子说：“富贵不能淫，贫贱不能移，威武不能屈。”备具这三个“不”字，才成一个人。才是一个具有人格的人。前两个“不”字是常时用的，后一个“不”字是变时用的。（略）再论到处常，自盗国袁氏以及窃取权位的北洋军人，一面受人唾骂，一面以富贵奔走士大夫，玩弄女性，奉承他们的着实不少。我不欲批评个人名节，我只顾虑到此风不改，国家哪里站得住！只须看四五年来跑向东北当伪官的多少，已够使吾们吃惊了。我青年男女同学诸君啊！诸君是纯洁的，是清高的，该牢牢记着三个“不”字，处常用前两个，处变用后一个。吾第一句话，就是说：大家把人格建立起来。

第二，（略）如今造成满地饥民，连日报载，有吃死人的，有吃泥巴的。吾不知此一刻钟内有多少人在将死未死，不知吾写这篇文章几点钟内又死去了多多少少。诸君啊，一二人学说的倡导，少数人思想的转变，影响到这样悲天惨地！诸君此时居然还有机会读书，诸君读的书，不还是政府从将死未死的老百姓身上征到全年赋税六千七百多万元中间划出一部分办学校，聘教师教诸君的么？究竟诸君读了书，还想作什么用呢？校舍的辉煌，是代表老百姓的血光；讲堂的粉笔，是代表老百姓的枯骨，吾们还忍心读了书去谋个人立大功名，发大财么？这几千万尸窖中的同胞，算了。还有几千万将死未死，他们希望谁去救呢？诸君！几点眼泪，无论那么热，是不够的。说几句空话，无论那么动听，是无用的。通南巴一带吾没有去过，可是到过剑阁一带，男女衣袴已不能完全了。重庆街上躺一死尸，旁人说：又是一个（可见不止一个）。简阳街上十余岁童子叫饿两天而死，死了两天，没有人埋，这是我和我的同伴亲见的。市长、县长不知道，区长在哪里？区长不知道，保长、甲长在哪里？邻舍还有人么？吾常想对官吏说：你们的工作对象是谁？要知不是上级，是老百姓。你们的后援是谁？要知不是上级，是老百姓。你们的生命线在哪里？要知不是上级，是老百姓。现在不要怪别人了。我第二句话，就是要说：大家把同情心实现出来。

第三，说到民生痛苦，岂但四川？区域远的且不说，时间远的且不说，这一条长江，不是从四川直贯到吾们家乡江苏才出海的么？去年秋天大水灾，长江流域湖北、湖南、江西、安徽各省被灾的一百四十县，一千四百万人。仅汉口捞到流下来的尸身就有三万具。天门一夜，全县陆沉。这是就我记忆所到，客中不及检报告书，说出正确数目字来。黄河流域更厉害，还没有知道确数。此外天灾人祸，一时还说不尽。是天灾吗？完全是人祸罢了。哪一桩祸患，不是人闹出来的？哪一桩不是人力所可能挽救的？我又要问吾们自己，究竟读了书有什么用处呢？记得元朝一位大儒郝陵川先生（经）有句名言，他说："能救百万生灵于水火之中，则吾学为有用矣。"诸君啊！民生痛苦到这般地步，国难逼迫到这般地步，吾们还读死书么？还不觉悟么？这次吾带来东北大学文科毕业生苗可秀烈士遗墨，有好几次讲演介绍于诸君的，诸君也许知道吧！这位烈士联合同志，从民〈国〉二十一年七月起，在辽宁省南满路以东安奉路以西三角地带，干了不少抗敌工作，到二十四年秋，因苦战受伤，为敌人捕去，七月二十五日被杀于凤凰城。临死以前，有一番慷慨严正的演说，使得敌人大大感动允许他亲笔作书，替他寄达北平师友，吾所带来，就是他亲笔信的印文，和他的照片、作品。他的遗书给朋友有几句话："弟等可在西山为余建一衣冠冢，竖一短碣，刻'苗可秀之墓'，山吟水啸，鸟语虫声，皆视为余歌余语，余泣余诉（泣系为国事而泣，非为私人泣也）。凡国有可庆之事，当为文告我。有极可痛可耻之事，亦当为文告我。弟等思想要正确，精神要伟大，不要忘了我们要做新中国的主人，要作重整河山的圣手。作事不可因为一次的失败，便灰心；不可因为一次的危险，便退缩。须知牺牲是兑换希望的一种东西，我们既然有希望，便不能不有牺牲，不过我们的希望，务须正大而已。"末了，还祝大家为国珍重，更为国努力。诸君啊！我们不是中华民族一分子么？不都是担荷作新中国主人的使命者么？不都是接受苗烈士的期望者么？像苗烈士真不愧为大学生。吾深知道四川青年在东北牺牲的也不少。就退一万步，替四川打算，一旦海疆有事，长江下游被敌人封锁，四川出路在哪里？请诸君闭了眼一想，那时候，全国怎样？四川怎样？全国无办法，四川有办法么？巴东三峡，只是诸君思想上的障碍，哪里够做中华半壁河山的防御？吾第三句话，是说：大家把眼光放大起来。

以上三点，都是希望诸君对己修养的。进而对群，怎样呢？我对于应付国难问题，曾提出三事。在九一八以前写《黄海环游记》时，就是这样主张。这三事彼此间有联锁关系，如右图：（略）

团结增进人的力量，生产增进物的力量，把人与物的力量联合起来，才能构成整个的国家力量，才能建立国防。（详见吾所写《五六境》一一六页）

诸君对群，将准备担负何种任务呢？我就把这些来贡献诸君：

第四，努力团结。

（略）

可是时局的要求这样严迫，还能耐性地等到将来么？我们必须研究出一种团结速成法。

原来团结有两个必要条件：一，须有共同的目标。二，须有信仰的领袖。备具这两个目标，精神才能集中，因领袖命令之有效力，而行动更能一致，团结就成功了。我们的共同大目标，就是国家和民族的生存，而因他方暴力的压迫，使大家对国家、民族很薄弱的观念，不能不立时浓厚起来，今后只希望将这观念发挥到一般民众方面，发挥愈广，团结愈有望，这就是吾们应公共担负的一种责任，尤其是青年诸君宜注意。

至于领袖信仰问题，我该先把原理来说一说：我们只须看人身，没有首脑，能完成全部生理组织，能发挥他的功能么？十个足趾，十个手指，每个装上一个脑袋，能成人么？并看看乐队，合几十人百十人成一队，没有一个指挥者，能奏成曲调么？拉提琴者要用甲调，吹大箫者要用乙调，没有人来统一，能入调么？不消说大规模乐队，就只“小红低唱我吹箫”，我要昆曲，小红偏要皮黄，两个人就闹翻哩。

我们中国人为什么对领袖信仰问题，发生一般大障碍呢？其中有两大原因：一、就是前边所说，相骂多，相助少；疑忌多，服从少；人家有种动作，总猜做坏事，不信人家能做好事；“既生瑜，何生亮?”“两雄不并立”，“两贤相厄”，“文人相轻，自古有之”。这一类古语、这一类先例太多了。于是一乡有一乡的瑜亮，一县一省有一县一省的瑜亮，一国有一国的瑜亮，你要做件事，不论好坏，我破坏你。我要做件事，不论好坏，你破坏我。前任做的事，后任来破坏他。后任做的事，还有后任来破坏他。尤其是我做不成或做不好的事，你能做，做得好，非破坏不可。所以搅得全国几乎不能做成一件好事，不能产生大家所信仰的一个好人。领袖问题，尚何从说起呢？二、因推倒满清，养成厌忌一切统治者的变态心理，并养成不须要统治者的谬误观念（民国就只是被统治者和统治者地位不固定。若以为不需统治者则大误）。对一般人，既以恶意推测，尤其是对统治我者，不肯以善意推测。于是领袖问题，更何从说起了。

可是生存条件的要求，只有因压迫严重而加紧，决不会因上边所说种种障碍而减轻。不团结只有一条死路，没有第二句话。

团结速成法怎样呢？从自己做起，拿至诚来对待人，拿善意来推测人。“人之欲善，谁不如我？”我爱国，难道人家就肯卖国么？真演出事实来，当然不宽恕。而且以恶意待人家，至少使人家减少为善的热心和勇气，或者因灰心颓丧，因愤激而横决。所有因此而使社会国家蒙受损失，此项损失，皆须由恶意测人者负责。诸葛武侯①治蜀，就是六个大字：“开诚心，布公道。”诚心是精神，公道是事实。吾青年同学诸君啊！不必等将来为社会国家服务时，才发挥这种精神的。现时在学校里，有师长，有同学；出校，有亲人，有家人，有朋友；到处有团体，有领袖。从今日起，从自己起，拿我的至诚来对待人，拿我的善意来推测人，看影响怎样？或者约定一般朋友，大家来这样干，看影响怎样？

现时各学校多提倡童子军和军事训练，好得很。这中间包括锻炼体格，激发志气，整齐动作，练习劳苦种种作用。也就是练习团结的基础工作。很希望切实干下去。很多同学面对国难应干什么工

---

① 诸葛武侯：即三国时期著名政治家、军事家、蜀汉丞相诸葛亮（181—234），因其被蜀汉后主刘禅封为武乡侯，故有此称。

作？吾敢说，这就是最重要工作之一。

我来四川，发见一点很不满意，就是一般民众体格不大好，尤其是万县、重庆、成都等处的劳工，有的几乎枯瘦得不像人，当然是吸鸦片关系。同时却发见很满意的一点，就是各学校学生体格多数很好，尤其是女学生。我所到的成都、重庆、北碚、嘉定、峨眉、眉山、绵阳、剑阁、内江、自流井，绝大多数是强健。我很欢喜，但希望把这精神发挥到社会一般人的体育上。吾在此附带提及。

第五，努力生产。（略）

怎样办呢？只两个办法，可是都要吾们每个人自己来干的：其一，消极的，人人不用“非国货”。我们既然知道买外国货要用现金，我国现金这样缺乏，多用一分外国货，等于贫血病者多流出一分血，有这样确切的认识，大家对己来一个内心的坚决的宣誓，对群来一个随时随地随人不断的运动，就是非万不得已，非万万不得已，决不用外国货。因大家不用外国货，于是外国货商无利可图，不再向外国购货。于是输入减少，现金保留，才得把留下的现金，向外国订购为维护国家生命而急要的如飞机、大炮等应敌必需品。同时因大家都用国货，于是国货畅销。制造家乃得因销路打开，厚集资力以从事改良与推广；并因品质的改良，产量的增进，得于自给自足以外，进一步向外推销，换取他国现金，储为我用。而入超坏现象，渐渐地变为出超好现象。这经济局势的扭转，全在我们每一个人肯尽一分力，在这一点上倒不须仰面求人的。有此机势，加以政府努力整理金融，奖进工业，用有效方法来调节、来推广，或者经济上因此得一立足点，也未可知。其二，积极的，人人从事生产。关于这点，吾不能不从教育上说起。

教育是方法，不是目的。是预定了一种目的，而以教育为达此目的的方法。譬如说：各国教育普及了，吾国也该普及一下。这未免不成话了。等于父兄对子弟说："别家都在上学，你们为什么不上学?"这都是但知办教育，上学是应该的，而没有知道为什么教，为什么学。因为历来政府办教育不一定有目的，所以学校多，学生多，便算有体面，有成绩。因为父兄命子弟上学不一定有目的，所以能毕业，能升学，便算满足，算光荣。四十年新教育，最大吃亏，就是和社会生活脱离关系。到现在大家明白了。国家民族生存的要求，团结以外，还有生产。可是教育和他个人生活都接连不上，还讲什么生产?

（略）

所可怜的，一方面青年发生出路问题，一方面国家需要人才，还在发生来路问题。摆在面前的一条成渝路，一条川湘路，需要多少机械工科人才？多少土木工科人才？多少管理人才？这不过举例，此外造林不需要人才么？改良农业不需要人才么？航业不需要人才么？新事业凡有兴作，旧事业凡有改进，哪一件不需要人才？除了高级专门人才以外，哪一件不需要中级助理人才？需要数量，比高级要加起很大的倍数。最适当的方法，就是把初中、高中毕业生，已有国民教育和普通教育根底的，加上若干时期专科训练来应用，只不宜枝枝节节办。要是枝枝节节办起来，竟可以造成了专科人才，还是没有出路。必须由政府通盘打算，预计二十五年度办若干事，二十六、二十七年度各办若干事，需要何种何种人才，高级若干，中级若干，由教育行政方面依照所需要学科和数量，就现有学校通盘筹划到某校办某科，某科该定几年毕业，定多少学额。这样办来，供求相剂，才能达到事事得人、人人得事的目的，而生产问题，才得根本解决。

以上种种，当然由政府方面发动。至于学生自己，难道坐等着，就够了么？要知自己修养不努力，竟可以在政府良好计划之下，进了专科学校，毕了专科学业，别人都飞黄腾达了，而我还是不行。

所以还要回过头来，劝诸位自己努力：知识要切实，技能要精熟，而还要注意上边所说人格。

上边所提供求相济计划，全为行政方面设策。话虽如此说，社会情形何等复杂，各人有各人的环境、各人的机遇，尽可各奔前程，向着他要走而能走的路走去。不过吾所希望的，职业分三种：（一）直接生产的。如农、林、渔、牧，如工业制造等。（二）间接生产的。如官吏、商人、医生、新闻家、著作家等。（三）非生产的。如音乐师、画师等。第一种当然贡献最大。第二种虽非直接，然于生产上却有同样价值。第三种根据各人天赋，虽非生产，于人类亦有贡献。惟有家居坐食，无所事事：或拥遗产，或贪安逸，个人生计问题关系还小，就社会经济立场看来，这等人直是社会上绝大蠡蠹。还不如守几亩薄田，躬耕自给；或利用几间老屋，督率家人，身亲纺织；或深入乡村，教一般乡农，不必有学校的形式与名称，而倒有教育的实际。陶行知先生倡小先生制。小先生可能，难道诸君年龄和能力，够不上小先生么？这都是和诸君充类说到这里，不必有这些事，不可不存这般想。须知这样干法，他的价值，正不宜轻视的呀！还有一点，从事生产，无论采何方式，必须根据科学。希望诸君切勿忘了世界一百五十年来的新贡献，必得大家信仰科学，研究科学，利用科学。

以上五事，前三事对群，后二事对己。我就把这些答复诸君心坎里三大问题，诸君以为怎样？或者说，第一国难问题答复过了，第三自身出路问题答复过了，就是第二问题同胞痛苦，究竟这些办法够解救没有？我敢说：如果一方把同情心扩大，一方人人从事生产，物质精神双方并进，再加上全国团结起来，我想今后同胞们决不会像过去的痛苦吧。

自从九一八国难发生，吾们一般同志发行一种刊物，叫《国讯》，因为内地青年很多写信来问：国难现状怎样？怎样挽救？所以把这刊物代替复讯。我除时间不允许外，差不多每期都有文字。诸君如有关于国难或个人修养问题，尽可向《国讯》通讯发问，可以公开答复，或通讯答复。《国讯》提出四种根本上修养：一、高尚纯洁的人格；二、博爱互助的精神；三、侠义勇敢的气概；四、刻苦耐劳的习惯。没有这四种，吾们以为不配干救国工作。

有许多女同学，提出今后出路问题，究竟向家庭里去，还是向社会上来？吾说两边都去得，两边兼顾更要得。可是有两个要点：一、女子务须和男子同样地为社会、国家服务；二、女子务须养成生计上自立。上边所说种种，不单对男同学说，也是对女同学说的呀！……

有许多男女同学，提出男女问题，我当时发表意见很多。概括起来：由男女结为夫妇，当然是感情作用。可是有两个要点：一、宜经过较多方面的比较观察，然后成立假定的对象，再经过较长时期的考察，然后由假定成为确定。因此双方年龄宜待稍长些。还有一点：须替对方想，我满意了，对方满意么？我有办法了，对方有办法么？（这点尤适用于男对女提出解除关系问题时。）还须回过来想想自方，我所责望于对方的，我自己怎样了？在没有确定关系时，只觉这对象真至善至美了。及关系确定，才悟至善中还有未善，隔几时竟觉大大的未善了；同时才悟至美中还有未美，隔几时发见这美也平凡的很；再隔几时，大悟世上还有美于此者，这简直是不美。哈！哈！原来爱情是盲目的呀。

还有人提出读书方法问题，我愿概括地说，读书有三想：一、想我为什么读书？二、想这书该怎样读法？三、读了以后，想比未读时怎样？凡读书提要记录大概，可以得极大帮助。

凡我对诸君说的话，都是我对弟妹、对子女说的话。而且是常常勉励我自己实践的话。

我去了。此书发表的时候，不久便是我离开四川的时候。诸君以后如有问题，尽望随时通信。此行承各地青年热烈相待，心中非常感激。有的学校，有的公团，以及各地有约我参观或演讲，如灌县、梓潼、乐山等处，限于时间，不能应命，附此道歉。末了，还要复述苗烈士遗书结束语：祝大家为国珍重，为国努力。

吾人在非常时期将以何者为最大贡献乎*

作者早年读书南洋公学，今母校已蜕化为交通大学。承在校诸同学发出“青年在非常时期应有的准备”一问题，就把我的意见，写成本文，很愿公开贡献于青年诸君，供给大家参考。

此问题，近人发表意见甚多，如锻炼体格也，参加军训也，研究战时应用科学也，练习战时应用技能也。所谓战时应用科学，如军事常识，如交通常识，如医药常识，如机械学，如化学；所谓战时应用技能，如宣传，或以文字，或以口舌，如民众训练，如临时政治工作，如创伤救护，如难民救济，如交通管理，如机车驾驶，如公路修筑，如防空、防毒练习，殆皆为研究此问题者考虑所及。兹就我所认为较重大者，提出下列三事，以供同学诸君之参考：

（一）在此非常时期，吾人须处处从世界大势、中国全局着眼。世界各国，各有特殊之国情与国势。例如美国正在关着门求解决内部经济问题；英国鉴于殖民地之多，霸权之难于维持，但求大事化小，小事化无；苏俄两个五年计划，正从对内而转重对外；法国怵于世仇德意志之复兴，惴惴焉专从此点上求所以应付；德与意如两头乳虎，蓄着新兴的势力，准备向外发展。凡此，皆为每一国的中心问题，交织而成西半球现局。最近如西班牙问题，政府军背后为

---

* 本文原载《国讯》1936年9月第139期。

某国某国，革命军背后为某国某国，几形成法西斯与民治两大派之决斗。基此种种，影响所及，直接欧洲全局，间接且及东方。东方中心问题，已有五年来事实诏告吾人，更无怀疑余地。如果欧洲一旦不能维持和平，所谓太平洋问题，必将乘机而起。吾人同时更须着眼于中华全国。华北既成现况，沿海而南，各省形势如何？沿长城而西，沿陇海路而西，沿扬子江而西，形势又各如何？不幸而有粤桂问题，粤事甫了，桂事未了。返观财政状况如何？社会经济状况如何？民生痛苦状况如何？积此种种，构成现势。吾人以世界眼光，观察我国乃至任何国家；以全国眼光观察一问题乃至任何问题，所获概念，必有不同于管窥蠡测者。吾人亦既决心求尽国民天职，一切工作专为国家、民族前途求出路，至少必须闭着眼对世界大势、全国大势，如示诸掌，然后根本明瞭国族前途真实危险情形，从内心发出热烈的情绪，来担当救亡图存大任，所有小己乃至小群自私自利观念，自然一笔勾销。

（二）在此非常时期，吾人除对于锻炼体格、军事训练等集合群众工作，决不自外，苟可参加，决不放弃。此外还须一方努力于普通知识之增修，求常识之足以应用；一方须就战时所需要之各种知能中，专精一种。此点极为重要。吾人从一·二八战事后方服役实地经验，感觉到最大缺乏，就是人员。普通人员，不为不多，但一到非常时期，出入于军事地带，肯冒险，肯负责，且能持久不懈，此等人不可多得。或者今后因公民训练之普及，心理渐见改变。而当时尤感缺乏，莫如专门人员。前文所举各种战时应用科学、战时应用技能，无一不感觉不够供给。一·二八仅一区域短时期之战役犹如此，万一大规模的非常战祸发生，其所需要，岂可数计！故一说到准备，莫急于每一个人有一种专精的技能，或特别需要的某种常识。其选定方法，可就各人平时所研习，或其环境惯常接触事项，研习精熟以后，更宜加入是项专门或专业组织，才易获得参加机会。

例如沪市医生，平时似觉供过于求矣。一到非常时期犹觉不足，其他更可推想而知。实际上未必缺乏到此程度，只以人才向不集中，尤少组织，如医学，如化学，平时尚为有组织的。此外虽有专才，从何物色？而专才亦苦无从参加服务。所以从行政方面言，急须培养专才，集中专才；而在吾人自身，实有如上述之必要。

（三）在此非常时期，吾人真为国家服务，有一事万不可忽：交友是也。事实诏告吾人，平日交游遍天下，一旦遭遇世变，肯共患难，出肺肝相见，曾有几人！时穷见节义，世乱识忠贞。所谓“桃李竞艳于春风，松柏后凋于寒岁”。时会所逼，天性之厚薄，品格之贞邪，才能之正诡，志节之坚脆，到此分明，更无掩饰余地。大抵非常时期所需求之人才，从消极说来，第一，自私自利者不可用；第二，圆滑取巧者不合用；第三，绳趋矩步，束身自好者不够用。从积极说来，一，须有高尚纯洁之人格；二，须有博爱互助之精神；三，须有侠义勇敢之气概；四，须有刻苦耐劳之习惯。而更须以坚强贞固的节操，战胜千艰百险的环境。名，吾所不求；功，吾所不争，将吾整个生命，完全献给我国家、民族生存工作上。其先，个人以之自勉；其继，同志以之共勉。少数人确立之信条，扩大而成一群完整的精神；一时间鼓荡之风气，绵续而成全民族不可磨灭之特性。此才是吾人最大之贡献。

吊南开大学并急告教育当局*

民国二十六年七月二十九日下午，我拥有四十年文化先驱历史的南开大学，竟牺牲于从九一八散下的“不抵抗”种子所发荣长养出来的凶恶的敌方飞机大炮之下。

报纸还载着，敌机先在南开上空飞翔很久，投一红旗于南开大学秀山堂楼顶，以此为目标，连续炮击，证明敌方是有预定计划的。

我敢正告敌人：尽你们的凶狠，能毁灭我有形的南开大学的校舍，而不能毁灭我无形的南开大学所造成的万千青年的抗敌精神，更不能毁灭爱护南开大学的中华全国亿万民众的爱国心理。我南开大学现在和未来的师生，只有因此而激进他们的抗敌救国情绪。他们有生一日，定将每日晨起，端默想像某年某月某日冲天价这惨酷而壮烈的文化火焰。

我更正告敌人：你们既然有计划的毁灭文化机关，我愿在人类文化大历史上，大书特书，曰：日本帝国为企图灭亡中华民国，于某年某月某日，用预定计划，毁灭华北著名文化机关南开大学，这是一·二八焚毁上海东方图书馆后第二回毁灭文化机关的暴行的铁证。

---

* 原载天津《大公报》1937年7月31日。1937年7月28日侵华日军对天津发起全面进攻，南开大学遭到日军的连续炮击，30日不仅日军飞机继续投放燃烧弹，日寇车辆也冲入校园放火，该文即激愤而作。

依我们所认识，文化的生命同它的价值，是超出政治之上的。今敌人发于政治上的凶欲，有意毁灭南开大学，适足以证明被毁灭者不但在文化上有伟大贡献，致惹起敌人的妒恨，并且它所养成的青年，他们的思想和能力，足给国族前途以重大保障，使敌人发生不容并立的感觉，致出于最残酷的一种手段。在这种意义之下，不惟我南开大学全部师生以及辛苦经营四十年之张伯苓校长，不应有丝毫悲丧，只有加倍奋激，并且足以大大安慰创办人严范孙[①]先生在天之灵。

我南开大学全部师生，我全国爱护南开大学的民众，惟有跃起来合力重创，使南开大学不惟精神不死，并躯壳亦不灭，我中华民国有一寸土存在，我南开大学存在。

真教育本不在形式而在精神。平时一般人不免有种错觉，见巍巍大厦才认为最高学府，今大可趁此机会，给人们心理上的纠正。有田一成，有众一旅，可以兴邦；有若干间茅屋，若干条板凳，何尝不可以聚集起来，讲论人类生活的意义，民族兴亡的真理，或者和真实的人生，真实的社会，实际的事物，反较亲切些。这一问题，我愿改日另为文详论一番。

我所急急欲告教育当局的，须赶快用种种有效方法，将各学校教师和学生，从危险地带里救护出来。战事发生，妇女和儿童应尽先救护，为是民族种子关系的缘故。教师和受过教育的青年，不是国家的文化种子吗？尤其是受过军事训练的学生们，对国家所负使命特别重大。今后惨酷的局势将一步步开展，万不可做无谓的牺牲。我们是预备牺牲的，但是要有意义，有计划，才有价值。诸位先生！诸位青年！我们欢迎诸位，快快走出危险地带，来干共同有效的

---

① 严范孙，即南开大学创办人严修（1860—1929），字范孙。清光绪朝进士，1905年出任清学部右侍郎。1908年支持张伯苓将敬业中学堂改办南开中学，1919年增设大学部。被尊为“南开校父”。

工作。

我所急急欲献议于教育当局的，计下列五事：

一、凡危险地带各学校，应令首先将学生名籍和照片设法保存带出。

二、战事发生应指定战区以外较近便、较安全地方，设法集中收容各校教师和学生，尤注重大学和中学。既入非常时期，此费用可从教育费项下非至急者或减或缓移充之。

三、设法劝导各校教师及学生自动退出危险地带。

四、通知办理救护救济的机关，对于教师和学生须特别重视，首先救出危险地带。

五、凡受集中收容的学生，设临时课程训练之。

前方作战，后方须加紧训练，从危险地带出来，予以非常意义的训练，尤为相宜，此点更值得注意。

南开被毁第二日在上海

一封公开的信*

写给中华职业教育社诸同志同事同学，介绍《我之人生观与吾人从事职业教育的基本理论》文。

对暴日抗战到一年半以上，我全国民众不惜任何牺牲，和顽敌决斗，绝不肯屈服，究竟为的是甚么？我诸同志、诸同事以及毕业诸同学，在此抗战期间，无论在前方，在后方，在某种地位，任某种工作，没一个不是舍命努力，求尽他一个职员应尽的本职，和一个国民应尽的天职，究竟为的是甚么？在校诸同学，或在流亡颠沛之后，或在孤岛苦闷之中，用最大之努力，发愤修学，年长者准备短期参加工作，年幼者准备他日尽他第二代国民天职，究竟为的是甚么？即我个人，从九一八以来，抛掉闭户读书生活，从一·二八以至八·一三，从未放弃抗敌后方任务。淞沪抗战三月，奔走京沪间九次；自后，徐州、济南、武汉、长沙、沅陵、桂林、柳州、梧州、广州、香港、贵阳、成都、重庆，或一二次，或三四五次，在此一年半中间，从不敢一日偷安，究竟为的是甚么？岂但这些，就是整个的人生，忙忙碌碌，为的是甚么？

为欲答复这问题，平时一点一滴地积在心头，从没有制成整个的答案，今日我中华民族逼迫到存亡生死关头，同人正在用最大的

---

* 原载《抗战以来》，国讯书店 1946 年 5 月出版。据《黄炎培日记》，此文应作于 1939 年 1 月 24 日。

努力尽最后的责任，此时再不提出，更待何时？因此，一个人走向重庆南温泉地方，在山重溪复中间静悄悄地关了一天的门，写一篇文章——《我之人生观与吾人从事职业教育之基本理论》载入《国讯》第一九三期——公开地请求赐教，并且对我平时所爱重的同志、同事、同学诸君，还愿亲亲切切地补充几句话：

第一，吾人既深信世界万事万物，因天然的演变与人类的要求，而日日在前进的途程中。我不求生存则已，否则思想与行为不可不随时随地自己把自己痛加鞭策，方法怎样呢？其一，求友。深切注意别人的言行，拿来和我的言行比较，立刻发现彼我间长处和短处出来。其二，读书。苟为我所不及见不能见的人，他的思想行为，既成文地写在那里，而恰给我以正面的对照或旁面的参考的良好资料的，我必尽量吸取。求学时须读书，办事时尤须读书。其三，我的行动，事前必须经严密的考虑和计划，事后必须虚心检讨。而尤有效乃在集合同志，为相互的检讨，尤其希望我诸同事同学，利用集团生活，多方求益。如果不断地用力，有生一日，前进一日，眼前既不致辜负这空前大时代，即未来世界，任何演变，因思想之不断前进，亦且从容应付而有余。

第二，人类进化到今日，最要一点在发现了“群”的伟大价值。就把抗战来说，从前战争，是少数人的私斗；此番确是民族的战争，敌人所资以为号召，虽并非彼方全民族自发的要求，而确已集合了他们全民族的力量，且其目的确在企图灭亡我方全民族的生命。那么我方不集合全民族的力量来抵抗，如何能生存呢？即以平时论，自从社会组织扩大且加密，个人生活力量一天减少一天，“群”的力量就一天加大一天。吾国进化，落各国后，无可讳言。中山先生积四十年经验，提出“唤起民众”一语，载在遗嘱，确是扼要之语。任何事物，总须看他贡献于民众方面的有和无、大和小，而定它的价值，就为是世界在整个演变之下，个人的生命，系于民族的生命，而求民族的生存，必须唤全〈国〉民众起来，自力奋斗。民众起来以后，便发生他们的新要求。耳聪了，什么都要听一下。目明了，什么都要看一下。政治生活当然要参与的，经济生活早构成整个组织了。乃至哲学、文学、美艺，一切一切都须大众化。即论个人品性和行为，所有从前"孤高"、"狷介"、"逸民"、"独行"，凡这一类名词，到如今只有"束之高阁"。最合理的人生，就是将身投入群众中间，和他们共同生活。凡人能和群众凝和，有力量提挈群众，文章能使群众了解，事业能给群众福利，这才是有价值的贡献。这是世界大放光明的初步，如果一天一天扩大起来，大众相互地携着手走上共同生活的途程，这才是全人类的福音。

第三，"平时作临时用，临时作平时用"。这两句话不错的，抗战是临时的，建国是平时的。一面抗战，一面建国，倒是真理。并非故作壮语来歆动国人。惟有在抗战中间才容易完成建国的使命。吾人服务，遭遇空前的艰危和困苦，不但须看做个人献身、卖力报群报国的时机，且须认清这就是一生事业鞭策成功的好机会。在这个时候，须插身进去，须担当下来。如果存心以为这时候我无从效力，暂且向旁边退隐一下，到事平后，我算一个是了。这是大错太错。须知恶浪孤舟，到同归于尽时，任何人无生存余地；如果抗战成功，又是一番新世界，必更有新的艰危，新的困苦。百练之身，或尚有需于继续的折磨，那里还容工于趋避之人来插足呢？认清临时即是平时，平时亦是临时，责任当前，如认为没有什么办不了，应即挺身而出。这不是个人建功立名，却是服务，此等处要受人生观与做人基本理论的支配了。

第四，上文不是说过吾国文化落后么？中华民族的优秀，和古代文化开发的早，都经世界公认的，而何以有此现象呢？最大原因，就是一千二百年来科举的毒刃，把士大夫言论和行为两下劈开：说话是一件事，做人又是一件事，造成了不以为奇、不以为耻的恶习惯。而其根本原因，尤在把学问和事功劈开，造成知是一件事，行又是一件事。我承认职业教育的贡献较大一点，就是教人所学即是所做。凭他的聪明，从修学得来的知识，应用于日常工作，积成丰富的经验，促进了工作的改进。改进的结晶，物的方面，获得制造上的新发明，事的方面，获得方法上的新发明。此时尚没有觉察，积若干年后，必有显著的收获。此点在吾文中略已提及，我所更欲为诸同志、同事、同学告者，吾人须下一大决心，除非想不到，想到必做到；除非不懂得，懂得必行得。知是头脑的事，行是手足的事。如果头脑发令而手足不奉行，必是病夫。知是统帅的事，行是士兵的事，如果统帅发令而士兵不服从，还成军队么？三十年来，新思潮输入国家，知识阶级思想大进。自清末迄今，积无数变故，给我们无数经验，国家的要求是什么呢？民生的要求是什么呢？大都懂得，而实现的究有多少？即就抗战而论，问你认抗战必要么？答必要。问抗战必要全民动员么？答必要。问全民动员有钱出钱，有力出力，必要么？答必要。问那么你出多少钱呢？多少力呢？那就难答了。一般民众知识不如人。发于天然的爱国热诚与抗敌除暴的义愤，慷慨赴死，前仆后继，而发现于知识阶级的，究有多少？这一点病根不拔去，知的程度越高，范围越广，行的成分越少，直是妨碍国家民族生存的最大敌人。我和诸君须各下一个大决心，来亲身克服他才好。

第五，纪律必须严明，生活必须整饬。这两句须得说明一下。从前一般社会，很少施行严格的训练，非军队而用兵法部勒，往往引以为奇。私人生活，亦以懒散为风流。今后不然，社会集团一天多一天，如果组织不严密，不惟无益于社会，对内对外或且惹起纠纷；而人事日繁，环境日趋错杂，非提倡规律生活，精力日力，皆无从应付。世界万事万物，日在要求规律化。试观大宇，日月星辰的行动，何等庄严！试观人身，骨肉肌理，有一定的分量和组织，其搏动有一定的速度，又何等精整！这都昭示我们的真理，人们对一切事物都欢迎现代化。须知惟纪律严明，才是集团现代化；惟生活整饬，才是个人现代化。近代大人物，即如列宁，试读他的传记，办公室动作有定时，器物有定位，开会决不迟到一分钟，会议时间不许吸烟，严整到这般地步。吾当对诸同学讲，吾们认清了环境和时代的要求，虽小小修学集团，要须有金一般的人格，和铁一般的纪律。

以上吾文皆略略道及，特为郑重申说：凡吾文所贡献，陈义不尚高深，取材不尚繁博，但求有当于事理物理之真实。私念读书五十余年，所得惟此；服务三十余年，亦只为此。深愿得此如夜行得灯，有明确的方针；如车行得轨，有切当的途径。根据彻上彻下的全盘理论与夫打破生死的基本观念，如此做人，才是心安理得。窃愿以此自勉。途径不必尽同，出发只此一点。他日得闲，更愿分析吾文要义，尽量发挥所见。吾文对象，实未尝以吾社同志、同事、同学为限，凡读吾文者，幸皆有以教之。

二十八年一月

蒋百里

蒋百里（1882—1938），名方震，浙江杭州人，中国近代军事理论家、军事教育家，国民党高级军事顾问。毕业于日本陆军士官学校，后赴德国研习军事。1912 年任保定军官学校校长。1938 年 5 月起代理陆军大学校长，11 月，病逝于任上。追赠陆军上将军衔。代表作有《国防论》，另有《孙子浅说》、《军事常识》、《裁兵计画书》、《新兵制与新兵法》、《蒋百里抗战论文集》和《日本人——一个外国人的研究》等。在民国时期被誉为“天生兵学家”、“兵学泰斗”、“军事学之父”。

蒋百里博古通今，学贯中西，文武兼修。其主编的《改造》杂志，在当时的影响力仅次于陈独秀主编的《新青年》。1921 年，蒋百里赴欧洲考察后，写成《欧洲文艺复兴史》，梁启超为之作序，竟至下笔 5 万多言，只好另作短序。而这篇长序即梁启超《清代学术概论》的雏形，梁启超将其补充完成后又由蒋百里作序，成为当时文坛佳话。1923 年，蒋百里又与胡适一起创办了新月社，并同徐志摩结为至交。但蒋百里最终着力耕耘的仍是军事领域，他也是以其卓越的军事理论和军事教育成就闻名于世。他精通日、德、英、法四种外文，热切关注欧美和日本军事新技术、新理论、新制度，在中国传统兵学和西方军事理论之间进行沟通、融合，最终在古今中西之间构建起中国近代军事理论。

1933年，他再赴日本，拟就国防计划，以备不可避免的中日之战。1935年，他被聘为军事委员会高级顾问，翌年赴欧美考察军事，归后提出建设空军的建议。1937年初，蒋百里最重要军事论著集《国防论》出版，轰动一时，扉页题词是："万语千言，只是告诉大家一句话，中国是有办法的！"

本书收入《国防论》之《军国主义衰亡与中国》、《速决与持久》、《参谋官之品格问题》和《蒋百里先生的最后意见》。早在《军国主义衰亡与中国》（作于1922年，1937年收入《国防论》）中，他就把日本作为中国的第一假想敌，表现出对日本侵略的高度警惕，并且在该文中已经表达了一旦中日双方爆发战争，我必"恃之以久，使其疲弊"。《速决与持久》不仅继续论述了持久作战的思想，而且主张进行运动战、游击战。《参谋官之品格问题》是1938年9月蒋百里在陆军大学的第一次训话。《蒋百里先生的最后意见》并非其本人所作，而是他由桂林赴遵义时向桂林市政筹备处处长庄仲文口述，由庄仲文事后追记。

军国主义之衰亡与中国*

一二年来“军国主义”四字，已成为社会上之共同攻击目标，此其原因有二：

（一）十年来武人政治之结果，社会纷扰，民生困穷，而武人自身之贪暴，尤为国民指摘之媒。

（二）欧战之兴，西方则感于德军之横暴，东方则感于外交之失败，而军阀派侵略主义之罪恶，遂为一种鼓吹敌忾之用。

此二种立脚点，盖绝对不能相混同。然言论既处于不自由之地位，谈外交，则须避德探之嫌疑；谈内政，则须避过激之徽号。不得已，借德国之失败，乃为之大张旗鼓曰：“军阀灭亡！”曰：“军国主义失败！”盖一种象征文字也。故终始不见有一种斩绝明瞭之议论。

吾今试发一问曰：“公等竞言废军阀矣，今若有人焉，一战而侵地复，再战而藩服兴，公等将欢迎之乎？抑反对之乎？”反对之，则是承认侵地藩服之当然割于人也。欢迎之，则是固军阀之开山祖也。

是故攻击外国之军阀为一事，责备国内之武人又为一事。虽然，吾文宗旨，乃不在攻击军阀，亦不在责备武人。

何以故？著之空言，不如见之行事之深切著明也。彼军阀与武

---

* 本文作于1922年，原载《国防论》第五篇第二章。《国防论》1937年年初印于庐山军官训练团。

人，方且日日以事实宣布其罪状于国民及世界之前。其倾全力以自杀也，惟恐其不速，惟恐其不极。吾人于此，而乃以空言责之，于势为不必，于情为不忍。即哀矜焉，为之垂涕而道，而于事亦无补者也。

吾之宗旨，乃在表明此后世界之军事潮流，乃与我中国民族之特性及历史在在相吻合，而国家之未来乃日日在光荣之进步中，使吾国民于此可以得无量之欢喜与慰安者也。

自世界交通以来，人类对于国家之观念，大别为三种：

一、以国家存在谓不必要者。以为人类之幸福，发生于互助。互助者，人与人之关系，而家，而市，而邦，而国，皆不过一种历史上之过渡，然以经济制度之关系，而国家一物，乃为人类互相残杀之根本。是谓极端之“大同主义”。

二、承认自己国家之存在，而同时以同等之理由，承认他人国家之存在而尊重之者。法国卓莱氏所谓“大国家主义”者也。

三、承认自己国家之存在，而同时否认他人国家之存在，以为他人国家之存在，根本上与自己国家存在不相容。此则近世所谓德国学派之“国家至高主义”者也。（国家至高云者，寻常对国内之个人言，其实为否认他人之国家也。）

原欧美国家成立之方式，则亦有三种：

一、君主统率其民众而使之团结者，如拿破仑及其以前之法国是也。

二、由人民个性之向上而自行团结者，如今日之法、美是也。

三、有贵族上挟君主、下率平民而团结成为国家者。如战前之英、德是也。

军国主义者，以第三种贵族国家之形式而实行第三种国家最高主义者也。故其成立之要素，有绝对之条件二，相对之条件一。

绝对条件：

一、贵族政治。国内有多数之贵族，其组织之坚强，道德之高尚，足以统率全国国民。而其时人民，适当旧历史之信仰未去，而新世界之智识初开。

二、侵略主义。国外有明瞭之目标，以为侵略主义之根本，而国民对此目标有历史上之遗恨。故能于时间空间上为统一之行动而能成功。

（注：所谓“世界政策”、“大陆政策”者，皆侵略主义之进一步而失其目标者也。其结果，对内则目标消灭，而国民之统一力不坚；对外则遭群强之忌刻，而协以谋之。故其失败可操券而待也。）

相对条件：一曰地狭，二曰人稠，三曰国贫。狭则便于组织，稠则富于供给，贫则国民自身感于侵略之必要。在历史上求此种条件理想的适合者，则为十九世纪上半期之普鲁士，二十世纪初元之日本。而其军事制度，则有特点二：

一、厉行阶级的强迫的军事教育。盖贵族制度，以阶级为团结之唯一要义也。

二、维持极大之常备兵。盖侵略主义以攻击速战为成功之条件也。

是故军国主义者，姑无论其于理为不正当，于事为不成功，即正当矣，亦决非吾中国之所得而追步者也。今日则事实既以相诏矣。三十年来，弃其固有之至宝，费高价，购鱼目，而且自比于他人之珠！呜呼！此亦拜邻之赐多多也。

我国家根本之组织，不根据于贵族帝王，而根据于人民；我国民军事之天才，不发展于侵略霸占，而发展于自卫。故吾今者为不得已，乃创左之宣言。

我国民当以全体互助之精神保卫我祖宗遗传之疆土。是土也，我衣于是，我食于是，我居于是，我祖宗之坟墓在焉，妻子之田园在焉。苟欲夺此土者，则是夺我生也，则牺牲其生命与之宣战。

是义也，根据历史，根诸世界潮流。

虽以孔子之学理定君权于一尊，而终不能改尧舜禅让、汤武革命之事实，使后世之二十五朝变而为万世一系。君主之相续权，不操诸君主，而操诸人民，此真吾国体尊严之大义也。而秦汉以还，阶级制度消灭殆尽，布衣卿相，草莽英雄，而农民自由，尤为吾中国国家社会之根本。以视彼欧人侈言自由，而农奴制消灭仅仅在六十年前者，何可同日语？故一部二十四史入于帝国主义时代之眼中，为一片失败羞辱史，入于民主社会主义时代之眼中，则真一片光荣发达史也。

若夫军事天才，则孙子实首发明“能为不可胜，不能使敌必可胜”之原则。（欧人兵略之精者，孙子多言之，而孙子此义，则吾遍读各大兵学家之书未之见。）而自华元守宋，乃若赤壁之战，睢阳之守，而坚壁清野，而保甲团练，乃至近世湘军之兴，盖皆寓积极于消极之中，利用国民自卫之心以卫国，而无不有成。盖历史之遗传与环境之影响，使我国民视侵略为不必要，自卫为当然权利，其至高之道德，乃适为今日与世界相见之用也。呜呼！岂不伟哉？

（注：虽以侵略主义之国家，亦必借“国防”二字以自掩饰。虽然，充其国防之意义，则虽全太阳系为其军略上所占领而未有已也。甲与乙邻也。乙不得，则甲危，固也；乃得乙，乙又与丙，丙又与丁，其邻也，乃相续于无穷，则虽占领太阳系，而此外之恒星犹无穷也。此种国防政策，他人不之信，即自身之国民亦不之信，自欺欺人，以盗灿烂之勋章而已。）

是故吾中国之不得志于十九、二十世纪之交，则事理之当然者也。何也？性不适于军国主义也。虽然，侵略政策，国家主义，终有一旦之自毙。故欧战一起，而世界之新局面开！今姑就军事范围言：

欧洲百年来军事组织，以德、法为两大宗。今试问德国，此后之军事将何适之从？将惑于外患而仍奉其权于贵族乎？事固有所不可。将以除贵族之压制，乃欢欣鼓舞，悉悉唯他人之命是听乎？心固有所不甘。然则必出于一途也可知已曰：发达其国民之个性，利用其乡土观念以自卫是已。军事进化之潮流，必由专门性而递入于普通性。十八世纪之募兵，专门职业家也。十九世纪之征兵，则渐进为普遍性，唯组织根据，仍在贵族与阶级耳。而二十世纪之国防责任，乃不在精练之兵，而在健全之民，其一切制度，亦将变为社会之普通物。此则欧战时，美国已为之开先例，而德人受条约之束缚，将舍此莫由者也。

然则法国，战胜国也，可以维持其军队矣！信如是也，则吾敢决二十年后，法必为经济之亡国。呜呼！吾读卓莱氏之《新军论》（原名为《国民之防御与世界和平》）而怦然心动也！卓莱为社会党首领，以极端反对战争之人而生于不能不战之国。彼乃于两极之间，为法国，为世界战后之军制，立一大原则。其大意以瑞士之国民兵制度为基础，以少数之干队为全国军事之教育机关。废二年兵役，而以其一年半之教育分十年，注入于国民教育之内。今战后布置，虽未获其详，而复员后半减其现役额，奖励青年团，移军事教育之重心于小学校，则其政策端绪之可见者也。

是故新军国主义者，根诸历史，根诸世界潮流，而其办法，则别大纲为二：

一、撤销常备军，以少数之干队立国民军之基础。

二、实行平等教育以互助代阶级，不求得精练之兵，而求得健全之人民。

至于从中国现状言，吾侪所最感危险者，即邻近富于侵略性的国家。《三国志》刘玄德有言：“今与我争天下者，曹操也，彼以诈，我以仁，必事事与之相反，乃始有成。”我侪对敌人制胜之唯一方法，即是事事与之相反。彼利速战，我恃之以久，使其疲弊；彼之武力中心在第一线，我侪则置之第二线，使其一时有力无用处。

惟所谓“国民防御”，所谓“国民自卫”，乃指国家军事之大方针而言，与战略上战术上的攻势守势不可相混。上文所谓自卫主义、侵略主义之利害，不能以之作战略战术上之攻击防御利害解，而军事上之自卫主义与军事教育上的攻击精神，不仅不相妨害且有相得益彰之理。兵略上攻击精神是战胜唯一要件。但攻击精神如何才能发展，用兵是用众。凡群众运动之要诀，第一在目的明瞭理由简单。国民为自己生命财产执戈而起。此是最简单之理由，最明瞭之目的，是为攻击精神之核心。苟培养得宜，即开花结果。德国此次战败之原因。自兵略言，即是目的不明瞭，理由不简单。自宣战理由言之是攻俄，自军事动作言之则攻法，自最后之目的言则在英。失败之大原因，即完全因侵略主义。野心者视此土既肥，彼岛更美，南进北进名曰双管齐下，实是宗旨游移，而其可怜之人民只有一命，则结果必至于自己革命而后已。

速决与持久*

法国战术家认攻击有两个基础条件：一为运动，一为射击（火力）。

飞机出现以还，技术上的进步一日千里，如今空军已单独成为一个作战单位，同时向来最缺乏运动性的迟缓的炮兵，经过摩托化并有坦克战车的发明以后，它的速度也超过了从前几十倍，空军中的重轰炸机，将来速度可与驱逐机相等，而驱逐机的速度则因人身生理的限制，不能更有多大的进步，所以欧战后的军事发展，专在运动性方面，而火力又是跟运动性的增加而增加。

单从战斗的工具来说，各国都是向着“速”字上用工夫，因此现代战术战略的趋势，也自然向速决方面走去。但从整个国家的立场说来，即从所谓“全民战争”的范围说来，到各国，尤其是持久战失败的德国，就注重在“持久”两字，风行一世的自给主义便是持久战的根本政策。不过，文章是要从反面看的。我们不能据此认为各国如今以守势国策，须知他们一方面高谈持久，然而各种战斗方式，莫不趋向速决的方面，而持久却是达到速决的一个门径。

全民战争的痛苦是太深了，负担是太重了，所以政治家对于民众的要求虽为持久，军事家对国家的义务则取速决。不用说空军战

* 原载《大公报》，系于1938年1月26日在柏林写成。

斗是速决，海军战争亦然如此，一番会战每可决定全局的胜败，战斗中最有韧强性的就只有陆战。然现在陆战的工具一天快速一天，陆战装备的重心，完全集中在所谓快速师团。它的战术，亦即它的特性，就在出奇制胜。再看现在各国的动员律也是朝着速决的方向走。德、法两国国境建筑的要塞，目的在掩护动员，决不想在那里死守。当年凡尔敦要塞的北方区，正留有一个攻击地带。如今德国积极修筑高速度行车的国道，也正在守势中间寄托着一种攻势。

我们可以说速决主义乃现在实际军人所追求的目标，这是从这种战略上的速决中间，发现了军制亦即国力上的持久问题。须知空海两军都是以技术的优越而决定战斗的胜利。一国的经济力量，能否与技术上的发明亦步亦趋，乃军备上一个根本问题。譬如阿比西尼亚战争时期的义大利飞机，现在已成为明日黄花，不能与英国竞争，若将这些飞机一律取消，换上一种现在最理想的构造，经济上不胜负担；若用局部改良的轮替法，又怕敌方改良得快，将一辈子赶不上人家。所以现在军备改良有一个主义，名为“发明惟恐落后，制造惟恐争先”。就因国力跟不上技术，换一种炮，动辄几千门，换一种飞机，动辄几百架，真所谓掷黄金于虚牝，谁都受不了。

掌理国政的人假如轻轻失去了军事优势的时机，再要重新恢复优势，至少要待五年或十年以上。照我个人研究，历史上陆军的强大，不能保持二十年；空军强大，不能保持五年；比较上优势最易持久的还是海军。这因为主力舰的建造最费时间，而且海上武力又最反映着一国的经济力量与民族传统，并非五年十年的近功。

总之，现在欧洲军事的方向固然趋于速决，而政治的痛苦与经济的困难则在于不能持久。他们苦心孤诣的经营，便在寻求速决与持久的平衡，要从此中发现一条新路。

他们要求速决，所以不能讲持久；速决是目的，持久是手段。

现在拿欧洲这一种实况来研究中国应循的途径，我们知道欧洲人从速决主义下发现持久的困难与必要性，至于我们中国目前既须作持久战，我们就应该在持久这个决心下来研究速决的“速”之条件。欧洲法国凡尔敦所以能长久固守的原因，并非由于死守，而在于法国人能利用运动战的原则，将守线随时移动。死守一个阵线，无论设备如何坚固，在今日火力下仍可将整个战线顷刻毁灭。去年比尔波铁环的防御，建筑的时间费去九十小时，而摧毁的时间，只经九小时。

当年法、德火力同等，而法国守势战尚非扼据一线的死守，何况火力平常不占优势的我国。所以在一个持久战区之内，反是用了运动战可以达到持久的目的。简言之，这便是所谓“以攻为守”。假如拘之于形式上持久的一线死守，是必然不能达到持久之目的。现在德国有步步为营的退却法，就是寓死守于运动之中。

一个部队的火力要与运动力同等，没有运动力的火力，可名为“死火力”。所以要达到持久固守之目的，应以增加运动性为唯一条件。前方作战的部队至少要能够自己指挥后方的给养。我们装备完全的步兵团差不多与德国步兵团相像，但德国步兵团后方直属的车辆就有一百三十辆之多，假如每团加上防御战车，更须增加七十余辆汽车，才可使一团的火力得到适当的发展与运用。至于一师作战单位的大辎重与炮兵辎重都没有算在其中。

远适异国不知战斗的实际情形，所以一切不敢妄揣，不过我以为我们固然要求持久战，但其先决条件，便是要使军备增加运动性，因为我们要以持久为目的，须以速决为手段。

欧洲的问题是不久则不速，我们的问题是不速则不久。

参谋官之品格问题*

在国难最严重的今日，奉到委员长最郑重的付托来代理本校校长职务，深感责任的重大。今天是第一天，首先把基本事件和诸君一谈，即是品格问题："品"是品性之"品"，"格"是人格之"格"。

我在汉口临行请示时，委员长告诉我："用不着高深的学理，我需要一种态度严肃、精神饱满的军人。"刚才奉读手谕，中间特别注重"精神之修养"与"武德之锻炼"，想诸君当已明白，所谓品格问题，就是这两句话的注解。

我到××后，与教育长及校本部诸教官接谈，知道诸君的求知欲很高，颇为心慰。谈实际，诸君已有十年以上的经验；谈知识，则诸君在此也有两年的研究。可是学问和经验，是养成人才的肥料，不是种子，也不是根本；我现在所要说的基本问题，就是种子与根本。

我先讲一件民间流传的故事给诸君听，点石成金的吕洞宾，想找一个得意徒弟渡之成仙，常常出来物色试验，都不中意。有一天遇见一个人，便把一块石头点成金送给他，他不要。吕洞宾以为他是不爱钱的，就很高兴地问他："你爱什么?"他却回答说："我不要金子，我要你的指头，随时随地就取之不竭，用之不穷了。"

---

* 本文系蒋百里 1938 年 9 月在陆军大学第一次训话。

我到此来，不想给你们金子，想给你们这个指头。有了这个指头，你们就自己可以制造学问，创造知识了。不过我这个指头，不是随便给人的！英国有一本小说，述说有一人能制造金子，想用钱来救济一村子的人，但后来把一村子的人都变坏了。所以我要郑重声明"不随便给"。如何才能给？就是要注意到品格问题。

本校目的是养成参谋人才，进而化为高级指挥官。"参谋"两字是从日本译来的，我们中国原来就有两个这样职位的名称，你们知道么？

（学生答"军师"。还有呢？学生答"幕宾"。）

不错，不错，是军师，是幕宾。

你们要研究日俄战史、普法战史、欧洲战史等，我想你们现在研究战史，就等于看小说，但如其看外国小说，还不如看中国小说，问题在你们会看不会看。《封神榜》、《楚汉春秋》、《三国演义》诸书，你们想都看过，"军师"两个字，就出在这三部小说的里面。

中国最古的参谋总长要算姜太公，所谓"师尚父"，《封神榜》里面写得何等有声有色！其后就是黄石公给张良三卷《太公兵法》，并且对他说："读此可为王者师。"这是"军师"二字的来源。这样一看，参谋长便是司令官的先生。但怎样才能做先生呢？你看，姜太公穷到那个地步，还在那里安心钓鱼，宁可钓鱼，不愿自己跑出来找人谋差事，一定要等到文王找他，才肯出来。他不想升官发财，不肯到处钻门子，这就是所谓"品"，姜太公的历史太古旧了。考据不甚明白，最可做模范的还是张良。

把参谋职务刻画得最真切的汉高祖，他说："运筹帷幄之中，决胜千里之外，吾不如子房。"我们且看这位模范参谋长的培养法：第一，他家世相韩，韩亡后，散尽家财，誓为韩国复仇，他不逃到香港去，却摇身一变，把一个文弱书生变成雄赳赳的暗杀党首领（博浪椎）。他最初就肯"牺牲自己，以为他人"，这就是委员长所训示的“武德之锻炼”，这就是军人，这就是参谋官司的“格”，这是最重要的基础，这就是“意志坚定”，这就是陆军大学初审试验及“格”的格字，及了格，所以黄石公才肯教训他，要他穿鞋，骂他是教他能忍耐，有勇气的人能忍耐了才算真是可教，这是陆军大学校的第一课。诸君想读了三本书，就可以做皇帝的老师，天下那有那样容易的事？难的就在检定试验的及格和第一课的入门！如今或许可以了解我不肯将指头乱给人们的道理了罢！

“牺牲自己以为他人”是张良的一贯精神，他的目的始终在“为韩报仇”，不仅一句话，比封他一个官还要快活些，等到天下大事大定之后，他便摆脱一切，从赤松子游，这是他没有功名心的一种表现。我还引用一段外国故事，就是德国毛奇，他也是没有利害心和功名心的。现在大家都在歌颂他，但他前半辈子的过程是苦痛得很的。因为他不是普鲁士人，而是丹麦人，暗中颇受普鲁士军人的排挤，所恃惟威廉一世的信任，他总是埋头苦干，绝对不出风头。现在历史上记载着，当一八六六年刚民格拉只会战的那一天下午二点钟之前，人家还没有知道毛奇是谁，但到晚上七点钟，“毛奇”两个字，全国小学生都哄动耳鼓了。这个同黄石公磨炼张良一样，这才是参谋的根本教育，这才是品格，这才够得上做军师。反之，鲁登道夫天天替自己吹牛，说胜仗都是他打的，事实确是如此。但是愈吹牛人家愈讨厌他，后来他在政治上不能成功，就是这个道理。

张良的无我精神，直接传授到诸葛亮，诸葛亮说：“臣本布衣，躬耕南阳。”这等于太公钓鱼，就是说“不必找事，我有饭吃”。他抱定主意“苟全性命于乱世，不求闻达于诸侯”。一定要先主三顾茅庐，然后才感激，才驰驱。但他不出茅庐则已，既出茅庐，于感激驰驱之后，人家把皇帝送给他做，先主托孤时说：“孩子可抚则抚之，不可抚君自取之。”他却报之以“鞠躬尽瘁，死而后已”。他临死的时候，还给后人以极大的教训，就是“臣家有桑八百株，不使内有余帛，外有余财，以报陛下”。这是何等的伟大！何等的道德！

参谋官的位置，由“军师”渐渐降低，变为“幕宾”，这不是“老师”而是“客”了，可是人家对他的称呼还叫“师爷”。虽然不在司令官之上，仍然是对等地位。幕宾的故事很多，我今天只举一件——曾国藩同李鸿章的关系。李在点翰林之先，就请曾看过文章，他的父亲与曾又系同年，当然是曾的后辈，曾对李最初就用黄石公对张良的办法，他说“此间局面窄狭恐不能容”。但李一定要在他那里。曾公幕里是有风纪的，早饭必召幕僚会食，李起身较晚以头痛辞，但是大家一定要等他来了才吃饭。食毕曾正色对他讲：“此处所尚惟一诚字而已（不说谎）。”李为之悚然，敬谨听命。到后来，曾要参劾李次青，李不同意，就很坦率地说“门生不敢拟稿”。曾说“我自属笔”，李说：“若此则门生亦将告辞。”我们看，在平常时候，他对老师是怎样服从，但遇紧要关头，他又是如何的有主张，有骨气，后来李走了，一直不得志，迨曾攻占安庆之后，李写信道贺。曾就回信请他来，这次可就不是以学生看待了，完全以宾礼相待。李来了不到多时，曾就保荐他做江苏巡抚。我们看，老师之待学生，学生之待老师，又是怎样的风度！这是说参谋在宾位的情形。

参谋官的位置，始而由“师”降为“宾”，自新军成立后，又再降而为“军属”了。在民国初年的时候，参谋官简直是高等的当差。这个地位，今后要一步一步的提高起来，纵然不能提高到“师”，至少也要有“宾”的地位，这一点全靠高尚的人格去争取，如果只是去找人，以弄钱混饭吃为目的，人们怎样能够重你！我们莫怪人家不尊敬我们，首先要自己尊敬自己。假如你们当司令，看见一个人既有才干，对你又有“鞠躬尽瘁，死而后已”的精神，你们怎能不“三顾茅庐”去请他？请他出来之后，又怎能不信任他尊敬他？所以委员长手谕中所说“精神的修养”，就是提高品性之“品”；所说“武德之锻炼”，就是牺牲自己以为他人的“格”。我要你们把《封神榜》、《楚汉春秋》和《三国演义》好好再看一下，如果以国货中能取出宝贵的教训，以为自己修养的资料，那么我们再来谈谈外国故事，藉资观摩。今天讲品格问题，只是一个序幕，下次还有很多问题，容陆续再讲。

蒋百里先生的最后意见*

蒋百里先生为中国一代军事名家，不幸于十一月四日在由桂林乘汽车赴贵州北部遵义途中，在广西北部之宜山县以心脏病逝世，闻者哀之。蒋氏离桂林时，曾对桂林市政筹备处长庄仲文发表其对于当前国事之意见，共计十点，旋即离桂，殁于途中。变出仓卒，未留遗言，故此文当属蒋氏最后之意见，兹由庄先生追记其要点如次：

（一）兵力当求集合使用，而训练新兵，可仍袭曾文正公办法，以营为单位为较当。军政部只物色适当之师长人才，由师长认识其师属九营长，每营营长物色其排长九人，班长二十七人，如此则每人所需明瞭能力与个性者，只数人至三十余人。每营必集中训练，单位不大，隐蔽亦易。有三个月之训练，自能成立强固之个体，易于进退自如。各营训练成功后，集合成师，则全师亦能有坚强之战斗力。《孙子》所谓治众如治寡也。

（二）目前各省公路，因车辆经过太多，大都崎岖颠簸，致车辆之汽油消耗加增，机件损坏较剧，而汽油机件均为舶来品，应竭力求其经济使用，故各省因增强修路队，即雇用民工，亦属值得，以民工所费，仍在国内流通也。

---

* 本文原载《大公报》1938年12月10日，系蒋百里于1938年11月4日在由桂林乘汽车赴贵州北部遵义前，对桂林市政筹备处长庄仲文所述，由庄仲文追记。

（三）军事期中，通信频繁，故电报积压，不易疏通，往往数日方能到达。然某人新任或调任，各方仍例致贺电，不但虚靡物力，亦复阻害正当通信，应予以切实取缔。

（四）一般人因习惯于乘坐汽车，遂视汽车为惟一之公路运输工具，然现在车辆不敷，往往有等候数日或一二月而未能成行者，殊失其求迅速之作用。故各地应尽量利用公路，留以其他交通工具如马车、骡车、人力车等分站任运输之责。即组织挑夫队，每五十里为一站，以搬运行李疏散人口亦可。

（五）有各种新工具、新武器，然发明者不能随时随处指示其使用者，而全恃使用者虚心研求以得之。现在我国部队，对新式武器尚未能使用尽善，而并非武器完全不如敌之锐利，故使用武器之重要，尤甚于有好武器，新工具亦然，此点必要国人澈底明瞭。

（六）抗战中不必好高骛远，要若干飞机，若干大炮，若干坦克车，方能致胜云云，是则以不能办到之事为言，其言亦为废言。亟应脚踏实地，将现有物力运用到抗战途上。譬如欧战时，比军曾利用酒瓶以阻碍德骑兵之迅速前进，即是一例。

（七）有一种科学之发明或特殊成就，较之各门同时并举，而因陋就简者为佳。故建国而提倡科学，应集中人力、物力于一门，虽十年二十年而成，仍是经济而合算，将来可以吾之特长以交换他人之特长，譬如英国玛丽皇后号大轮船之钢，系捷克之司高达厂所供给，即是很好例子。至于现在英、法等国之畏惧义、德，亦因义、德近年集中精力于空军，故能出奇制胜也。

（八）湘军每营有夫百六十名，故部队行止自如而迅速，不必扰民。其后承平，而有营官吃夫额之弊，王士珍见其弊而取消夫额。然北方徭役并重，各县有办徭之机构，尚无问题，南方则向来“一条鞭”，有赋无徭，故北洋军队到南方必拉夫，致为民诟，而军无辎重，即使攻地而能克，则士兵们之弹药已尽，必不能再事追击而收战果。

（九）我国近年建设，因无统盘计划顾全各方面，故往往因局部之利而成全局之害。譬如石家庄之滹沱河，蜿蜒曲折，本为形势要地，足资防守，然以土豪争水坝阻上游，而形势遂坏。故各项建设之始，必先研究历史与地理，方免恶果。

（十）抗战以来，名都大邑如北平、南京、广州等处，以为必可坚守者，往往不崇朝而失，而台儿庄、广济、德安等不甚著名之地反获胜仗，故将来之最大胜利，或将于无意中得之。惟所要有“战志”，“战志”既立，再想“办法”。袁世凯练兵，未尝使兵有战志（对外作战），造成二十余年之内战。国民革命军有战志，而时代潮流与环境未能尽适其意，致有今日之吃亏。今后抗战中，固甚求战志之坚定，而异日议和之后，更当确定军队战志，以备未来之国患。

任鸿隽

任鸿隽（1886—1961），字叔永，四川垫江人，中国现代科学事业的重要奠基人。早年投身辛亥革命，曾任南京临时总统府秘书。1912年赴美留学，主习化学。1918年获哥伦比亚大学硕士学位。回国后历任北京大学教授、东南大学副校长、中华教育文化基金董事会干事长、四川大学校长、中央研究院化学所所长和总干事、国民参政会参政员。1949年后曾任上海市科协副主席、上海图书馆馆长、全国政协委员。著有《科学概论》，自传文字有《五十自述》、《前尘琐记》。

早在任鸿隽出国留学期间，他于1914年在《留美学生季报》连续发表文章，论述应该建立中国的“学界”，发展科学，他在康奈尔大学校园内联络一些中国同学于1915年1月发起创办了20世纪前半叶在中国影响最大的综合性科学刊物《科学》杂志，之后又与胡明复和邹秉文一起起草章程，于1915年10月25日正式成立“中国科学社”，任鸿隽为董事长，亦即社长。回国后他以中国科学社和中华教育基金董事会为依托，促进教育科学的发展，探索现代科学在中国实现体制化的道路。由于任鸿隽首倡科学与民主的旗帜，倡导科学救国，对教育时政等问题亦有洞见和深刻的评论，因此在中国知识精英群体中处于较高地位。

在抗日战争中，任鸿隽应蔡元培之邀，任中央研究院化学研究所所长，他因陋就简，筹建化学研究所实验馆，使科研工作得以正常进行。在昆明乡村躲避日军空袭时，他翻译了 W. C. D. 丹皮尔的《科学史及其与哲学宗教的关系》一书。该书于 1946 年 3 月以《科学与科学思想发展史》为名在重庆初版，同年 6 月由上海商务印书馆再版。这是我国较早的一部科学史译著，也是一部备受学术界重视和欢迎的著作。太平洋战争爆发后，中基会成立“紧急委员会”，在重庆设立办事处，任鸿隽任干事长。

本书所收《为新入学的学生讲几句话》发表于 1932 年 9 月 25 日，正是九一八事变后一年新学期入学的时候，他在文章中告诫学生，“救国是我们的最高责任”，“读书即是救国，救国必须读书”。《甚么是救国教育》、《科学教育与抗战建国》、《抗战后的科学》等文章均以科学发展为国家发展的背脊，以科学教育培育国家需要的人才，以求抗战必胜，建国必成，抗战胜利后，科学依旧是建国努力的方向。《国格与人格》一文则指出：“我们的国格既然发生了危险，唯有用国民的人格去挽救。”

为新入学的学生讲几句话*

近几个月来，社会人士很有些注意于高等教育问题。于是改革大学的言论，也风起云涌的在各种杂志上屡见不一见了。可是他们所讨论的，大半是大学的学制问题。关于目下一般青年所公认为学校的主人翁——学生，却少有人谈到。现值学校开始的时期，我们拟援学生毕业有送别词的例，说几句欢迎诸君入学的话。

第一，我们要说的，便是学校的主人翁问题。换一句话说，是学生对于学校的态度。我不知道“学生为学校的主人翁”这句话有什么根据，但我确晓得这句话是大多数学生胸中固有的观念。要是我的猜想不错的话，我想这个观念，必定是由譬喻得来的。我们不是一天到晚在讲民主主义吗？在民主主义的国中，不是以人民为主人翁吗？一个国内，有治者被治者的阶级；一个学校内也有治者被治者的阶级。学生是被治者，即是与人民处于同一的地位。人民可以为一国的主人翁，则学生为学校的主人翁，岂不是逻辑上应有之义吗？况且近代教育学说主张学校的社会化。那末，我们何妨看学校作一国，而小试其主人翁之资格呢？既有了主人翁之资格，即不能不行使主人翁之权利。于是教员有不好的（至少是学生以为不好的），主人翁可以任意轰去。校长有不行的，主人翁不妨投票另选。

* 原载《独立评论》1932年9月25日第19号。署名“叔永”。

而且财政可以监督，事务可以干涉，因为这些都是主人翁的权利。所以我们可以大胆的说一句，学校主人翁的问题不解决，学校是不会有宁日的。

上面所说的譬喻，在表面看来，固然不无几分相似之点，不过有一个根本不同的地方，就是学生在学校中是受教的，而民主国家的人民不一定是受教的。因为这个原故，许多未毕业的学生，在民主国家中，并不能取得选民资格。所以用民主国家的譬喻，归结到学生是学校的主人翁，是不对的。必不得已，要在社会组织中，寻出与学校相似的东西，我们可以说，只有家族还相近一点。一个家族，在他的责任上，当然要以子弟的利益为前提，但是不可以此便说子弟是家族的主人翁。一个学校，若是有存在的必要，当然须以学生的利益为前提，但是不能以此便说学生是学校的主人翁。我们说这些话，并不在什么"亲"、"师"伦理上着想，这只是一个社会组织的寻常事实。

一个学校的存在，当以学生的利益为前提，这句话当然又可以发生问题。譬如教员学问的不够，职员办事的不合法，都可以使学生直接蒙其不利。而且一个学校内容的腐败，只有直接身受的学生知道的最清楚，若是学生不加举发，外间是无从晓得的。所以学生对于学校的内容有所不满而提出改良的要求，不能不说是一条合法的道路，而且在某种情形下，也许是唯一可能的道路。不过我们要明白，学生既非人民，学校也不是国家。那就是说，一个学校，除了校中的教职员之外，总得有一个管理主权的机关在外面。这个管理主权的机关，在官立学校是政府，在私立学校是董事会。有了这种机关，校务的好坏，自然有了一个最高的请诉所，而无所用其直接的革命行动。直接的革命行动，未必能与学生的利益相符合。因为知识、年龄种种的关系，学生的利益，不见得是学生的本身所能谋的。

我们说学生不是学校的主人翁，读者不要误会以为我们认校长或教员是学校的主人翁了。倘若学生不是学校的主人翁，校长、教员尤其不是了。那吗，学校的主人翁究竟是谁呢？我们以为学校是为了一个共同目标设立的多元组合体，不能任意偏重一部分而抹煞其余。若不得已而要指出一个东西来做学校的主体，我们以为只有“学术”两个字可以当得。学术确是学校目的的所在。凡是与学校有关系的，无论教职员也好，学生也好，都是为了这个目的而工作。凡是对于学术有贡献的，无论教员也好，学生也好，我们都可以说他代表主体的一部分。

第二，我们要说的，是学生对于时事的态度。在这一方面，近年也有一句最流行的话，是“读书不忘救国，救国不忘读书。”这句话，我也不记得是那位先生发明的了，但这的确是一句八面玲珑的话。照这句话的意思，救国、读书，随兴所至，不必顾虑到那一件事的成功与否，而同时又可以兼筹并顾，这是多么便宜的事！不过我们要讨论的，救国、读书，无论那一件，是不是用半冷半热的态度所能做到？如其不然，我们是不是有把我们目前的道路认清的必要？

救国是我们最高的责任，尤其是在血气壮盛、感情丰富的青年，所有一切都可牺牲，何况读书的一点小事？不过在决心离开读书，加入救国以前，我们至少要问我们自己两件事：（一）我们的主张，果然是我们深信不疑的吗？（二）我们的方法，果能达到我们的目的吗？这两个问题，若果不能解答，我们以为所谓救国事业，也不过自欺欺人之谈，不如埋头读书，究竟还晓得我们自己做什么事。

何以要问我们的主张是不是我们深信不疑的？我记得民国十四年“五卅事件”闹得最盛的时候，某大学的墙壁上，贴满了“打倒英国”和“直捣伦敦”等等标语。我不晓得我们笼统搜索不满十万吨的海军，有什么方法能够打到伦敦去。我们记得民国十七年“五三”的事件，我们学生界的标语，是要“枪毙田中”。果然田中可以由我们枪毙，又何至于有“济南事件”。最近去年九一八事变之后，我们学生界的主张，有组织“东亚大同盟”、“联合东亚弱小民族”等等。我不晓东亚的弱小民族在那里，怎么能组织起来抵抗强日。这些主张，本来没有征引的价值，但正可以表示我们学生界知识的幼稚。以这样幼稚的主张，要说他们曾经研究过而深信不疑，谁也不肯信。但是我们要晓得这是我们牺牲了读书去换来的救国成绩。

其次要问我们的方法，是不是能达到我们的目的。学生表示主张最后的方法，常常就是罢课。可是罢课只是一种吃了砒霜药老虎的办法，拿自己的损失，来促他人的反省。设如我们所要求的，不是反省可以了结，这个方法就失其效用。设如所谓他人，不但不与我们休戚相关，而且以我们的损失为有利益，则这个方法完全失其意义。去年九一八之后，全国的学生，为了入京请愿，不但罢课多日，并且挨饥受冻，卧轨绝食，甚至有以生命为殉的，然其结果仍等于零，就是因为学生所要求的，不止是政府的反省，而且是强其所不能，这是失败的第一原因。第二则对外我们愈闹得起劲，秩序愈乱，敌人愈是有利。所以除非有什么更进一步的计划可以偿罢课的损失而济其穷，则罢课必不能达救国的目的，可断言的。

这样，我们把学生救国的目的和方法弄清楚了，才可以进一步来决定对于救国或读书的态度。我们以为对于救国的方法，已经有了坚深的信心的，他们尽可尽力的去做救国的事业，不必拿读书来做幌子。对于救国的方法，还不曾有坚强的信心的，我们以为要以读书来充满他们的知识，养成他们的信心。我们可以改定前面的标语说：“读书即是救国，救国必须读书。”

甚么是救国教育*

九一八的国难，在我们毫无准备的当儿发生。我们经此意外重大的打击，弄得手足无措，要从任何方面抓住一个自救的办法。及至外交、武力，种种手段全归失败之后，我们才反观内省，感觉到外势的不竞，实由于内力的不充实。于是我们把目光转注到教育身上，说我们近来种种的失败，教育要负一部分责任；将来国运的挽救，也要靠教育来做一个转枢。这个意思，不但存在社会一般人的心中，就是政府当局们的言谈中间也常常听到。我们对于这个意思，当然表十二分的同情，因为我们对于教育的责难多一分，正是对于教育的信仰大一分的表示。但是过去教育的失败原因在甚么地方，我们应当大略加以研究。

第一，从民国以来，政府对于教育并未十分重视，这可以拿教育经费和国家岁入的比例来做一个说明。案民国五年全国岁入的预算为四万七千一百余万元，教育经费为一千二百六十余万元，约国岁入百分之二零六。本年政府发表岁入的预算为七万七千七百余万元，教育经费为一千九百余万元，约国岁入百分之二零五（此数最近略有变更）。教育经费所占国家收入成数之小，与历年来的些少增加，和军费的一跃千丈相比较，真有望尘莫及之感。所以政府对于

* 本文原载《大公报》1934 年 10 月 28 日。

教育的漠视，是不言自明的事实。

第二，自民国政府成功以来，教育受了党治的影响，不但学生可以拿政治活动当功课，而且政治活动的出路比学校毕业要高明得多。在这种情形之下，除非上智与下愚，谁愿意在学校对着书本做呆子。在这种风气下造成的人才，自然是浮夸、巧伪，能出风头而不能吃苦。这种风气，至九一八请愿的大风潮而告一大结束。所以九一八以前的教育的效果已发挥尽致了，九一八以后的教育效果，则要看此后方向转变的如何。此时便要奢望教育界呈一个特殊有效的学风，恐怕还太早计罢。

可是所谓救国教育，必定是一种特殊有效的教育。这个教育从何处入手，是我们要讨论的问题。

我说特殊，因为我们要急切去应付当前的环境。我说有效，因为我们必须找到适当的方法来求实现我们的目的。换一句话说，救国教育，第一要认清目标，第二要找着适当的方法。

过去教育的失败，就在误以目的当作方法。例如救国是我们的目的，但救国不是空喊“救国”、“救国”可以成功的，也不是空言抵御外侮，或打倒甚么主义可以成功的。我们国难闹到如此严重，根本上因为我们民族没有力量，所以以救国为教育的目的，必定以养成实力为教育的手段，这是浅而易见的道理。照这样说来，我们以为目下最需要的教育不外两种：一是生产教育，一是科学教育。目下我们国内的这两种教育，果然得到了相当的注意吗？我们以为还大有问题。

生产教育，是一个较新的名词。在旧式一点的名词，叫做职业教育，可是职业教育与生产教育并不是同义而异名。比如说罢，许多职业教育，如打字、图书、记账等科，虽然能给人一个职业，他并不能自己增加甚么生产。我们中国是农业国，据专家的估计，我国农民的成数，要占全国人口百分之八十。可是普通的职业学校，并不包括农业在内。固然，许多地方，农业与工业分立，同为职业学校之一种。但拿农业的主要和范围的广大与工业比较，农业学校应该比工业学校多出若干倍才是道理。但是事实并不如此，这是人人知道的。其次，农业学校，如其希望他对于生产发生直接关系，必定与地方情形极端接近。可是我国的农业学校，上自大学程度的农科学院，下至中级的职业学校，无一不设在繁华城市之中，在实际和精神上，都与农民相去有数十百里。这样的农业学校，除了制造出许多穿长衫、戴高帽、四体不勤、五谷不分的高等游民以增生产问题的严重性外，还有甚么用处？现在我们把这个复杂的问题用单简的方式表达出来，不外乎下列两点：

一、职业教育应以农业教育为中心。

二、农业教育应在农民生活中找问题，解决的方法应立刻可应用到农民身上去。

要达到这两个目的，我们可以提出一个最单简的建议，便是凡关于农业的学校都应当离开城市，设在农民中心的乡村。

说到科学教育，事情自然要格外的复杂困难一些。因为东方人的性质，自来是不科学的，我们主张科学教育，不但要给学者一点管理天然的技术，简直是要改造我们生来糊涂的天性。话虽如此，我们不要忘记当世教育家的名言：教育为材料所限，而同时亦能改造材料。唯其我们对于科学的信仰与兴趣太薄弱，我们愈不能〈不〉加倍的培养。要培养科学的信仰，我们以为以下的几件事值得注意。

一、我们希望政府及知识界的领袖们，对于涉及宗教迷信及一切反科学的行动，极端慎重。我们以为处现今的时代，甚么是科学真理，甚么是宗教迷信，已经有了显著的分别。科学与迷信不两立，正如佛学与孔子的学说不能两立一样。但眼前不少一面皈依佛法，一面崇奉孔子的人，在科学与迷信的方面，这个现象也不幸的存在着。这是我们为科学教育要第一打倒的。

二、在学校方面，应该在可能范围内，使科学的精神贯彻到教科上去。我们晓得现在的学校，课程上总少不了几科物理、化学、生物学，设备上总少不了一些发电器、试验管、动植标本。但是学校的功课是否能养成科学头脑，完全是另外一个问题。设如学校中的仪器，只是拿来供陈设，当玩意；设如学校的功课，还是注重于文字的研究，教科的背诵，那末，我们晓得科学的风气是不会养成的。

三、我们还要希望，最近举行的学校会考制度，不要发生意外不良的结果——反科学的结果。会考为考核学校成绩而设，这是教育部的本意，也是人人所公认的。不幸考试的方法，只凭着试题与笔答，于是这个考试，便慢慢有变成科举考试的可能！我们已经听到许多学校从开学之始，便命令学生聚精会神的应付考试而用功了。这在文科一方面还不算最大的灾难，因为文科总少不了若干记忆与练习的。在科学方面，便会很容易的把试验的功夫变为记诵之学。这是科学的致命伤，我们为科学教育计，不能不唤起全国教育界的注意。

我们谈救国教育，不觉把科学教育谈了一大阵。这并非跑野马。我们要晓得将来中国的能不能得救，须看科学教育的成功与否为定。因为无论是生产、工业、军备、交通，无一样不靠科学做他们的背脊。近来乐观派的人，也有拿民国十几年来我们所有一点科学的贡献聊以自慰的。对于这一点我也同意。不过我们要晓得以中国之大，待办的事之多，这一点科学成绩，是不够起死回生的。我们必须加倍的向这一方面努力。

或者又有人说培养爱国的热情和牺牲的精神，是救国教育的职任。这个话我也不反对。不过属于感情一方面的，鼓励起来比较的容易，但是单有热烈的感情而无实力，无论是御外侮，救中国，都是不够的。九一八以后的请愿风潮，已经给与我们一个最明显的例，我们是应该引为前车之鉴的。

国格与人格*

一个国家是有国格的，正如一个人有人格一样。一个人的人格，有种种方面可以表现：它可以由社会的地位、朋友的交际和一般的待遇表现出来。同时，他自己的行为、动作、品格、态度，也是决定他的人格的重要因子。一个人尽可以受外来的欺侮，但如外来的欺侮，是如天灾的不可避免的；或如孟子说“自反而仁矣，自反而有礼矣，其横逆犹是也”的无妄的灾难；那末，这个人的社会的地位，虽然因为横逆之来而受到影响，他的人格是不会发生问题的。反之，设如一个人仗恃着自己的强有力，横行无忌，目空一切，把一切人与人的交际礼节，一咕噜抛弃在脑背后，这样，虽然他所蹂躏的是他人的人格，也许因为此种行为还可以得到相当的利益，可是他自己的人格，也就要受到旁观者的疑问。因为我们曾经说过，人格不但由社会的地位，并且是由自己的行为决定的。这是很平常的社会现象，是人人所知道的一点普通常识。

国家与个人，在有格的一方面，固然彼此相同，不过他们有一个不同之点，那便是：人与人在一个国家内，在法律的原则上，是天然平等的；而国家与国家，在现今的世界上，还不曾有一种组织或一个法律，使所有的国家在它的底下一律平等。因此，在人与人

---

* 原载《独立评论》1935年7月21日第160号。署名“叔永”。

之间，我们一说到人格两个字（如今人常常说的“人格作保”、“侮辱人格”等话头），绝对不发生有无的问题；而国与国之间，强者便可以故意忽视或抹杀弱者的国格，以遂其逞强的心理。换一句话说，在人与人之间，人格是自己的问题，不须与人争而可得到。在国与国之间，国格的大部分要视外界的情形为转移，是必须奋斗而后可得的。这也是极浅近的道理，可惜有些时候被人忽视，以致酿成不可挽回的大错，所以我们要提出来说。

三四年来，我们整个的局势，是由司空见惯的国耻而陷入空前未有的国难。我们天天嚷着挽救国难，而国难之来，愈是有加无已。我们直到现在，还不知国难的推演要到甚么个程度，我们不知道在最近的将来，横着在我们面前的暗礁是甚么。我们自诩“纳闷”忍耐的本领，可是黑暗中的摸索，实在是可怕而危险的旅程呀！

我们若把土地、人民、权利、政事种种的损失暂置不论，而从大体上抽象上观察我们的伤害，我们以为人家故意的或者可以说有计划的不承认我们国格的存在，是这几年继续不断发生事件的大结论。读者若不信这个话，我们可以举出几件事来说明。

一、在一九三一年冬天，日内瓦国际联盟会讨论“满洲事件”的时候，彼方代表曾明言中国是无组织的国家，所以近代国际条约的约束，在中国不适用。

二、在一九三二年春天，上海一·二八事件发生的时候，彼方不宣而战，这等于说明近代文明国的宣战常规，在中国为不适用，实际也就是不承认中国国格的存在。

三、在本年春间，所谓冀察事件发生的时候，我方拟用外交的途径折冲坛坫，彼方竟藉口于地方事项，由军事当局与我地方当局直接交涉。尤可怪的，两国方在交换大使，一方面雍容揖让，互致亲善的颂词，一方面又剑拔弩张，极尽威胁的能事。这样矛盾的现象，除了我们承认对方不以普通国际的行为相待外，是不能理解的。

从以上三件事看来，可见对方蔑视我们的国格，政策是一贯的。不但是政策一贯，而且是次第由言论而进于实行的。他人的政策如何，我们原来没有批评的必要，我们叙述上面一段事实，也正如李顿爵士在美国演说“远东问题与世界和平”的态度一样，是不以批评为目的的。不过我们应该自省，我们堂堂一个国家，为甚么为人所蔑视，不以相当的资格相待？这是因为我们没有坚甲利兵，够不上列于强国之林吗？现在世界的小国有的是，但受着我们这样待遇的却也少有。

话又说回头，一个人的人格，固然由社会上的地位和朋友间的待遇来表现，同时他自己的行为动作，也是决定他的人格的重要因素。个人如是，国家亦然。国家的国格，如发生了问题，唯有靠了国家的行为可以挽救。国家的行为是甚么？大言之，固有军事、外交、国防设备等等。小言之，则政治的修明、人心的团结、地方事业的整饬、大小官吏的奉公守法，都可以代表国家行为的一部分。我们可以想象，设如国难发生以后，我们南北各地的军事政治首脑，果能放弃夙怨与成见，同心一德，共赴国难，国难的程度也许不至于演到现在的严重。我们又可以想象，设如在野不得志的军人政客们，略略的多甘一点岑寂，不必冒着汉奸的大不韪，去图一时的快意，那末，许多为民族丢脸的活剧，也可以不至发生。单简的说一句，我们的国格既然发生了危险，唯有用国民的人格去挽救，是最有效的办法。我们的对方要蔑视我们的国格，我们把他无可如何。我们的政府要培养国民的人格，使国民对于国家，发生一种休戚相关的意识与情感，那无疑地是做得到的。

廿四，七，十五

科学教育与抗战建国*

大家知道，抗战建国是我们中华民族当前的一个最伟大最艰苦的事业，现在我们却要把它拿来和科学教育连带讨论，这有下面所列的两个理由。

第一，抗战建国需要两个因素，就是人力和物力，但人力，物力非经过科学的陶铸，不能发生最大的效用。譬如说罢，我们中国自来号称地大物博，人民众多。但埋在地下的铁矿，做不了摧毁敌人的大炮，更做不了建设必需的轮船铁轨。说到人力，我们知道，现代的世界已经不是斗力的世界而是斗智的世界了。那就是说，我们的战争虽然是斗力，但是这个力字应包括智力，即知识的力量在内。在战时的武力竞争是这样，在平时的建国奋斗也是这样。

第二，西方圣人亚里士多德［培根］有一句名言，说“知识就是权力”。我们在抗战建国的过程中，如其尚感觉到权力的不够，那一定要归结到我们知识不够的一个结论上去。讲到知识，我们要知道只有科学的知识才是真知识。那就是说，科学的知识是经过严格方法的整理和众多经验的证明的。所以这种知识可以作格物穷理的本源，也可以作利用厚生的根据。一个民族如其对于这种知识没有相当的培养，我们可以断定这个民族对于现代社会的生存条件必定

* 本文原载《教育通讯》1939 年 6 月 3 日第 2 卷第 22 期。

还不曾具备。反过来说，我们如要抗战必胜、建国必成，必定要用科学教育来养成我们特别需要的人才，方能有济。至于科学教育何以为养成抗战建国人才所必需，留待下面再说。

我们记得在抗战建国纲领内，教育部门曾经特别制定了两大目标，一是注重国民道德的修养，一是提高科学的研究。提高科学的研究，固然是推进一切科学事业的本源，包括有培养专门人才及奖励特殊发明等设施在内；但要以教育的力量诱导民智，培养民力，而后将民力、民智集中于抗战建国事业之中，去促其成功。这种任务除非由科学教育入手是不易完成的。关于国民道德的修养方面，暂且不述，本文所要叙述的，是科学教育方面，亦即是科学在推进教育事业中的任务。

下面我要分三步来叙述，第一是科学教育之意义，第二是科学教育之内容，第三是如何推进科学教育以利抗战建国。

一、科学教育之意义

所谓科学教育，其目的是用教育方法直接培养富有科学精神与知识的国民，间接即促进中国的科学化。科学是二十世纪文明之母，是现代文明国家之基础，已为大家所共知。所以要中国现代化，首先就要科学化，抗战需要科学，建国亦需要科学。国内科学化运动，不是已有很高的呼声么？除呼声之外，要促其实现，教育方面就是最重要的一条途径！亦是最切实的一条途径！为什么呢？

第一因为科学教育可以养成科学的精神，教导科学的方法，与充实科学的知识。教育的范围，并不限于学校，可是只就学校方面言之，科学教育应当是学校功课的重要部份。学生学了物理、化学、生物等科目，就可以得到自然界明白准确的知识。读过物理学，他们会知这自然界可怕的闪电，人们亦可以利用来装置电灯、电铃、电风扇、电话等，所以闪电并不是鬼神的作祟。凡理化生物等科目所授予者，都是这一类知识，将自然界许多似乎是神秘的东西，都解释出来了。这是关于科学的知识方面。当学生学科学的时候，又知道了在实验室中怎样证实课本内所说的真理与事实，较之不经过科学方法而只信别人传说者更准确可靠，无形中学生又学会了科学的方法。学生们既熟习了科学方法，于是凡事不轻信，不苟且，求准确，求证实，这就熏染了科学的精神。我们知道非但自然科学知识极为可贵，其方法和精神亦同样地可贵。学生经过十数年小、中、大学里科学课程的熏陶以后，将来无论跑到社会上那一个角落里去，都会利用其已获得的科学知识、科学精神与科学方法，而促进科学化运动。这是指一般科学课程而言之。

第二因为科学教育可以培栽新进技术人才。高等专门科学教育，除理科而外，如农、工、医、矿、水利、水产，其目的就是在养成技术人才。无论前方战场与后方建设事业，都需要大量的干部技术人才。现有国内少数技术人才，决不够分配，必有待于补充。而技术人才之训练，非用严格的教育方式不可。由工厂学徒出身的熟练工人，决不能任工程师；在医院里稍学些某药可治某病的下级助手，决不能任医师。所以在抗战以前创办的医、工各校，在战后非但要努力继续，并且更须扩充。其理由就是抗战建国事业愈紧张，技术人才之需要亦随之愈亟。这些干部技术人员的训练，就是现在高等科学教育的任务。高等科学教育愈发达，新进技术人员在量的方面愈众多，在质的方面也愈优秀，结果抗战建国的力量也就愈充实愈强盛。

第三因为科学教育可以提高科学文化的水准。过去许多文化界的人士，都在各方面努力，如出版界、新闻界、文艺界等，在推进中国文化事业上曾有相当的成就。但是大家对于促进科学文化方面所表示的力量却是薄弱些，这是无可讳言的。许多学科学的人，有的起来组织科学团体，如中国科学社、中华自然科学社、中国科学化运动协会等，来发动科学化运动，可是这种科学团体出版刊物往往是出版界销路最少的刊物（有少数例外，如中国科学社出版之《科学画报》曾销至近二万份），其书籍亦是各书坊所最怕承印者。而各科学家在有讲演的时候，亦往往对于听众不易引起兴趣。这种种缺点，只有在科学教育方法去充实，去认真办理，把学生的科学程度提高，方才可以补救一部份。学生的科学程度提高之后，科学文化运动就添了大批的生力军。以后科学在文化运动中，可以和哲学、文艺、新闻出版等各界分工合作，促进中国之现代化。

从上面看起来，科学教育最利于普及科学精神、方法与知识，最利于产生新进高等技术人员，最利于提高科学文化水准。这是科学化运动的捷径，也是科学化运动的大道。教育家应赶紧负起责任，从速充实科学教育，促进科学教育之发展，以求中国之科学化！

二、科学教育之内容

我们既已知道了科学教育之意义是这么重大，那么科学教育里面究竟应该包括些什么呢？鄙人以为科学教育里面应该包括的有下面三种。

第一种是普通理科教程，如数学、物理、化学、生物之类，这些是基本科学知识。每个学生，无论学政治、经济、文学、美术、史地、哲学，都应该学习的。尤其是中小学的理科教程，必须认真教授。我记得我们以前在中小学里读书时，学校里最注重者是国文、英文、数学三项。对于博物、理化等科，和音乐、体操，一般不受人注意。前十五年或二十年，各大学里，文科学生往往超过理科学生几倍。一大半原因，还是中小学的根底不好，所以进大学之后，对于理科即缺乏兴趣。当初中小学理科科目不被注重之原因，一则是教材不充实，二则是师资感缺乏。近一二十年来经过科学界人士之努力，教材课本已由用外国课本，抄袭外国课本，而至自己编著课本了。如教动植物学，以前用的课本往往讲外国的动植物，教师讲的时候不能拿本国标本来作教材，以致引不起学生的兴趣，现在此种弊端已可以避免了。此外，科学名辞已多数有适当译名，亦可以不用外国原本了。所以今后理科教材应当较以前便利。此外自大学理科充实以后，中小学的教师亦增多；最近教育部为增加中学师资起见，更扩充了师范学院，产生各科师资，理科师资当然亦随之增加。故中小学的理科师资将不感缺乏，一般的理科教程当更为充实。以后只希望各学校认真办理，不要如以前那样使英、国、数三项畸形发展才好。

第二种是技术科目。这里面包括农、工、医、水产、水利、蚕桑、交通、无线电等专门学校，以及医院所附设之护士学校等而言。无可讳言，我们的专科学校太少，培植出来的人才不够用。例如以医学校而论，全国国立的还不上十个，每年毕业的学生还不足五百人。幸自抗战以来，敌人虽蓄意破坏我文化机关，但已成立的各专科学校仍继续在安全地方办理，甚至尽可能地加以扩充，新进人才不至于缺乏。当然最感困难者为师资不够，设备艰难。虽在这种困难情形之下，各校主持人仍本其奋斗精神，为国家培植人才。如医学校在后方各大都市已每处有一所。其他如工、矿、农、水产等，和医学一般，皆为科学教育之主要部分，非但不可片刻中断，并得要随时尽可能加以扩充。最近积极从事建设事业的苏联宣布第三次五年计划，其中建议训练技师及各种专家一百四十万人，受有高等教育之专家六十万人。这个数字给我们看来太骇人了，但我们希望五年中能有这数字之十分之一的专家，已足增强不少的抗战建国的力量了。

第三种是社会教育中之科学宣传。在西洋各先进国家，其国民教育较我国普及得多，尚有博物馆、科学馆之设立，将科学常识灌输给一般市民；我国文盲既多，教育普及的程度远在他人之后，社会上一般人迷信过甚。如在许多穷乡僻壤的地方将疾病认为是鬼神作祟，甚至社会上许多地位崇高的领袖人物还在相信看相、算命、扶乩等事。这种缺乏科学常识的国民，在现今的世界里是无法生存的。故对于似乎很浅显的一般科学常识教育，其需要应更甚于上述二项。

以上略述了我国所需要的科学教育的内容。

三、如何推进科学教育以利抗战建国

我们既已明白了科学教育之内容，有理科教程，有技术专科，并有社会教育中之科学宣传材料；然则究竟应当如何推进，使之配合于抗战建国事业，以达到克敌兴邦的目的呢？我觉得根本上应该：第一，训练好的师资；第二，供给好的教材；第三，提倡科学研究工作。

我们先谈师资问题。我记得刚在抗战发动之前，教育部曾办过医学校里生理学及解剖学师资训练班。抗战开始以后，这些教师都到各医学校去服务，并有供不应求之势。各种科学教育所需要的师资很多，向来由大学理科各系毕业生去充任；现在则有师范学院之创办，在这学院内预备供给各中学校理科教员，这是比较有计划的办法。不过我们对于训练的标准，希望要认真，要提高，非但着重教材内容，还要注意教授方法。将来他们任教师时，即可提高中学校学生的科学训练。同时现任的中学理科教师，希望其时时刻刻不忘自我教育，非但要每天教人，还要自己教自己，自己求长进，本着“苟日新，日日新，又日新”之意；重视自己的教业，寻求“诲人不倦”的乐趣。尤其对于教授法时时加以揣摩，使干燥无味的科学知识，讲授得活泼生动，使每个学生都会感到兴趣才好。

其次谈到教材方面。上面我们已经说过，现在理科教材，经多年来科学家的努力，已较以前充实，如地质、生物、理化各方面，已有许多本国材料。这些材料，应当可以编就好的课本，制备本国标本。又仪器方面，现在国内亦有自己制造的机关，希望竭力并从速加以扩充和利用。每个学校都应当充实理科教材，因为科学教育是不能一刻离开标本仪器与实验室的。同时我们要准备供给这种需要，编好的教本，制好的标本、好的仪器，办好的实验室。没有这几样东西，根本就谈不上科学教育。至于高等专门技术所用的教材，现在只得由教授们努力设法，因为多数仍须仰给于外国课本、外国仪器。只希望当局对于采办方面给予相当之便利。不过在抗战建国期中，一切事业之进行，必有无数困难。这些困难希望各教师要因时因地努力克服之。例如活的教材，即适合于时代，适合于抗战建国事业之教材，这种随地随时取材，亦就是上面所说要教师之自我教育适应之。如在医学校内附设战地救护，即是适应时代需要之一。至于社会上一些博物馆或科学馆所需要的标本、图表等，就国内已有者已足够用，事实上只需要推广而已，其责任在各地方本地当局者负之。

除开师资及教材之外，还有一个重要问题，对于推进科学教育有绝大关系者，就是科学研究工作。上面说过，现在理科教材，已有许多本国材料，如动植物等是。这种收获，都是多年来各科学专家埋首研究之结果。即如上段所提的随时随地取材一项，一方面固赖科学教师自己的努力，一方面仍有赖于科学专家的研究。如在四川教动植物，因地取材，其教材必比北平、广州或上海所教的有些不同。此时就需要动植物学家在四川先作一番研究工作。如在战时教化学，不得不添些毒气、烟幕弹等材料，最好取敌人处得来的现成材料而研究之，再编写教材，这是最基本的工作。我国科学研究工作之进行已有十余年，现在因为抗战建国关系，应当更紧张更努力。供给适合时代之科学教材，亦当为其研究目标之一。

有好的师资，有好的教材，有科学研究工作，则抗日建国所需要之科学教育，必定可以很顺利地向前推进了。

四、结　论

我们说抗战建国事业为什么需要科学教育呢？因为科学教育可以普及科学精神、方法与知识，可以培植新进技术人材，可以提高科学文化的水标［准］。科学教育的内容是什么呢？是中小学的理科教程，是各种技术专科训练，是社会上普及科学知识的宣传工作。怎样去推进科学教育呢？是要靠良好的师资，良好的教材，与继续不断的研究工作。

让我打一个比喻。我们中华民族好像是一支大船，在汪洋中驶行。现在抗战建国时代好像是这支船遇到了暴风雨。我们在抗战建国时期中进行，亦就像是这支大船在暴风雨的汪洋中挣扎一般：成功就是这支船达到了目的地，失败就是船的颠覆与消灭！现在我们领袖就好比是船主，抗战建国纲领就是它的指南针。我们的领袖领导这只船依着抗战建国的指南针在狂风暴雨中驶行，全船的人都应该和衷共济、各尽其能。这里科学技术人才好比是机器间的机务人员；而科学教育就是在时时培植这些最好的机务人员，以适应暴风雨时代的需要，其任务之重大就可想见。机务人员虽不能说比其他船员更重要，但亦是重要人员之一部分。机务人员既有其重要性，我们就应当充分培养这些人才，不要使船到紧要关头束手无策，这就是科学教育在抗战建国期中的任务！

抗战后的科学*

如此次的中日战争能够给我们一个痛苦教训的话，我以为这个教训应该是：增进科学为我们此后建国的努力方向。

此次抗战转瞬已满三年了。在这三年中间，我们得到了极重要的收获与发见。我们的收获是："精诚团结"、"一致御侮"，已由口号标语而完全成为事实。我们的发见是：顽强的日军可以用勇气来加以克服，物质的缺乏可以用精神来为之补救。以上所说，都是属于精神方面的。属于物质方面的，似乎不能说我们有甚么新的发见。如其要勉强举一件新事实来作此次战争经验所能给我们的启示，则我以为这个启示只是消极的。这个启示是说物质与精神，有同等的重要。设如我们物质的准备在开战前能比目下更充分、更进步的话。则此次战争的结果或与目前大有不同。换言之，即以我们的精神，加上优良的物质，也许不等到现在，最后的胜利早已在我们手中了。

上面所说的物质，自然是对精神而言。若稍切实际言之，则物质二字皆当改作科学二字，或者说物质加以科学，方为我们眼前讨论的问题。因为物质不经过科学的改扮，是不能在近世舞台上成为重要演角的。譬如说罢，铁是物质，且是极重要的物质。但由普通用土法制出的铁与制造军器的合金钢相提并论，则后者需要科学的

---

* 原载《东方杂志》1940 年 7 月 1 日第 37 卷第 13 期。

研究，科学的处理，决非原始制造土铁的方法所可同日而语。所以单有铁的物质而没有制钢的科学，铁的用途是极有限的。近代的军队都要讲机械化。据某杂志所载，上次欧战时一个代表性的师团所需用的机械是四千马力。最近所谓机械化部队，一个师团所需的马力多至十八万七千。这些只就坦克军、运输队、给养队、炮车等动力而言。至于空军、海军、潜水艇等等，无一不有特殊的装置，无一不需巨大的动力。这些，在普通来说，统是物质，就实际言之，都靠科学的研究。所以我们说此次抗战的教训使我们感觉到物质的不如人，即等于说我们科学的不如人，而抗战后我们努力的方面应该是甚么，也就可以不言而喻了。

军器制造，是特殊而且有秘密性的事业，我们不便多谈，也不必多谈。我们且看看我们平常生活的情形是怎么样。说到此处，使我不能不想到两年前在内地某大都会的附近参观砖瓦制造的情形。砖瓦制造在吾国至少有二三千年的历史，秦砖汉瓦不是现时考古家所宝贵的东西吗？但今时砖瓦制造的方法，恐怕比较最初发明时并无甚么两样。他们糅合泥土，只用天生的两足；他们入范取形，只用两手的力量。结果他们造成的砖瓦都是畸形异式，要拿来堆成一垛正直的墙壁也不可能。看看这种制造业之后，使我们对于作始的发明者表示无限的敬意，因为他们已能改变物质，尽了利用厚生的能事。同时也使我们对于后嗣的不长进，发生无限的感慨。因为他们不但不能继长增高，光大前人的遗业，且使之有每下愈况的形势。这一点小小工业虽则仅占到生活的一极小的部分，但可以表示在眼前的生活中，科学是怎样的与我们不发生关系。如其在这些粗浅的地方，科学尚且不能帮助我们发生效用，要想在复杂的精致的近代工业或近世国防里面得到科学的帮助，岂不等于缘木求鱼吗？

从上面的讨论，我们可以大胆的先提出一个结论，即抗战以后，第一要求科学的生活化。我说科学的生活化，与当代人所提出的生活科学化，略有不同。说生活科学化，等于说生活合理化，是假定科学的知识已经深入民间，并且已经心知其意的应用到一般生活上面去。我们说科学的生活化，只要科学不成洋八股而使之对于实际生活发生一点效用。譬如说罢，盐是平常日用必须的物品，我们为甚么不能用科学方法增加产量，而必定要使人民吃几元一斤的贵盐？——自然盐价的昂贵还有其他人为的原因。糖是自己土壤生产的物品，为甚么他人以贱价吃雪白的净糖，我们出几倍以至十倍的高价而只能吃黑黄的粗糖？如其我们对于这一点眼前的问题，不能解决而漫然说我们在国家有事时，可以像法国人在拿破仑被封锁的时代可以发见制碱新法，可以像德国在上次欧战时代可以发见橡皮的代用物品，其谁信之？其谁信之？

第二，我们以为抗战后科学研究机关有大量增加的必要。科学与研究是分不开的，没有研究就没有科学。国内近年科学研究的呼声甚嚣尘上，对于科学研究似亦颇知注意。但考其实际，使你觉得雷声大，雨点小，不独豚蹄篝车说来可笑，并且使你疑惑这些主持其事的人们是否真正晓得他们所司何事。约十年前，作者曾为太平洋国际学会著了一篇讲中国科学发展的文章，当时把国内科学研究机关列举出来，有以下的几个：

经济部地质调查所	民国五年成立
中国科学社生物研究所	民国十一年成立
中央研究院各研究所	民国十六年成立
静生生物调查所	民国十七年成立
北平研究院各研究所	民国十八年成立

这寥寥几个研究机关，自然不曾把大学里面的研究所列入，事实上，当时大学里原不曾开办研究所。就眼前说，大学的研究所虽已添了不少，但属于科学的仍占少数。且抗战以后方始开办的，于设备人才两方面都有问题，所以大学的研究所我们暂时不必计入。除了大学研究所不算以外，似乎这十年以来，科学研究所的增加实

在屈指可数。兹就作者个人闻见所及，再为列表如下：

经济部中央工业试验所	民国十（?）年成立
经济部中央农业试验所	民国二十（?）年成立
黄海化学工业研究社	民国十（?）年成立①
中英庚款董事会地理研究所	民国二十九年成立
中英庚款董事会蚕桑研究所	民国二十九年成立

这些研究所所研究的科目，大约不出地质、天文、气象、物理、化学工程、化学工业、动物、植物、生理、心理、农学、蚕桑、地理等科（不属于自然科学范围的不列入），看来似乎应有尽有。但我们若仔细审查一下，便可以觉得大半的科目，多近乎普通而少有特殊目的。这可以表示我们所谓的研究机关者，乃先有机关而后寻题目，并非先有题目而后设机关。此为应行改正的一点。其次说到经费，除了几个政府设立的研究机关大约每年共用二百数十万元外，其他私立研究机关合计起来当不到三十万元。通共算起来，大约每年不满三百万元。这个数目，若在外国还不够一个研究机关的经费（美国一个地质调查所经费有二百余万元，日本一个理化研究所经费也有二三百万元。）我国每年国库支出，若以十六万万计，科学研究经费尚不及岁出千分之二。如其我们不把科学研究看作粉饰太平无足轻重的东西，而希望它发生一点实际的功用，这个奇异现象，也急须改正。

第三，此后科学的研究要理论与应用双方并重。我们近年来对于科学的态度，经过几番变改。最初是曾李时代，开制造局，设造船厂，他们心目中的科学是完全属于应用的。其后张之洞的“中学为体，西学为用”时代，他的目的，在替学校科目中的科学课程定一个适当的地位，但从此科学渐渐的成为洋八股，不但应用毫无，

① 中央工业试验所成立于民国十九年。中央农业试验所，应为中央农业实验所，成立于民国二十一年。黄海化学工业研究社成立于民国十一年。

即科学的本身也名存实亡久矣。民国成立以后，少数学者感觉到科学本身的湮没不彰，科学的发展既不可得，科学的应用更是无从说起，于是才有整个的科学及科学研究相号召而造成目前国内一点稀薄的科学空气。因为要提倡科学精神与科学研究，所以理论方面的工作较为发达，而实际应用上或反不为人们所注意。此次抗战的结果，使我们感觉到科学落后，偿付的代价太大了。将来重新回到科学来，注重应用的潮流必定高过一切。我们要指出的是，凡是真正科学理论，与应用是分不开的。专重理论而忘了当前的需要，固然无以救国之急。专务应用而忘了科学的本身，也不免再蹈曾李的覆辙。唯有理论与应用双方并进，尤其是研究理论的多注意应用，如巴斯德之研究微生物学，对于法国国家及科学的贡献，两臻绝顶，那才是我们所馨香祈祝的。

第四，为促进科学及工业发展起见，我们以为一切制造，一切供给，要多靠自己而不要倚赖他人。在战争紧急期间，有许多物品，自然须向国外购买以求现成应急。一旦战事停止，我们以为一切用品无论是平时或战时的，宁出高倍代价以求自制，而不可存偷懒倚赖的心仍然专靠外来的供给。盖唯自行制造，方能发见自己的问题而自求解决。不但我们科学上工业上的知识逐渐增加，且可养成各项专门人才，为任何学校或留学外国所不可得的。此事只要我们艰苦忍耐，放弃买办心理，持以毅力，并不是甚么不可能的。永利化学工业公司的成就，即是我们当前的好榜样。

发展科学为整个抗战建国的重要问题。我们意有所感，特拉杂写出以供大家讨论，幸当世贤达有以教之。

张君劢

张君劢（1887—1969），本名张嘉森，字君劢，又字士林，号立斋，祖籍江苏宝山（今属上海），哲学家、思想家。曾于日本早稻田大学修习法律与政治学，于柏林大学攻读政治学博士学位。曾任浙江交涉署长、《时事新报》总编、段祺瑞内阁国际政务评议会书记长和冯国璋总统府秘书长。1917 年后，长期从事哲学教育和研究。1932 年与张东荪等人组织国家社会党（国社党），任中央总务委员兼总秘书；与黄炎培等人组织中国民主政团同盟，任常委。1947 年主导起草《中华民国宪法》。1949 年后去美国，1969 年病逝于美国。

张君劢是近现代中国历史上一位具有多重面向的重要人物：他早年追随梁启超从事立宪活动，是政闻社的骨干人物，更因在《中华民国宪法》的起草和创制中的关键作用而被尊为“中华民国宪法之父”；他是 1923 年“人生观论战”的发起人和后来《文化宣言》的发起人，与丁文江、陈独秀和胡适交锋，晚年致力于儒家思想复兴的撰著和宣扬，被公认是现代新儒家的早期代表人物之一；他还是 20 世纪中国民主社会主义思潮最重要的理论代表人物，“国家社会党”的党魁，“中国民主政团同盟”（“民盟”）的首要发起人，国共之间所谓“中间力量”（“第三种力量”、“第三势力”）的领袖人物。

张君劢曾对中国共产党采取敌视的态度，但在太平洋战争爆发后，他在一些重大问题他支持共产党的正确主张，与共产党人密切合作。

在九一八事变后中国山河破碎民族危亡的背景下，张君劢希望将危机中的中国改造成为一个现代的民族国家，并为此而努力。张君劢指出，要救中国，最终必须靠中国的“民族自信力”。1932 年至 1937 年间，他为推展民族文化教育事业、弘扬民族文化和民族复兴积极从事演讲、宣传和著述。随着日本侵略者发动全面侵华战争，张君劢被聘为国民参政会参政员，多次提案，呼吁以民主、法治、宪政来奠定建国的根基，赢利抗战的胜利，反对国民党借口抗战垄断政权。在民族处于生死存亡的关键时刻，张君劢作为党魁和学者，为抗日事业做出了力所能及的贡献。

本书所收入《学者之责任》为《学术界之方向与学者之责任》的第四部分，《中华民族复兴之精神基础》、《中华新民族性之养成》分别为在中山大学和广州青年会的演讲。《学者之责任》从四个方面论述了“学者之责任如彼其重大，国内思想界亦尝思念及之否乎?”后两篇文章则强调唤起民族意识、民族自觉，求中国的民族性：“看不起自己历史的，不是好民族。总得先有自尊心和自信心，然后可以立国。”

学者之责任*

吾人今日所居者，二十世纪之世界也。政治、法制、学术、生计，无一事不大异于畴昔。以吾辈之身，犹守张南皮之说，傲然以东方文化骄人，则梁柱顷侧，固瓦砖满地之故宅，虽欲加以整理，而不可得矣。与其出之以补苴罅隙之上，反不如平地起楼台之为得。吾侪所以自待者，当如败落户子孙之重振先业，不以遗产之犹存而怠其操劳与进取之心，不以老世家之地位而自塞其闻见，放开眼界以吸收世界之长，同时不忘其为中华民族之地位。盖立于全体创新之基础上，以发挥吾民族之所长。比之西方，略似欧洲各国由中古耶教文化之破坏进于十五世纪以来之现代文化。呜呼！吾侪之责任如彼其重大，不知国内思想界亦尝思念及之否乎？

今后吾国文化再造之局中，咸知以科学的智识之发展为要义，然所以发展科学者，其动机安在乎？曰他国以有科学而富强，吾以无科学而贫弱。故科学之提倡，所以图富强也。如是言之，可谓国人对于科学之认识，全未达于真切处。诚以富强为目的也，万一吾国之富强，与他人并驾之日，是否提倡之工作将因以停止乎？此种立论，与提倡科学以御外侮之意正同，一若外患消除之日，则吾国已无需乎科学，所谓得鱼忘筌，正此之谓矣。十五、六世纪欧洲科

---

* 本文为《学术界之方向与学者之责任》第四部分，原载《再生》1933年11月1日、12月1日第2卷第2、3期。

学之发生也，由一二爱智之士，以传统之说，不满人意，不顾教会之厉禁，献身于真理之追求，于是有天文学、物理学之成立，继乃推及于生理、心理，所以得富强之效者，乃其副产物，曷尝以此为出发点哉？人类之进步，半为知识之进步，知识之成立，不外乎求宇宙之同一现象，以成自然公例。其投身于科学研究者，则举其宇宙间的所隐伏之公例，以漏泄于人间，故科学家即代自然界立法之人焉。因科学之发明，人类眼界因之开拓，生活因之便利，疾病因之减少，文化因之促进，反是者为见闻狭隘，为生活偪促，为疾病增加，文化停滞，而其关键，则系乎学者之身。吾国人乎！其以此事业为人类应负之责任乎？抑以为外国所有而我乃不能不起追随之乎？诚视研究科学所以御外侮，所以图富强，则科学之于我国，永为身外点缀之品而不能不成为四万万人内心上之追求，则其永无发达之日，可断言矣。近十余年吾国之于科学，享受而已，模仿而已。他人发之于前，我从而学习，而翻译，是他人为其难而我为其易也。今后当痛下决心者，曰急起直追，不独求他人所已达者而已焉，并当有以胜过他人，乃有酬欧人先施之德，而无愧乎礼尚往来之义。读者诸君，慎勿以此为高远难行之说，欧洲思想史中固有成例在矣。梅孳氏不云乎："吾辈发见此种科学精神在十九世纪之初，于法国完全确立，三十年之后，移植于德国，科学之研究，为德国大学工课之一部分——凡法国之所缺者，由德增益之，是为历史的推本穷源与哲学的批评精神。"迄于欧战前后，吾东方所得印象，似乎德国之研究，已驾法人而上之，盖不及百年之久，后进国能追及先进国而胜之矣。近而观之印度，其物理学家拉曼氏且厕于世界发明家之林而获得诺培尔奖金，是印度之造诣，有未可限量者矣。呜呼！吾侪之责任如彼其重大，不知国中思想界亦尝思念及之否乎？

更有言者，人群之相处，一日一动，在在可以互相影响。彼此影响之中，道德的责任由以发生。夫在常人犹然，况其为一国中领袖之学者乎？其自待也，在智识方面，已穷其探讨之能事乎？其待学生也，已竭尽心力而无丝毫偷懒躲避之行乎？其在学校中，有无结党营私之举以贻不良影响于学生乎？其管理学校也，有无把持垄断之举以图造成一己之势力乎？凡此所举，苟以研究为事之学者，躬自犯之，不啻学者道德之有亏，而贻害于国家社会者不可纪极。尝闻之德哲菲希德之言曰：

个人之最终目的，社会之最终目的，乃为学者工作之最终目的，不外人类之道德的向上。学者之义务，即以此事常存于心目之中，在一切动作之际，以此事存于心目之中。然不可不知者，各人自身之不修，即无以图社会之道德的进步。所以教人者，非徒言教，更有赖乎身教。社会中之一切份子，无不应以身作则，以人类相处，最易互相仿效故也。各分子之责任且如此，而况学者在各部分中处处居于人上者乎？学者自身之行为稍有亏欠，即其身不足为人世模范，更何望世人之信从其学说，以其行为与学说矛盾故也。耶稣尝告其门徒曰：汝为地上之盐，若盐失其盐味，则所以调味者将何所恃。以此言加于学者之身，尤为适切，盖国中之师资不能自致于善，安望世人之有所取法乎？所谓学者在道德上应为至善之人，应以最高度之道德表示于社会。

如是，学者之责任，不徒求知识之深造已也，其立身行己，无一处不影响于学生与社会。推而远之，即为时代风气之所系。呜呼！学者之责任如彼其重大，国内思想界亦尝思念及之否乎？

菲希德氏更有鼓励学者之言曰：

学者求无愧于所事，应念念不忘下列之言。我身所负者，为现在与未来文化之责任。我之工作，可以决定未来时代之趋向。换词言之，未来历史之途径，视我而决。我之应召而来，所以为真理之证人。我之一身，渺乎小矣。我之工作之结果，可以传诸无穷，推诸无极。我为真理之宣告者（A Priest of Truth），我为真理服务之人。我为真理之故，应历尽艰险，受尽困苦，即令因此之故为世所恨，为世所窘，我且以身殉之，亦义命之当然而已。

呜呼！如菲氏所谓学者，非徒研究室之人而已，非徒学校之教师而已，盖历史命运决定之人也。今后之中华民族，兴乎？亡乎？周、秦以降贤哲之绪业，其由吾侪而光大乎？抑及吾身而斩乎？皆视现代人之所以努力如何以为断。太史公尝自述其著《史记》时心理上之痛苦曰："肠一日而九回，居则忽忽若有亡，出则不知所往，每念斯耻，汗未尝不发背沾衣。"太史公因一身之辱，乃发愤有所述作。吾侪处于今日，能视民族之耻为吾身责任之未尽，庶几因学术之光辉而国势因以复振。呜呼！此学者之责任也，国内思想界亦尝思念及之否乎？

中华民族复兴之精神的基础*

——在广州中山大学演讲

日与邹校长谈，略识广州中大情形。邹校长欲余作第一次公开演讲，匆促间遂以《中华民族复兴之精神的基础》为题，诚以民族复兴，乃目前极重要且富有兴趣之问题。但今日所欲论列者，并不涉及高深哲理，仅引最近二年来之事为例而加以说明而已。

自九一八沈阳事变以来，迄东三省之失，除黑龙江有抵抗外，其余各处，日兵一到，便拱手让人。夫东三省人口凡二千四百余万（注一），面积凡三百余万方里（注二），以此广土，以此众民，不崇朝而失之，此乃古今中外所罕有。犹忆一九一四年德欲侵法，先破坏比利时之中立，比利时为蕞尔小国，人口不过七百七十四万四千，面积不过一万一千余方哩，自知不敌，犹毅然与德相抗，虽全国惨被德人蹂躏而不之惜，我国东三之失，其经过情形，较比之抗德为何如？淞沪之役，十九路军虽撑持月余，终以后援不继而退，热河之役，并淞沪而不如。东省既陷，日人初则挟溥仪走大连，继则成立所谓“满洲国”，以溥仪为执政。而号称士大夫之郑孝胥、罗振玉辈，一为诗人，一为殷墟甲骨文字之考订者，乃不惜背叛祖国，借外力以破坏宗邦，民族意识之薄弱，可谓已达绝顶。日人之扰天津，则雇我莠民以充便衣队。而便衣队之所得，每人日仅四毫。上海闸

* 原载《再生》1934年4月1日第2卷第6、7期合期。

北汉奸，其召募与组织，盖与天津相彷佛。热河之役，汤玉麟身为主席且兼领重兵，竟不战而弃承德。其平日治热，只知剥削，以子廷辅长财厅，专事聚敛，苛捐杂税之结果，人民无所衣食，虽至严冬，孩童犹衣不被体，因此热人恨汤刺骨，大有“时日曷丧，与汝偕亡”之概〔慨〕。迨热战既起，民兵揭竿四起，甘为日人向导。承德之失，日军先遣队入城者不过一百二十八人，汤氏事先闻风远遁，不战而弃省垣，乃截军用载重汽车数百十辆，满载其私人财宝，运往天津，是国土可弃，私人财产不可或失，其脑中绝不知有所谓民族又可见也！余近自故都来，试举北方琐事二件，借观国人心理之一斑，北方近状亦可于此推想及之。热河出产鸦片，每年可得三千万。日占热河后，初用其自备汽车，悬挂该国陆军军旗，由承德载土运至天津，风驰电掣，旁若无人。北方当局以此举与我国体面有关，乃商准日本，由我国发给特许证，许其照常贩运，河北省主席于学忠以日人驰行省道，载土过境，将日车扣留，而北方当局乃告于氏曰，平津之未失，皆日人之赐，奈何争此区区运烟而不予通融乎？此一事也。日本强占东四省后，各国迄今尚未承认，不图日人乃在三省与河北省边境，擅立界碑，事为于氏所知，乃饬人将界碑撮成影片并备文呈报中央政府，请向日本提出抗议，中央虽知此事关系重大，但慑于日人之淫威，仅饬外交部函北平政整会加以注意而已！此又一事也。综观上述各事，吾人可得许多教训，此次日本之强占我东北四省，非若清季英之割我香港，日之亡我朝鲜，得我台湾、澎湖等地可比，乃中华民族之生命已成问题矣。换词言之，中华民族，已在存亡绝续之歧路上矣。

民族意识　所谓民族，概括言之，即居民之同宗教，同言语，同习惯，同血统，且尝共患难者也。民族犹如个人，个人生于天地间，不能离物质与精神。民族亦然，一方为地理气候之所造成，他方则有其宗教、学术与政制方面之精神产物。人之所以异于动物者在有意识，民族之所以为民族，亦在于意识。故民族意识，乃民族之第一基本也。兹详为说明之。

民族意识，乃民能巍然雄立于宇宙之要素，亦曰民族自觉，简言之，即民族自知其为民族之谓。我国四境环而居者，多属蛮夷，其文物制度，遽不如我，文化亦不能与我相颉颃〔颃〕，而我之待遇领封，复以宽大为怀，所以数千年来，养成民族意识之环境，缺然不备。吾国人民脑袋中充满者，乃“天下”思想，而非民族思想。反之，欧洲之国家，到处皆见平等之民族，因有外民族之故，而本民族之认识，因而亲切。德意志人与法兰西人世世相抗，常为劲敌，德人自知其为德人，并信日尔曼民族之优胜，法人自知其为法人，以为世界各民族，惟拉丁民族最强，民族思想所以充满国中者以此，而外人莫敢轻侮者以此。我国人民，充满天下思想，不识此民族与彼民族之界限，可证之于其客卿政策。曩者南怀仁、汤若望、利玛窦东来，我政府以客卿待之，属之以钦天监之职，此种顾问政治，迄今不但未改，且加甚焉。军事有外国顾问，农政有外国顾问，他若卫生生计各端，亦莫不有外国顾问。夫借材异国以谋建设，乃各国常有之事，但专门倚赖外人，而不谋自立如我国者，则世所罕见焉。余尝游马尼拉、新加坡、澳门、香港各地，目击该地之华侨，熙熙攘攘，或则受美人之统治，或则受英人之统治，或则受葡之人统治，俯首帖耳，安之若素，恬然不以为怪。尤可异者，葡人之治理澳门，不但成绩毫无，且嫖赌之风盛极一时，政治腐败达于极点，我侨民未闻有起而抗之者。我国人既容许葡人治理澳门，英人统治香港，则东北四省之失，又何怪乎？上文所述，郑、罗等之甘为虎伥，天津、闸北等处之便衣队，与香港、澳门、马尼拉等处侨胞之甘受治于外人，要皆由于吾民族之自觉性，绝未培养所致也。郑、罗等身为士大夫，甘心事敌，亦即旧文化破产之明证。至于闸北、天津之便衣队与夫香港、澳门、马尼拉等处之侨民，其所以缺乏民族自觉，盖由无教无养所致也。我国人口号称四万万同，而此类无教无养之民，竟达三万万九千万，此三万万九千万之民，一旦加以教养，其民族思想之强烈，当远在一般士大夫之上。谓余不信，请观河北定县平教会之成绩。平民教育促进会在定县推行识字教育，时仅数年，平日对于平民概授以千字课，每人以识一千字为度，当一·二八沪上抗日战争之时，平教会乃将战讯编为简短新闻，传布民间，一日平教会召集平民开会，届时远近平民扶老携幼而赴会者达二三千人，顷刻间，遂集抗日捐二百四十余元。夫此辈平民多系贫乏之人，平日衣食时虞不济，一医之费不过铜元数枚，一旦遇国家对外抗敌之日，便欣然节衣缩食，捐资犒军，其民族意识，又何其强也！除此民族自觉之外，更有民族表现于知、情、意之三方面，再分述之。

民族情爱　我中华民族之情感表现，可从两方面言之。自九一八事变以来，海外华侨、男女学生及一般闺秀，对于抗日军士，踊跃输将，或捐资，或缝衣，寄往前线，以励士气，其情感之热烈，可谓无以复加，此一方面之情形也。反之，如汤玉麟之治热河，父为主席，子掌财政，横征暴敛，下至鸡与猫，亦必有捐，据北方学生至热河调查者言，某村居民仅三百家，贩鸦片者已有六七十户。苛捐杂税之结果，民变随之，夫热河一般平民所以恨汤刺骨，日望日军早来，盖此种人民本已失教，又重以无以自养，非人民之叛祖国，乃祖国置彼等于死地也。若石家庄为北方金丹白面之产地，北平之金丹厂有二三十所，均由师旅长旧军阀暗中主持。军人借鸦片、白面之所获以养兵，既弱吾族之种，复挟枪杆以残民，军人之忍心害理若此，尚望其效力于国家乎？质言之，其人既无人性，尚望其能爱国乎？推广言之，全社会之中，充满了争夺、嫉妒、反覆之行，殆必有社会崩溃、民族覆灭之一日。诚欲救之，惟有提倡民族的情爱而已。

民族智力 民族智力或曰民族思想。民族之有思想者，同时亦即有文化。研究西洋文化者，必推重希腊、罗马，诚以苏格拉底、柏拉图、亚理士多德之学术，至今为西洋各国所共尊；罗马之法典，罗马人之重秩序，迄今为学者所称道，不以其国已亡而弃之也。反之，若非洲之黑人，不知进取，文化落后，终为野蛮部落而已。我国文化，发达甚早，周秦时代尝大放光彩，但近千年来，入于停滞状态。近年以来，大变而为厌旧喜新之态。试检国内各大杂志，如《东方杂志》、《申报月刊》、《新中华》每期题目，不外苏俄五年计划、意之法西斯主义、德之希特勒如何如何，余尝谓吾人学 ABC……乃有形的外国语，学术界之步趋人后，乃无形的外国语。我族目下之学术界，犹之妇女之穿衣，彷徨于巴黎、伦敦新鲜式样之中，自已毫无主宰。因此民国特有思想之说，可以一转而为东方文化存废问题。

依予观之，吾国旧有学术、政制，可以保存者实在无几，在今后学术方面，自有可以存吾面目之方面，此事另有文详论（见拙著《学术界之方向与学者之责任》）。我之宗旨，不外乎"死后复活"四字，即在新努力之下，对于吾国之旧文化，加以一种选择。数年前与梁漱溟先生谭，近人称西方为法治，中国为德治，其实西方之乡村亦为德治，可以美之 Farmers Community 情形为证，梁先生闻之大喜过望，求余以美制与吕大钧《乡约》作一文以比较之，现梁先生本此精神办理邹平乡村学院，同时即为吕大钧学说之复兴，此即新努力下之选择也。要之，一国之文化思想，莫不有其特点，例如论政治、宪法及议会，乃英之特色也，德之政治学者则以国家观念为出发点。论哲学，英国则以经验派著称，德国则以惟心论著称。可知独立民族必有独立学术，此我中华民族所当致力者也。

民族意力 民族意力（National Will），即民族之所欲云云者。强国有意力而能表现之，弱小之国，具有此意力而莫由表现，例如日之强占东北四省，以其有民族意力也，英之能维持其庞大帝国于不坠，亦其民族意力为之也。一强大民族，不但须有意力，且须有种种方法，以求此种意力之贯澈。反观我国，自九一八事变迄今，当局之对策，可以“不战不和，亦战亦和”八字括之，如此，能谓为有意力乎？欧洲之民族国家（National State）成立最晚者，惟德与意，意国情形暂不具论，兹就德国言之。当一八零七年拿破仑之之铁骑纵横于德境，是时德志士菲希德有《对德意志国民演讲》，迨至一八一三年拿翁失败，法兵退出德境，故菲氏之言，即德国民族国家成立之先兆。其后俾士麦整军治民，主张铁血救国，一八六六年之役，遂一战而胜奥，至一八七零年复再战而胜法，于是德国崭然露头角，雄立于宇宙矣。由菲希德至俾士麦，其间不过数十年。可知民族之复兴，先则有思想家之倡导，继则有政治家之力行，由思想之成立至于实现之日，其间必经过一培养时期以充其实力。

我国人民之缺乏民族思想，至今日而已极。郑孝胥、罗振玉与天津、闸北便衣队之愿为虎作伥，诚不免令人悲观。然从他方面言之，如海外侨胞之捐资抗日，定县平民之缩食犒军，无一不流露民族复兴之曙光。余觉我中华民族，若加以培养，假以时日，定有复兴之望。不过民族复兴，先则须从教养入手，俾三万万九千万人民，咸认识其为中华民族之人民，乃当今根本问题。人民有教有养，民族情爱、民族智识乃能逐渐提高，其后乃由意志之统一（Unity of Will），终则为行动之统一（Unity of Action）。如是则民族可以自存，国家可以独立矣。余从各方观察，觉西南民族特富少壮性，故今后救国之责，西南所负者亦特重，诸君勉之。

（注一）东三省人口：辽宁一千四百余万，吉林五百五十二万，黑龙江五百万。

（注二）东三省面积：辽宁八十六万五千方里，吉林八十八万二千方里，黑龙江一百七十八万五千方里。

中华新民族性之养成*

——在广州青年会演讲

一、世界观与国家观

自从东北四省沦亡以后，大家总不免发生种种疑问：（一）为什么东北四省三千万民众于外患来时丝毫不加抵抗，竟不如数百万人口的比利时抵御德国至一星期之久？（二）为什么我们的政府在外患压迫时，还不能团结一致？（三）同是中国人，何以只有极少数人热心抗日，而大多数人还是漠然无动？这种种问题与其说是外交上、军事上的失败，毋宁说是民族性的缺陷。在国家受重大压迫时，国民还是漠然无动，还是冥然罔觉，好像与自己毫无关系一样，这实在是国家观念未养成的缘故。换句话说，中国人的脑筋内还没有养成以国家为中心的政治观念，仍然在中世纪的世界观念樊笼之下。所以今天晚上先将世界主义时代的心理与国家主义时代的心理来比较的研究一番。

从隶属的关系来看，其系统如下：

世界—国—家—个人。

以上四种单位，其所占的地位，因时代变迁而轻重各异，各个人因父子关系而隶属于家，因公民资格而隶属于国，又因其同为人

---

* 原载《再生》1934 年 6 月 1 日第 2 卷第 9 期。

类而隶属于全世界或者说全人类，所以个人离不了社会和国家，离了便无寄托，无意义。现在姑且抛开个人、社会与家庭三项，而讲世界（或者用中国的旧名词来说为“天下”）与国家。

几千年来的中国，所以支配人心者，只是一个天下观念，用西方的术语来说，便是世界主义。春秋的时候，明明是一百二十国的对立，而孔子心目中，确有一件牢不可破的正统观念，因此他念念不忘者，还是一个统一的天下。所以他说：

> 天下有道，则礼乐征伐自天子出；天下无道，则礼乐征伐，自诸侯出。

《礼运》一篇为孔子的最高理想之所在，所谓：“大道之行也，天下为公，选贤与能，讲信修睦，故人不独亲其亲，不独子其子。”这内面只有三个阶段，一是天下，二是家庭，三是个人，而对于“国家”独遗而不提。《小康》一篇中则有“城郭沟池以为固”一语，也是反对当时一般“争地以战，争城以战”的诸侯，他们那里会知道常在攻战之中的国家，乃是人类之史的发展中之必然阶段呢。

墨子倡兼爱之说，更与打破国家观念之世界主义相近。他说：

> 视人之国，若视其国；视人之家，若视其家；视人之身，若视其身。

又说：

> 今吾本原兼之所生，天下之大利者也；吾本原别之所生，天下之大害者也。

老子主无为之说，亦以天下为至高之鹄的，他说：

> 以道佐人者，不以兵强天下。

又说：

> 天下有道，却走马以粪；天下无道，戎马生于郊。

我国儒、墨、道三家对于有为、无为、兼爱、别爱之说，所持各有异同，绝不能相容，独以“天下”为人类之最高理想，三家恰是异途而同归。我国古代“天下观念”如此的发达，我们可以说秦始皇统一的局面，未尝不是由于这种思想深入人心，所以才能成功的。

因“天下”观念而统一之局成，这种情形，又岂单是中国如此！我们再看欧洲那时的情形怎样。纪元前三三六年亚历山大并吞希腊，其时希腊为市府政治，于是乃会集各城代表，立为条约说：以后各城市不得互相争夺，致有违犯法律之行，这样情形不是等于齐恒〔桓〕公、晋文公大会诸侯，自称盟主相等吗？从希腊之市府政治亡后，于是便发生一种学派叫斯多噶学派，他们主张大宇宙的政治，他们以为物、人、神三者合为一大宇宙，或者名之为普天下。这种大宇宙或者普天下就是各人的祖国，人类既然同有理性，所以只应该同有一种法律，同隶属于同一国家，他们叫这样的世界为“上帝之城”，所谓上帝之城者，极言只应有一个，而不能另有其他。所以斯多噶学派之大师徐诺（Zeno）说：人类不应该散处于各别之家庭，各别之城，立于各别法律之下，此大宇宙应成为一城，治之以同一秩序，同一法律。其代亚历山大而兴者为罗马帝国，又继而为神圣罗马帝国，其时统一全欧的力量，系于宗教，这时候的欧洲，也是只知道有天下而不知有国家，一直到西纪一千年前后——德国自九一九撒逊朝始，法国自卡波脱朝九八七年起，英国自威廉胜王一〇六六年起，其民族国家之运动才萌芽，到十六世纪宗教革命后，民族国家的形成开始。所以欧洲在天下观念支配之下，少则一千三百余年，多则一千八百余年，与我国从秦统一以后一直到现在二千余年相比较，也不过相差二三百年。

我们拿东西的历史相比较，互相参照后，可以得以下的结论：中国自战国分裂后至秦始皇而统一，与希腊市府国衰亡后马基顿帝国代之而兴，其情形如出一辙，天下观念的发达，也是不谋而合。

中国所谓“率天之下，莫非王土，率士之民，莫非王臣”的观念，与斯多噶学派之“此大宇宙应成为一城，治之以同一秩序、同一法律”的精神，又有什么歧异？所以在当时的思想上，在政治局面上，东西的情形，正复相同，但是有一点大不相同，就是欧洲统一的局面，后来又分裂，中国自统一以后，便从未分裂。欧洲何以由合而分呢？其原因纯为宗教问题。

宗教革命，为欧洲历史中划分时代之界线。第一，全欧为“上帝之城”之世界的观念打破，民族国家之观念代之而兴，各国君主离教皇而自为主权者；第二，各国自有其教会，非统一于教皇一尊下之教会；第三，政治与宗教分而为二。国家不立于教会之下，而超然于教会之外，此国家之性质，显然较“天下”为狭小，因为从此以后，世界主义之观念消灭，民族国家代之而兴了。其时，一方面是宗教的统一，他方是拉丁文的统一，宗教的束缚既然打破，于是大家又觉悟到用拉丁文是教会用以统制人的伎俩，便废除拉丁文，而代以各国自己的文学。英国民族文学起于郤骚（Chaucer），德国民族文学起于路德（Lutther）。至于政治方面，神圣罗马帝国若存若亡，民族政治应时而起，英国有习惯法与巴力门，法国的民族政治以专制君主为关键，至大革命而更进一步。一直到十九世纪，德、意两国完成其民族统一之业，而民族主义立国之思潮，遂登峰造极了。我们拿欧洲天下观念时代之心理与我国天下观念时代之心理作一比较如下：

我国天下观念盛行时之心理	**欧洲天下观念盛行时之心理**
（一）春秋战国之后，秦汉一统之局代兴。	（一）希腊城市国衰亡之后，继之以马基顿、罗马与教权统一之局。
（二）儒家提倡王者大一统之说。	（二）欧洲斯多噶学派有全人类同属于一国之说，提倡世界主义。

（三）汉时崇奖黄老清净无为之说，至晋时则为清谈派之放浪形骸。	（三）希腊城市国衰亡后，各个人脱其为国民之束缚，个人主义因以大盛，且斯多噶学派尤好为默坐澄心之举。
（四）老子学说进而为道教，佛教由西方输入，释、道二者有夺儒而代兴之势。	（四）希腊学说衰亡，耶教输入，统一全欧于教皇之下。
（五）“天子”者，代天行道之人，故教权与政权合一。	（五）君主隶属于教皇之下。

以上五点，为东西之所相同，而欧洲因为反对普天下的教会，一统之局破，于是众多之民族单位以成，我国自秦汉以后，民族疆域虽日益廓大，但是因为和外敌接触少，这“天下观念”的心理，始终未能消灭，而民族国家的观念也始终未能养成，所以中国始终未曾踏上近世国的路。欧洲因为国家观念发达，于政治学术所发生的影响极大，姑且列举几项，以为我国的借镜：

第一，民族国家之成立，英、法先兴，而后德、意诸国继起。

第二，各国务求文学、语言之独立，于是各有其民族文学。

第三，科学、哲学号为世界公器，而各国务求有贡献，故科学、哲学方面，各民族亦各有其成绩。

第四，各自发达工商，务求不落人后，而世界之落伍国，乃为彼等所吞并。

第五，国家统一，整军经武，以期不至为人所侵凌。

第六，国内人民咸受教育，可以分担平时战时之义务。

第七，人民参与政治，以民意为立国之大本。

第八，外患来时，国内各党各派牺牲成见，本对外一致之义，应付外敌。

以上所举的八点，都是民族国家时代的特色，而为中世纪天下观念时代所梦想不到的。

二、欧美各国民族性之养成

至于欧美民族性是怎样养成的，在未讲本题以前，先得要拿民族性说明。民族性是什么？简单说，民族性就是一国国民知道他自己是那国人，如中国人知道他是中国人，法国人知道他是法国人。这答案表面上好像是很肤浅，很愚笨，可是话虽简单，做到便不容易了。郑孝胥、罗振玉等为什么要受日本人利用，为什么要听日本人支配，难道他们还不知道自己是中国人么？天津的汉奸，受日本二元的津贴，便为虎作伥的充便衣队，难道他们还不知道是中国人么？再往下说，日本人攫取东北四省，是凡中国人都应该痛心，都应该反抗，然而许多人还是麻木不仁，还是骄奢淫佚，这就是证明中国人还不能完全知道自己是中国人，所以决不是穿中国衣服，说中国话的人，便算是中国人，还得要深一层研究。

一九一四年七月欧洲大战，其最初的原因，远不如中国失去东北四省之严重，可是大家都奋臂而参加，所以对外一致，才能说是有民族性。

欧洲民族性如何养成的呢？现在先从历史方面来研究。民族主义从十九世纪末年才传到中国来，其时欧洲民族主义建国的工作刚才完了，最初成立的民族国家为英、法，其后为德、意两国，在原则上他们以为同言语、同风俗的一个民族，便应成立一个国家，换句话说，就是一个民族，一个国家。因此，民族国家成立的要素有三：

（一）言语

（二）风俗

（三）历史

第一，言语的因素，很关重要。因为言语与民族情感有绝大关系，总得要彼此言语互相了解，才能休戚相关。譬如一个广东人和一个江苏人在一起，彼此言语不通，各乐其所乐，各忧其所忧，怎会发生情感呢？没有情感，便不能互相呼应，所以言语的因素与民族的情感绝对有关。

第二，各国有各国自己的风俗习惯，现在中国人遇事都模仿西洋，这是民族自信心不能确定，在西洋以为能保持本国风俗为荣，决不愿意模仿旁人来破坏本国的风俗。

第三，历史上的利害相同，也是很关重要。譬如日本人以甲午之战、日俄之战为日本之光荣，并且说日本损失很多，所以非拿满洲，不足以偿其所失。但是在中国人看来，中国因此丧失许多土地，却是国家的奇耻大辱。所以历史上的同甘共苦，也是民族国家的重要因素。

以上三个要素，为民族成立之基础，可是欧洲民族性之养成，非一日之事，多则千年以上，至少也应溯到十六世纪。欧洲在十六世纪以前，也只知道有天下，不知有所谓民族国家。从希腊到罗马时，英、法还是野蛮民族，后来日耳曼民族从北方崛起，罗马帝国被迫到君士坦丁，于是有神圣罗马帝国，当中差不多经过千年，才养成英、法、德、意诸民族。

神圣罗马帝国何以会分裂呢？这情形与中国周之大一统分而为春秋战国如出一辙。周朝拥有天子之名，表面上像统一，实则因为封建制度之下各自割据。自秦以后，则以统一为原则，以分为例外，这点与欧洲大不同。欧洲自神圣罗马帝国分裂以后，成立许多国家，始终未能再统一。所以中国是合后再分，分后再合，欧洲却分而不能复合了。这种情形，在欧洲人看来或者以为奇怪，可是中国之所以能统一，其中有许多原素，最大的原因，就是各省方言虽不同，但文化、文字、风俗完全相同。

十六世纪以前，宗教统一的局面还能维持，到了十六世纪宗教革命后，这种统一局面渐渐打破，这是欧洲民族国家成立之第一原因，可是这是原因之一，其他还有语言、政治，也是欧洲分裂之因素。这里还得要说明几句，欧洲的宗教到现在还是以前的旧宗教，并不是另外一种新教，所谓马丁·路得之宗教革命，不过是打破教皇统一权，而各国自有其教会管理权，并不是打倒耶稣教义。现在逐层来讲：

第一，民族国家之成立，最初是打破教皇之束缚。换句话说，就是打破教皇之独占的统治权，以教会置于国家之下，与十六世纪以前教会驾乎国家之上迥乎不同，这是民族成立之第一声。

第二，欧洲在十六世纪前，一方面是宗教统一，他方是拉丁文之统一，各国虽有语言不同，如中国各地之方言是，但是著书立说，非用拉丁文不可。于是学者各处周游，毫无阻碍，如爱拉司姆(Erasmus) 能随意到德到法演讲，就是为因〔因为〕拉丁文能无往而不通的缘故。中国在明朝的时候，欢迎利马窦、汤若望诸人到中国来，亦同欧洲中世一样，不知有国界国借〔籍〕的缘因。后来大家才觉悟到拉丁文是教会用来统制人的技〔伎〕俩，于是各国非用自己的文字不可，故言语之独立，为民族成立之第二点。

第三，便是政治。在最初时，政治独立与宗教有极大关系。十六世纪以前，国王即位，一定要亲自到罗马去受教皇的加冠，后来大家以为各有各的主权，为什么要到罗马去？为什么要受教皇的限制？这种局面，非打破不可。于是政治便脱离教皇而独立，这是第三点。

欧洲的局面本来统一。英、法以宗教、言语、政治三方面来要求独立。其在宗教方面，还是耶稣，还是《圣经》，不过所争的是宗教立于国家之下；至于政治方面，其最大原则，不过是立国不受教皇之支配而已。这两点关系尚小，最大的关键，在于言语，就是一个民族国家的成立，非有自己之文字，并且非有自己文学之特色不可。英国以一岛国四面环水，少受外界干涉，故民族之基础形成独早。法国形势，虽不如英国，但三面有山海保护，天然形势自易集同一民族于同一国家之下。所以英、法两国民族能实现最早者，地理的关系很重大。英、法所以表现其成绩者，可从文学、法律、政治三方面来看。

英之文学方面，最初为十四世纪之邻骚提倡英国语文学，为语言文字独立之先声，至沙士比尔，戏剧成为英文学极盛之期。其次为习惯法（Common Law）之出现，乃是罗马法以外第一种新法律，十七世纪末年议会政治确立，于是英国内治稳定，现在那一国不采用英国的议会和责任内阁等制度，这就是英国民族的特色。

至于法国，民族国家成立虽较早，可是法国铲除封建制度的困难，较英国为甚。英国自蔷薇战争后即统一，法国本以巴黎为中心，逐渐蚕食附近之诸侯，才成今日之法兰西。其中经过不少的战争，到大革命后政治才有起色。法国文字，肇于十五世纪，最初倡之者为拉陪兰氏（Rabeleis）。自《拿破仑法典》出世，法国才有自身的法典。至于大革命后平等、自由、博爱之原则确立，大影响于欧洲各国之改造，这是法国民族的贡献，也是法国民族的特色。

至于德、意之成立民族国家，比英、法困难得多。德国自路得革命后，宗教解放很早，语言独立也很早，但政治在神圣罗马帝国支配之下，一八〇六年前有小国三百余，故法国成立后，德国还未能统一，一直到十九世纪才能立国。一八〇六年后德人始大悟非改革不足以图存，其时国家观念尚未养成，要想以自私自利之小国来提高民族性，实在不是容易的事。故学者想种种方法来提高民族自信心，哥德研究峨特式建筑来鼓吹民族性，格里母（Grimm）以童话来提倡民族精神，菲希德在大兵压境之日以演讲唤起德人之爱国心。

意大利立国之困难，尤甚于德国，因意大利南部为二雪雪利国(Kingdom of two Sicilies)，以德、法两国为背景，中部属于教皇，北部为浪拔地等市，属于奥国。其时教皇绝不愿意大利能统一。最初大声疾呼，求意大利之统一者为十五世纪之马基维利氏（Machiavelli)，从十五、十六、十七世纪经法国大革命潮流之后，意大利才觉悟。其时有主张为共和政治，有主张为联邦国，拥戴教皇为君主，还有主张君主立宪，是为加富尔的政策，德国统一后，意大利的统一才完成。

英、法以地理的便利而成民族国家，意、德则由国内爱国志士有以促成之。吾中国如果从政治、文学、美术之任何方面，努力提高自己之民族意识，以养成民族性，在欧洲有如是许多先例，只要大家肯下功夫做，未有不能成功的。

三、中华民族之回顾

大家闭目一想，数千年来我们的祖宗传下来的遗产如何，如此一想，大可不必因现在的环境而悲观。

现在讲民族问题，有一点请大家注意，务要拿以前一姓兴亡与帝王远略的概念，完全取消，我们只问其民族在某时代有无发展，不问秦皇如何暴虐，汉武如何黩武，只问两民族之发展如何，自然不管其朝代之长短。试举汉朝两人之言为例。主父偃说：

> 昔秦吞战国，务胜不休，使蒙恬将兵攻胡，辟地千里，百姓靡敝，不能相养，盖天下始叛秦也。

严安说：

昔秦王意广心逸，欲威海内，北攻胡，南攻越，天下大畔，灭世绝祖，穷兵之祸也，今徇西南夷，建城邑，深入匈奴，燔其龙城，此人民之利，非天下之长策也。

以民族之对外发展为天下之不利，乃我们祖宗传下来的老观念，好像做皇帝的人最要紧是使百姓安居，是不惊动百姓。这种观念，我们非打破不可，因为要求民族发展，那能不用武力？

中华民族之中，种族甚多，表面上说起有汉、满、蒙、回、藏，严格的说，其他还有苗、瑶等，非常复杂，但是三四千年来之历史，当然以汉人为主人。汉人做主人时，我们便认为民族力强，认为光荣；汉人被压迫时，如辽、金、元时，则认为是民族力衰弱，认为耻辱。

许多老观念中，如一朝一姓之兴亡，如穷兵黩武，固非除去不可，而地理上之变移也不可不注意，因为知道地理上之变迁，然后知道中华民族如何发展。

我们的老祖宗在周秦之际，其领土只有陕西、山西、直隶、山东、安徽及江苏北部。春秋所谓吴越，还是夷狄。广东在汉时为南越，当时还不在中原文化圈内。金陵做都城是从吴起，故三国以后，金陵才重要。赤壁之战是在湖北，所以长江流域之繁盛，是从魏晋之际起。四川在战国之末，司马错称为“戎翟之长”，其不在中原文化区之列，可以想见。广东自唐而后，与中原关系渐渐密切，广西及贵州，经元、明以后，将蛮族驱除，归汉人统治，可以说是最后加入中原文化的两省。所以我们老祖宗的疆域，最初是黄河流域，其次及于长江流域，最后及于珠江流域，三个流域，适足以代表三个时期之中华民族。我们应该很自负由六省而达于廿余省民族发展的功成〔成功〕。我族之由南而北，与在历史上之三次南渡有大关系，一是晋之永嘉，二是南宋，三是明末，这三次南渡中汉族在北方虽失败，而其势力反伸张于南方。

现在先讲秦汉。

在历史上看来，都以为秦始皇暴虐无道，穷兵黩武，但现在看来，秦始皇之功，不可埋没。除周公、文、武、孔子以外，应首推始皇，他打破当时封建势力而成一统，这种伟大的魄力，可与亚力山大相抗衡。在始皇以前，河套以内属于匈奴，始皇派蒙恬收河南地，画为四十四县，又因为防备匈奴的原故，筑长城万余里。在东北四省未失时，大家对于长城，好像是不相干的东西，现在想起来，秦始皇的功劳真大，因为长城确是很好的天然界线，不过从前长城外是匈奴，现在长城外变成日本人而已。

其次讲汉武。秦灭以后，匈奴围汉高祖于平城，汉高祖不敢与抗，一直到汉武帝逐匈奴于沙漠之北。元狩二年，汉武帝大败匈奴，降匈奴二万余，掳酋长七十余人，深入匈奴境二千余里，又通西域，所以断匈奴右臂，使匈奴不能与西域相勾结。从汉武以后，一直到后汉，匈奴势力日衰，竟至称臣朝贡于汉。汉武帝又遣张骞通西南夷，所谓西南夷，就是由四川、云南而达于身毒（即印度）之路。所以汉武帝是从北、西南、南三方发展，其时汉族势力，可谓第一次大发展，超过周秦，为前史所未有。

后汉之末，内政不修，三国纷争，无暇及于边疆。国内势力既衰，异族便乘机而起。而况当时黄河流域各地杂居者，皆氐、羌、鲜卑诸族，故晋江充作“徙戎”之义，适足以证明中原内部，四围多是夷狄，所以“五胡乱华”，并不是从外国打进来，而是杂居于内地之胡人之崛起。五胡十六国占领北方，晋朝不能安于洛阳，于是迁都到南方，这是历史上第一次南渡。先是五胡乱华，北方有所谓十六国先后继起，到北魏统一，是为北朝，至于黄河以南 ，则有宋、齐、梁、陈、是为南朝。

五胡及南北朝时，中国文化起了一种变化：第一，五胡自己没有文化，于是便接受印度文化，所以佛教虽然从汉时就输入中国，可是到南北朝时乃大盛，姚兴迎鸠摩罗什，足以证明中国文化之大衰落；第二，五胡乱华后，黄河以北的汉人受胡人支配，与中世纪之欧洲日耳曼来并吞西罗马一样，有一野蛮部落代替文明古老的民族。

从以上两点看来，可以说汉族自周朝起为童年时期，秦汉是汉族壮年时期，力量最大，一直到晋时，可以说是晚年，由壮盛而复衰落，这是汉族第一期。

我国老历史家的观念，总说周朝文化为最高，其实从民族力量上讲，则不能不首推秦汉。从三国、两晋经过十六国、南北朝，到隋之统一（西纪二二〇年到五八一年），约为四百年，外国文化侵入，汉族大混乱，国势衰落，几乎不能自立，到隋才统一。隋时征高丽，并且开通运河，也是一件极可佩服的事，但是同秦始皇一样，不到二世纪便灭亡了。

汉族到唐时复兴，其实依我看来，唐时已不是纯粹汉族，而是与胡人血统混合后之新汉族。因为从晋南渡时，黄河数省土地，陷于五胡及拓跋魏，当中经过差不多二百数十年，这二百余年中当然与汉族混合。中国人向来不注重血统，其实这是不能否认的事实。经此两个民族的结合，活力因而增加，乃有唐后汉族之复兴。

唐朝东灭高丽，北灭蒙古，西到中亚细亚，置六都护府以统辖之，汉武后得而复失之土地复归于版图。广东人称中国为唐人，实在很公允，很能知道唐代在中国史上之重要。试查《唐史》中《地理志》，其安西都护所统四镇，曰龟兹都督府，曰畋沙都督府，曰疏勒都督府，曰焉耆都督府，则当时新疆全省已入我版图。又查西域十六都督府州，更有波斯都督府之名。诸君试一细想，假如我们子孙自唐以后能保持先业，恐怕今日之波斯，不至成为英、俄角逐之场，这真是我们民族之光荣史，不可不时常念及。

从魏晋到唐，都是崇拜道教或佛教，唐韩退之始大声疾呼，反对佛教，而自“仁义道德”以说明孔子之教，这是汉人之自觉，汉族文化之复兴。从韩愈到宋，用新方法恢复儒教，于是有儒教的复活。

宋理学运动后，儒教大兴，一直到明清，士大夫所受的教育，都是朱注的四书五经，官厅考试以朱子注解为标准，与汉武罢黜百家表彰六经一样。这可以说是汉人第二期自觉的文化。

唐削平西域后，北方之契丹、女真、蒙古反因此崛起，其后即演而为辽、金、元三朝。北宋以后，黄河流域为胡人夺去，自高宗南渡至元之亡，这期间一共二百四十一年。其南渡与晋之南迁，如出一辙，后来黄河以南，亦归蒙古统治了。

元为世界历史上之慧星，忽起忽灭，奄有中土总共不过八十多年，退出中国后，在俄国，在中亚，在小亚细亚一带，尚能保持其部落。

明朝又为汉人主政之期，成祖尝平交趾、安南，三保太监尝到南洋，是为中国与南洋交通最盛时期，其足迹尝至非洲海岸，亦可谓我国探险家之一。

清朝入主中国二百六十余年，也有相当的武功，带给中国之遗产，也还不少，因为他是异族，不是汉族，所以暂且不论。主权既操于人手，即有汉学家的成绩，也就无足观了。

根据民族活力来说，中国三四千年之历史，应该分两个时期：

一、周秦以降，一直到魏晋南北朝为止，是为第一期。

二、由南北朝民族之混合，一直到清末为止，是为第二期。

从以上分划的时期中，我们可以看得出汉族确有许多优点和特色：

（甲）中国民族力最盛的时期，为汉、唐、明。这三时期内，中国人到各处侵略和扩张，曾做过现在的所谓帝国主义者，晋、宋南渡，能从北方到南方，支持相当时期，这足以证明当时民族尚有抵抗力。

（乙）最奇怪的就是汉族虽一度受制于外人后，而终能同化他族，如五胡乱华后而终归于唐，清朝也管理中国二百多年，到现在已化为乌有，这足以证明汉族有很强的同化力。

（丙）汉族虽长于保守，可是也很能进取，如玄奘、法显到西域求佛法，吸收外国文化，但是虽采用外国文化，必先加以自己创造力消化他，即所谓加以中国化。如印度佛教传到中国来，然加入不少中国元素，换句话说，就是以中国人情、风俗而同化之。

（丁）汉族在外人统治之下，合五胡、辽、金、元、清也差不多有千年，时期也不能说是不久，但尽管受制于外人，终久还能自己恢复。

古代文化国家如埃及，如巴比伦，久已不能生存，中国有四千年历史，还能保其文化，这是他族所没有，实在是民族的光荣。中国人善于退守，也善于进攻，看人家势力强盛的时，便候退伏一隅，不敢稍动，可是乘人家实力衰弱时，便借机发动，以图恢复，这固然是中国人的优点，但同时也是弱点，因为这样便易于驯伏，不善于反抗。

中国以后还能立国吗？一世纪内，到处受挫折，到处受打击，到现在更失去东北四省的土地，于是大家悲观，对于中国今后是否能立国，根本已发生怀疑。但究竟应该悲观还是乐观呢？在我看来，中国虽屡受挫于五胡、元、明、清，而终能自己复兴，以已往四千年历史为凭，中国决能复兴。一二百年的历史不算回事，几十年的盛衰看不出兴亡的关键，总得要从长处看，中国决有办法，决不要悲观。但是也决不能以此自满，以此自足，还得靠自己努力。

四、中华民族性之未来

中华民族性之将来如何呢？在中国讲民族性与在欧洲讲民族性，

根本不同。英、法虽各有其特点，英人沉默冷静，法人富情感而有机智，但是他们不同者甚少。英、法所穿的衣服相同，婚姻制度，一切礼俗，也都差不多，至于语言，等于江苏语与广东语之不同，而无根本差异之点，故欧洲各国中民族性之养成，较远东为困难。反过来说，中国人尽管穿洋服，一望即知其为中国人，中国的风俗、习惯与欧洲比较，不论如何的模仿，总还相差得很远，至于语言，更不消说得，因为中国四千年来都是锁国，与世界接触甚少，所以有吾们的语言、风俗、历史，如果以有特点即为有民族性，则中国早就有了民族性，用不着到现在才来养成。但就现在情形来讲，中国人对于本国的情形，多数已忘掉了，尤以留学生为最甚。英国学者陶鼐氏（R. H. Tawney）说到中国后，询问中国大学教授，对于自己的乡村制度、乡村组织，都茫然不能答覆，但一提到纽约的市政如何，巴黎的市政如何，则又头头是道，这种数典忘祖的现象，实在奇怪之至。

我们一方面有本国的国民性，有本国的语言、风俗，有本国的历史，一方面却又处处模仿人家，忘却自己，这实在是我们的生死关头，我们要从这夹缝中求中国的出路，求中国的民族性。

我们要知道，立国于世界之上，最要紧的就是在同中求异。所谓“异”，就是各国的特色，各民族的特点，有了这种特点，然后才能立国，民族之所以能为独立的民族，正以其不同。西洋人有句俗语说，世界上没有两片树叶是完全相同的，树叶尚且不能全同，民族更可想见了。

现在且拿英、德的民族性来比较。英国政治以个人的个性为出发点，德国政治是以国家为本位。惟其以个人为出发点，故英人赞成自由竞争，主张募兵制度；惟其以国家为本位，故德人主张保护贸易、普及教育、义务征兵等制。其出发点不同，因而其制度亦因之而不同了。

英人于思想方面，最重事实、经验，故树立经验派哲学；德人在理论上好溯至最高之原则，虽也承认经验，但以为经验以上，还有论理学原则。这是英、德之不同。至于法国人之爱美术，其与他人不同之点，不如英、德之明显，所以暂且不讲。

总之，欧洲国家因语言、风俗、宗教相同之下，力求其异，以显其民族之特点。他们用何法以显其特点呢？他们在文学、哲学方面，都推崇他们自己的老祖宗。德国人念的是自己的文学，如歌德、席勒等，学哲学的则必推到康德、菲希德。英国人每年必演莎士比亚的戏剧，设法保存莎氏遗迹，因为戏剧是表现民族的情感，各国人总注意本族作家的剧本。从这种种方面看来，欧洲人在教育方面谋所以发展民族性者，可谓无微不至。在学校里，他们念念不忘者，即在怎样使英国人知道他是英国人，这么样使德国人知道他是德国人，如果这点做不到，教育的目的便完全丧失，教育的功效便没有了。

欧洲各国人时时不忘其对各部分之贡献，时时感觉其文学、哲学与人不同，故其民族性才能保存。但这种方法移到中国来，便困难了。

一国国民晓得他自己文化之优点，晓得他的文化与自己有利益，他自然会相信自己，自然会尊崇自己，可是在中国，这便困难，因为中国自从与欧洲接触以来，什么事都是吃亏，可以说是处处受挫折，于是便感觉到旁人的文化好。由这种心理上，便感觉到中国文化不行，且大起怀疑。这个时候，你说中国文化如何好，孔孟的学说如何好，叫他相信，恐怕是件最不容易的事。近年来中国人都喜欢读西洋历史、西洋学说，注意世界情势，对于本国的事，反漠然无动，这种观念不去，危险得很，将来的方针，总得要以本国的政治沿革和其他方面源源本本，使人民知道，可是这句话在原则上是这样讲，其实谈何容易，因为一国国民不感觉到他的文化有益于谋生，有益于立国，而单教他们注意本国历史和本国情形，是无用的。

还有一点，欧洲从十六世纪以来，一直到现在，各国人对于本国所得的印象，都是好印象。德国从非力大帝以后，暴君很少，所以他们至今思念旧君和君主制度，而且政治，科长发达很快，大有一日千里之势。至于中国，便大不相同了，从政治方面说，中国的历史太长，好皇帝固然不少，而暴君奸臣，亦复不少，中国数千年之历史，如此复杂，瑕瑜互见，所以如果有人问我王莽如何，曹操如何，乃至于宦官之祸、藩镇之乱怎样，我便无从回答，如果说秦朝以前政治无甚缺点，还可以说，还可以有人相信，从秦以后各朝看下来，非令人怀疑不可。

至于谈到学说，道教、佛教暂且不论，就以孔教来说，提到孔教二字，究竟是朱子的孔教，还是王阳明的孔教呢？在拥护朱熹的人说，宋之所以能支持者，儒家之功，真不可没，至于反对他的人则又以为外患侵入时，还谈什么正心诚意等空话。况且还有马、郑的孔教，惠、戴的孔教，所以在学术方面，也是纷纷扰扰，各有是非。

中国历史太长，利弊显然，以经验丰富的中国人看来，本不易生信心。中国民族性所以不易养成者，简单的说，有以下的大困难：

中国数千年来制度学说之利害，皎然明白，今日又在改造之过渡期中，一方面因改造而生不信心，他方面因要发达民族性而求信心，信与不信相碰头，如何处置，实在很是困难了。

所以我们讲中国民族性，必得在这种局面下求出路，不单是鼓吹中国文化，讲中国历史，即可以使人相信的。

以后的中华民族性怎样呢？

从前的中华民族是与欧洲未交通以前的民族，现在的中华民族是与欧洲交通以后的民族，此后应以这种观点来求出路。我们等于走路一样，到各国去跑了一次，看见各国许多宝贝，但我们总不能久恋在外国，总得要回到自己的家里来，所以我们对于人家新的东西不必过于留恋，对于自己旧的观念也不必过于拘泥，我们只自问，为中华民族的人今后应该怎样？应该走什么路？一国历史如像山坡一样，逐渐的一步一步走上去，一点缺陷没有，当然这是最幸福的事，可是中国自从与欧洲交通后，裂痕显然，无法弥补。西洋科学发达，而我们落后，西洋民主的政治制度盛行，而我们没有。所以你现在告诉新青年说，我们老的旧的如何好法，因为他已经看见缺点，决不能相信。我们现在只告诉他，不管祖宗如何，你终久还是中国人，你决不能做法国人，或是做英国人，你既是中国人，你应该怎样，应该如何替国家谋出路。各人总得以本国本族为出发点，对于本族虽无信心，然从国民义务来说，从下手处来说，还得逼出你的信心来，今后民族性之第一础石，即建筑于各国民信仰本族的义务心中。

我希望今后讲养成民族性的人，少讲回头的话，而对于未来路应当注重。凡一个民族在世界上，无论政治思想方面，均有自己的途径，而况中国在亚洲占有很大的地域，又有过长久的历史，只要从今后打算，当然可以找得出一条出路，故教育家告诉青年的话，侧重于未来的出路，自然可以逼出的他〔他的〕信心来。

我们应以现代为标准，对于历史上的事迹和人物加以一番选择工作。所谓选择者，就是以现在的环境而论，与外人交通后的环境，何种思想，何种制度，何种人物，我们必得要提倡，我们必得要鼓励，定了这个标准之后，从古人中求其合于此种标准者留之。其不合于此标准者去之。用这种方法来告诉青年，来指导青年，自然容易表彰本族，且引起他们的信心。

古代思想、制度、人物方面，合乎现代潮流者，正复不少，现在分别叙述，以定其去留。

（一）思想方面。中国人之性质，多数是外儒内道，表面上好像是儒家，实际受老庄的影响很大。凡事不为天下先，因而无责任心，又喜放浪形骸，不守礼法。晋朝之竹林七贤喜谈玄虚，蔑弃典文，完全是道家的思想，在他们的意思以为礼法是拘束普通人的工具，他们是不能受礼法的拘束的。到了近代，则以“使酒骂座”、“盛气凌人”为名士了。其实，从国家方面看来，不为天下先，就是巧于趋避；不负责任；放浪形骸，就是不守纪律。这类思想是万不能行于现在的。还有一方面，其思想是以肯定人生为出发点，孔子之知其不可而为之，确是奋斗进取的精神。其次儒家入世与救民之心最切，故有以天下为己任之说，换句话说，就是义务心重。并且我国儒家，向以求知劝学为本，孔子所谓学不厌教不倦，荀子有《劝学》篇，即是西洋人之追求智识。这种精神，比之欧洲思想，也了无愧色。这种儒家好学与积极的精神，我们应当保存，我们应当发扬光大的。

（二）制度方面。儒家注重教育，孟氏尝追思三代庠序之教，其看重人民教育，与现代正同，可惜自古以来，儒家除王阳明、曾国藩，均未能一展怀抱。其实，义务教育，孟子，程明道，早见及之；寓兵于农，即现代之所谓义务征兵，王安石、程明道皆已提倡过的；吕大钧的乡约论，与地方自治、乡村自治的原则，还不是一样的吗？所以，如果能双方比较后再告诉青年，青年当然可以相信。至于不合潮流的制度，如君主制度、大家庭制度，当然不应该保存，因为我们是现代人，应该说现代的话。

（三）人物方面。历史上人物的价值，亦应凭时代的标准去估价，然后抑之扬之，叫人知道如何取法。现在分类举几个代表人物如下：

（甲）安内之政治家

管仲　郭子仪　斐〔裴〕度　王阳明　曾国藩

（乙）攘外之政治家

祖逖　陶侃　王导　谢安　岳飞　文天祥　史可法　唐景崧

（丙）变法维新之政治家

商鞅　王安石

（丁）立功异域之探险家与军人

张骞　班超　马援　郑和

（戊）贤明之理财家

陆贽　刘晏　胡林翼

（己）乡村自治之创始者

吕大钧　王阳明　陆世仪

（庚）国外文化之输入者

玄奘　法显　徐光启　严复

（辛）学生运动之创始者

陈东

（壬）发明家

冯道　蔡伦

以上许多人，为现在国家所必需之人才典型，我们应当取法，至于以国家为私产之刘邦，彼之得意语云："仲之所就孰与某多?"与夫卖国求荣之石敬塘〔瑭〕，毁坏人民道德之曹操，皆与现代国家思潮不相容，故应该在摈斥之列。如用以上方法教人，青年自然容易接受，而中华民族性自然容易养成。严格的说，中国有土地，有风俗，有语言，所谓民族性早已养成，不过现在加以一番选择功夫，使他们能自信，能知可以取法，而后另造成一种新时代的文化。于是我们得到两个结论：

第一，欧洲民族性是从无而到有。

第二，中国民族性是从已有者加以选择，引起信心后，另造出一种新文化来。

所谓选择，就是宜者导之，不适者淘汰之，经过这番工作后，当然有自己的文化，不必去高谈保存，否则，就是谈保存，也是劳而无功。每天骂祖宗的，不是好子孙；看不起自己历史的，不是好民族。总得先有自尊心和自信心，然后可以立国。

丁文江

丁文江（1887—1936），字在君，江苏泰兴人，中国地质事业的主要奠基人。先后留学日本、英国。1913 年创办地质研究所并任所长，1916 年创办地质调查所并任所长。1921 年任北票煤矿公司总经理。1924 年任中华教育文化基金会董事。1926 年任淞沪商埠督办公署总办，推行新市政。1929 年组织西南地质调查队。1931 年任北京大学研究教授。1934 年任中央研究院总干事，建立基金制度，创建评议会。代表性地质报告收入《丁文江先生地质调查报告》，另有《中华民国新地图》、《爨文丛刻（甲编）》、《梁启超年谱长编》等。

丁文江被称为学术界的政治家。作为中国地质学的开山大师，丁文江不仅创建了中国地质学的基础，还擘画了它研究、发展的路径。他创办了中国最早成功的专门地质教育机构——地质研究所，创办了中国最早的地质调查机构，也是中国最早的科学研究机关——地质调查所，筹划兴建了地质图书馆，筹建了中国地质学会，较为完善地建制了中国地质学研究的组织机构。作为科学家的丁文江又具有政治家的眼界和襟怀，1922 年他与胡适等人创办了《努力周报》，发表大量文章力促“好人”出来从政；1923 年发起了著名的“科学与人生观”论战，当时即被誉为是开辟新纪元的“空前的思想界的大笔战”；1932 年他参与创办《独立评论》，以“独立”身份评论政治。

九一八国难之后，丁文江更是努力探索如何抵御外侮、实现民族自救的问题，他认为，在空前的外患面前，只有实行较民主制度容易实行的“新式的独裁”，才可以渡过难关。所谓“新式的独裁”，就是要独裁的领袖了解现代国家的性质，完全以国家的利害为利害，能够利用全国的专门人才，利用目前的国难问题来号召全国有参与政治资格的人的情绪与理智，使他们站在一个旗帜之下。他在《假如我是蒋介石》一文中就苦心劝蒋“立刻完成国民党内部的团结”，“立刻谋军事首领的合作”，“立刻与共产党商量休战，休战的唯一条件是在抗日期内彼此互不相攻击”。

本书收入《抗日的效能与青年的责任》、《给张学良将军的一封公开的信》、《关于国防的根本问题》三篇文章。其中第一篇是丁文江在燕京和协和两所大学的演讲，他谆谆教诲青年，要以十二分的努力，彻底了解近代国家的需要，养成近代国民的人格和态度，学会最低限度的技能。而对于受高等教育的青年而言，做改造新国家的预备工作，是他们唯一的责任！第二篇文章是写给张学良的信，希望他能保持晚节，不要因为环境的关系而抑制了自己的爱国心和血性，希望他带着精锐部队，一直向承德冲过去，收复失地。第三篇文章是 1934 年发表于《国闻周报》上的文章，提出国防问题是全民近代化问题，一方面要培养国民的生产能力，另一方面要推进军事教育的改革。

抗日的效能与青年的责任*

这是我在燕京和协和讲演的题目。当时并没有稿子。以后在报纸发表的是听讲人的纪录，当然与我所讲的不能完全相符。我现在追忆两次讲演合并写出来，登在本刊。

在今天国家危急的时候，青年的责任是什么？青年应该做什么？这种问题不但青年要问，就是我们已经不是青年的人也常常要问。但是没有答复这问题以前，我们先要知道我们工作的效能，因为抗日救国不是单凭情感所能收效的。不管效能如何，盲目的工作，不是负责任的办法。

今天中国对日本的关系完全是变态的，通常国际的关系不是和就是战。我们的领土被日本占领了一年多了；上海的战争，我们死去好几万人，损失万万元以上；现在山海关又被日本占领了，而我们既然没有宣战，又没有议和！于是有许多人提议出兵收复失地，与日本断绝国交。他们虽没有明言对日宣战，但是如果我们实行这种主张，宣战当然是免不了的。对日宣战，能够发生效能罢？我们政治上的情形和官兵的训练，我暂且不提。单就物质上讲，我们没有宣战的可能。中国号称养兵二百万——日本的常备兵不过二十万！中国的人口比日本要多四五倍；以人数论，当然我们是占优势的。

* 原载《独立评论》1933年2月12日第37号。

但是我们的一师人往往步枪都不齐全，步枪的口径也不一律。全国所有的机关枪大概不过几千杆！——欧战的时候作战的军队每一师有一千五百杆。七五公厘的野炮大概一万人分不到两尊！——实际上需要二十四尊。重炮，坦克，毒气和飞机可算等于没有。所以以武器而论，我们的二百万兵，抵不上日本的十万。欧战和上海的经验告诉我们，近代的战争是最残酷的，是不限于战斗员的。海上和空间完全在日本武力支配之下。沿江沿海的炮台都是四十年以前的建筑，丝毫没有防止日本海军的能力——吴淞的炮台不到五分钟就毁于日本炮火之下。十九路军在上海抵抗的时候，江北的军队受日本海军的监视，不能过江。最后上官云相的一师夜里用小船偷渡，因为拥挤，船翻掉好多只，淹死了好几百人，而过江耽搁久了，浏河没有防御，日本人就在那里上岸，抄袭十九路军的后路。上海事变一发生，南京政府就不能不迁到洛阳。凡日本的海军和空军力量所达到的地方当然完全是日本的俎上之肉。所以我们对日宣战，完全是等于自杀。

作战不但要兵器，而且要钱。中央的收入，最好的时候不过六万万多万。其中一半以上是内外债的抵押品。九一八以前，中央所能自由运用的款项每月不到三千万。上海的事件一发生，中央可以支配的收入一落就落到二百万！当时凡有靠中央接济的机关立时等于停顿。军队的饷项也就没有着落。所以一旦正式宣战，日本占领上海，封锁我们江海港岸，中央的财政立刻即要破产。

以上的事实原是人人都知道的。但是提议出兵收复失地的人，或者是另有作用，或者是为情感支配，不免自己来欺骗自己。

我们既然不能对日宣战，我们只好抵制日货了。抵制日货是应该做的，是可以做的，因为至少我们要使得我们的敌人知道他们侵略中国会发生恶影响的，是要受相当的损失的。可惜我们去年抵制日货的成绩太可怜了！去年中日贸易进出口一共是五万万圆（五〇〇，四九七，〇〇〇圆）。其中由中国输出到日本的是二〇六，四四二，〇〇〇圆，由日本输入到中国的是二九四，〇五五，〇〇〇圆。两者相抵，我们的对日的入超是八千七百万圆！这是连东三省的贸易计算在内。东三省去年的对日贸易进口是一三四，八三二，〇〇〇圆，出口是一〇二，七一九，〇〇〇圆。所以入超是二千二百多万圆。若是把东三省除外，我们依然有五千五百万圆的对日入超。这是有两种原因：一是因为日圆落价，所以日货特别的便宜，二是因为日本增加百分之三十五的关税，所以我们的输出减少。但是单中国本部，对日贸易总数仍然有二六二，九四六，〇〇〇圆之多，足见去年抵货的成绩是不可问的了。

去年的成绩不好，今年不妨从新努力的。但是从上面的数目字我们又得到一个很大的教训。日本全国的对外贸易共约为二，七〇〇，〇〇〇，〇〇〇圆，所以中国本部的对日贸易（东三省除外，香港在内）还不到日本对外贸易总数的百分之十。纵然我们的抵制日货政策绝对的成功，中日的贸易完全消灭，日本的对外贸易仍然有二，四〇〇，〇〇〇，〇〇〇圆之多。由此看起来，虽然抵制日货可以使日本受相当的损失，然而决不能制日本的死命，决不能使日本交还我们的失地。何况不用政府的力量来裁制，中日贸易绝对的不能消灭——就是多量的减少也不很容易。而且中日贸易原不是单于日本有利。果真消灭，中国也要受很大的牺牲呢？

所以目前要出兵收复失地，不但不能成功而且还要有更大的损失；抵制日货最大的效能，是使日本减少对外贸易百分之十。真正要收复失地，非中国能战胜日本不可。如何能使中国有战胜日本的力量，是全国人民的责任，尤其是现在受高等教育的青年的责任。因为这决不是几年以内所能做得到的。如果中国有这一天，一定是现在受高等教育的青年努力奋斗的结果。

我所谓抗日，不是单指收复失地而言的。目前的问题已经不是收复我们已失去的东三省，是保全我们将失未失的热河和平津。在九一八事件发生的时候，大多数的日本人不过希望维持“南满”的权利。因为占领辽宁和吉林太容易了，于是才扩张到锦州以西，长春以北。假如日本又轻轻易易的占领了热河，日本军阀一定要向长城以南打主意。华北如果不保，中南两部又岂能偏安？如此则中国全部的灭亡不过是时间问题，要使日本军阀不能实行他们的计划，唯一的办法是使日本受最大的牺牲才能占领热河，使他们的军阀知道中华民国的土地是不容易让与人家的，是要用金钱和性命来交换的。这两件东西日本都不是不甚爱惜的。若是我们咬紧牙关抱定了不贱卖主义，他或者出不起这样大的价钱，放弃他们一部分的野心。这是我们目前唯一生路。

为保存热河华北，目前固然要积极抵抗，但是这种抵抗，决不是短时期可以了结的。纵然日本不攻热河，我们当然还要收复东三省。纵然热河又丧失了，我们还要保全华北。所以抗日的工作，不是凭一时的热心可以了事的，是要有长期的继续工作，使中国真能自卫，真能战胜日本，才可以发生真正的效能。

认清了这个目的，然后我们再问青年的责任是什么？青年应该做什么？

这个问题也只有在变态的国家才会得发生的。假如中国的国家和欧美一样，全国的青年早已接到了动员令，拿着枪，背着包，“执干戈以卫社稷”去了。那里还容你演说，捐款，贴标语，喊口号，视察前线，慰劳伤兵呢？因为这些轻松的工作，都是不能拿枪作战的人所能做的，轮不着青年的。做这种工作，决不足以尽青年的责任的。如果有大学学生要逃难逃考，纵然不被枪毙，至少也被学校革除，家族不容，社会不齿。

如此说来，我岂不是劝青年去当义勇军吗？这却又不然。义勇军的作用与抵制日货一样，是应该做的，是可以做的，是能使日本受相当损失的，但是不能制日本的死命的。已失的土地不是单靠义勇军所能收复的，将失未失的省分不是单靠义勇军所能保存的。凡有青年凭他的良心，为国家去牺牲，我对于他们万分的感谢，万分的敬仰，但是我决不劝告青年去当义勇军。第一我对于目前受高等教育的青年是否有当义勇军的资格，不免有几分的怀疑。前几天我看见报上发表了几位燕京学生从热河的来信。他们叙述从北平坐汽车到热河的经验，似乎已经觉得很是苦痛。有几位受不了震摇，已经呕吐了。如果当了义勇军，吃不饱，穿不暖，睡不足，在冰天雪地之下，做日本人飞机重炮的目标，他们是否受得了，实在也是问题。就是义勇军——或者尤其是义勇军——不能不讲纪律的。纪律最重要的原则是要能服从命令。在学校里以主人自居惯了的学生，不肯听校长教员命令的学生，是否肯听义勇军连排长的命令。也许我这种怀疑是过分的。欧战的时候，许多大学的学生，每天非洗澡换衣服不可的学生，在战壕里喂了好几年的虱子。足见得吃苦并不是一件很难的事。只要有军令的强迫或是爱国的真忱。但是目前中国的需要和欧战时完全不同。欧战的时候（尤其在不用征兵制的英国）所最需要的是“人力”（Man Power）。中国现在并不是如此。在热河和东三省能当义勇军，肯当义勇军的人至少在十万以上。目前的问题，不是缺少人，是缺少钱，缺少枪，缺少子弹，缺少服装，尤其是缺少能指挥和组织的人材。现在一个受大学教育的学生去当义勇军，纵然他能吃苦，肯服从，学会了打枪骑马，是否比一个字不识的义勇军高明，还是疑问，而他从小学到大学，十几年的工夫已经糜费了国家社会好几千的金钱。从社会国家看起来，这是极不经济的一种办法。不错，这种自动的牺牲精神，是很足以感动人心，激发士气的，所以我已经说过了。我对于他们只有感谢，只有敬仰，但是这只可听极少数的人凭自己的良心情感去做的，不必也不可劝告的。就是在欧洲大战的时候，作战的国家也未始不打这种算盘，所以凡有有专门技能的人，都设法使他们做专门的工作，不一定强迫他们到壕沟里去。

凡是不能或是不肯当义勇军的学生，当然不妨做些后方的工作。捐款也好，慰劳前线也好，救护伤兵也好。这些事我并不反对。但是我要请他们觉悟，这都是太太小姐们所能做的工作，不算什么希奇。不能发生多大的效能的。这不过在无法之中，做自己良心上的安慰，就譬如我们几个人办《独立评论》一样。决不能因此要求学校里放假，停课，或是免考，正如我们不能因为办《独立评论》，要求学校不叫我们教书。

我说后方的工作不能发生多大的效能。这句话也许要加以说明。工作最切实的莫如捐款。但是我们仔细想想，我们的困难真正是因为没有钱吗？我们每年的军费在三万万元以上，占中央收入百分之五十。这十年来日本的军费还不如我们的多。只有一九二一年他们的军事预算到过三万万五千万元。何以我们不能和他抵抗？再进一步说，人人都知道我们养兵太多，所以没有余钱来供给武器。假如明天我们能够把兵额减少了一半，省下钱来去购买或是制造新式的武器，我们就能抵抗日本吗？甲午中日开战的时候我们海军的吨数船只都在日本之上。何以海战我们弄得一败涂地？足见得单有武器，没有能运用武器的人，还是不行的。现在的军官真有运用新式武器的能力与否，实在还是疑问。因为目前的高等军事教育比任何高等教育还要落后。三十年前所通行的翻译教授制度，只有军事教育仍旧的沿用。这就是落后的铁证。在这种状况之下，私人的捐款最大的效能，只能使前线作战的兵士知道后方的国民没有忘记他们，或者可以振作他们的敌忾心，增加他们的抵抗力。但是我已经说过，这种工作，太太小姐们多能做多肯做的，实际上用不着青年，轮不到青年。至少青年不能以捐款为他们不读书的口实。

还有许多工作大可以不必做的。即如所谓军事训练。在目前的状况之下在大学里面临时添设这种功课，效果是很有限的。学生所可以学的，不过是普通的步兵操法。这种技能除了去当兵之外，没有用处。不愿或是不能当兵的人来受这种训练，不但是白费时间，而且带几分欺人的性质。愿意当兵的尽可向前敌去投效。国家养一个大学学生，一年平均要用一千元，学生私人的费用还不在内。一个兵士一年只要用一百多元，拿办大学的费用来养成当兵的人材，那是多们不经济。纵然说有少数人要以此为当义勇军的预备，要求学校帮忙，学校当局应该要求他们立下志愿书，在短期时间之内，一定去做义勇军，不去则愿意受相当的惩罚。如此才能够免去虚伪欺人的毛病，增加社会上对于学生的信用。

第二种不必做的工作就是所谓抗日的宣传。这种工作日本人天天在那里替我们做着。许多中年的人做起来比学生要有力量。况且宣传的目的无非是要引起国人的爱国心。我认为这并不是我们的缺点。中国人自古以来都是知道爱国的。要不然金元清三朝的入寇倒不会遇着那样长期的抵抗了。但是若是单有了爱国心，国家就不会得灭亡，那么，金元清也不会得成功了。许多学生以为爱国心是进过学校的人所独有的东西。要向民众去宣传。这是很大的错误。上海事变的时候，送给十九路军的丝绵背心都是不肯要钱的裁缝做的。当老妈子丫头的人，拿首饰出来捐款的，我所知道的就不止一个。前几天我在交民巷走路，看见有几个日本兵雇洋车，一排七辆放着，只有一个车夫理会他们，而开口就要四毛钱，结果日本兵只好走路。中国的不识字的民众何尝不知道爱国呢？不但民众如此，军阀又何尝不是如此。吴佩孚的不肯住租界，段祺瑞的离开天津，都是他们爱国的证据。我所见过的军人，如冯玉祥，阎锡山，蒋介石，张学良，孙传芳，李宗仁，白崇禧，黄绍雄，我相信都是爱国的。可惜他们虽然爱国，他们没有法子使爱国心发生效能！中国上上下下都是低能的国民，都不知道新式的国家应该如何组织，如何统治。其中有许多人受的教育太粗浅了，人格上没有经过相当的陶镕和修养，利欲当前的时候，免不了要受诱惑。这是我们今天不能抵抗日本的根本原因。

今天青年的责任是什么？青年应该做什么？他们应该要十二分的努力，彻底的了解近代国家的需要，养成近代国民的人格和态度，学会了最低限度的专门技能，然后可以使他们的一点爱国心，成功结晶品，发生出有效能的行为。抵抗日本，收复失地，一定要到中国能有战胜日本力量的那一天，才会得成为事实。要中国能有那一天，一定要彻底改造一个新式的中国。做这种改造新国家的预备工作，是今天受高等教育的青年唯一的责任！

这是积极的。消极的讲起来，至少青年不可做于抗日有妨碍的举动。逃难，避考，向影戏园写恐吓信，溜冰场抛炸弹，都是例子。中国的铁路都是单轨的，都是缺少车辆的。军政当局根本不知道运输应该有事先的计划。一旦运起兵来，火车立刻就要误点。逃难的人一多，火车的运输更形拥挤，铁路的秩序更没有法子可以维持。一月初旬东西车站的紊乱，都是逃难避考的学生所演出来的。这不但增加了政府许多困难，而且损失了国民许多信用。普通人民对于学生的举动向来是原谅的。到了这一次，社会上的质难渐渐的深刻。北平已经有人提议把北方大学的经费改充军饷。听说南方也有人向政府提出同样的建议。这种计划如果实行，中华民国的前途更没有希望，因为要建设新式的国家，必须要有受过新式教育的人材。大学如果停办，新人材的来源就断绝了。那不是等于自杀吗？但是要得这种提议不能实现，青年要尊重自己的人格，恢复社会的信用。要不然他们就是国家最大的罪人！

看影戏溜冰都不能认为是不正当的娱乐。溜冰尤其是维持健康最好的运动。中国的士大夫阶级，有一部分向来是反对运动，反对娱乐的。所以我们在私塾读书的时候，一步不准出书房，终年没有假期。不料到了今天，受高等教育的青年，还有这种错误的思想，以为娱乐和运动是与救国不相容的。试问要做救国工作的人，就不要维持他的心理上身体上的健康了么？终日“楚囚相对”，贴慷慨激昂的标语，喊痛哭流涕的口号，一定要弄出神经病来。抗日的工作又岂是神经衰弱的人所能担任的？日俄战争的时候，我在日本。我没有看日本政府对于娱乐场有丝毫的限制。欧战的时候也没有任何的国家禁止青年运动。我不是要奖励青年在国难期中作为无益。凡真正作为无益的人——只知道看电影溜冰的人——无论在任何社会都是废物，于国难的有无，没有关系。况且如果我们认为某种娱乐是于抗日有妨碍的，我们只可以要求政府正式禁止，或是提倡一种风气，用社会的力量来裁制，万万不可用恐吓的手段，来扰乱秩序。抛一个炸弹，并不能使电影院关门，尤其不能使看电影的人，省下钱来，捐给义勇军，徒然增加市民的恐慌，损失政府的威信。我们只要看见北平娱乐场发现炸弹的第二天，米面杂粮一齐加价，就知道这种举动是误国不浅的了。

抗日救国，不是几天的事，并且不是几年的事，是要有长期的决心和努力，才能够有成效的。在目前的中国，四十岁以上人很少有建设新中国的能力；我们的唯一的希望，是在目前受高等教育的青年。我相信逃考逃难，以贴标语喊口号自欺欺人的学生是少数的，是一时的，所以我把这两次的演说合并写了出来，献给他们。

给张学良将军一封公开的信*

汉卿先生：

最近这几次见面有许多话要想详细的对您谈谈。始终因为在座人太多了，不能容我一个人演说，不能畅所欲言。我现在索性把我要说的话写了下来，请您考虑。

我认识您到今天差不多十一年了。从民国十一年到十五年，我当北票公司的总经理，常常因为公司的事和您见面。您对于公司的帮忙和对于我个人的好意，我至今没有忘却。到了今天，不但是中华民国生死存亡的时会，而且是您个人遗臭流芳的关键。在这个时候，您很需要几个朋友忠实的对您说两句真话。我下面所说的话，我知道都是您的朋友心底里的话，但是因为种种关系他们不肯说或是不敢说。以我的观察，您不是一个拒谏饰非的人。友谊的忠告您未必即以为忤。万一我这封信能够增加您几分的决心和勇气，就是使您感觉一时的不痛快，也是值得的。

热河的战事是二月二十一日开始接触的。二十二早上八点钟日军已经由南岭开进北票。二十五日就到了朝阳。二十四开鲁失守，二十六日军占领下洼子。以后三月一日失凌南，二日失凌源，三日失赤峰平泉，四日失承德。据东京的路透电，四日上午日军已经占

---

* 本文原载《独立评论》1933 年 3 月 12 日第 41 号。

领冷口。自今以后不但我们的国境只能到长城，而且长城上的要隘都在日本人的手里。朝阳到承德一共有六百四十多里，日军七天就占领了承德。昔人说："日蹙国百里。"这真是这一次战事的结论了！

不错，把这一次战败的责任完全放在您一个人身上是不公道的。汤玉麟这几年在热河无恶不作，弄得十室九空，天怒人怨，是这一回悲剧的背影。不过汤玉麟是谁用的？他的行为是从今日才变坏了的吗？九一八以后您对他不能没有顾忌，我们可以有相当的原谅。从民国十七年到二十年，您完全主持四省的军政。那时候您岂不能早为之地？您前几天对我们说热河的老百姓并不知道东北军和汤军的区别，把东北军当汤军一样的看待。老实说，这种心理并不限于热河的人民。我敢说今天大大多数的人都是如此观察。就是知道最近事实的人至少也不能不承认汤玉麟是张家的人，张某人应该负相当的责任。

这一次作战计划最大的错误是把朝阳建平，和开鲁赤峰这两路交给汤军。董福亭没有打伤一个日本兵就放弃了朝阳，崔兴武没有抵抗到一天就退出了开鲁。从纯粹军事上看起来，开鲁是不容易守的，朝阳是不容易接济的。但是一点没有牺牲就把这两个地方丧失了，对于我们的人心士气都发生了很大的影响。何况建平赤峰又丝毫没有准备。日军到了开鲁，孙殿英的队伍还没有完全达到围场！因此在凌源的主力军队左翼受了威胁，军心因之慌乱。您是总司令。去年十二月初已经向热河进兵。这三个月中难道不可以从容布置？如果早把孙殿英放在赤峰，宋哲元放在建平，战争的结果何至于如此的不堪？不错，这种计划汤玉麟未必同意的。但是他一共不过二万杆枪，而且分散在各处。您如果有决心，他就是阻挠，也不会发生效力的。

就是您自己亲信的军队在凌南凌源作战的，也没有给国家争得丝毫的人格。我们知道因为朝阳开鲁失守，建平赤峰空虚，凌源的左翼受敌人的威胁原是事实。但是日军的占领凌南和凌源都是从正面攻击的。我们没有等到左翼发生危险，先就崩溃了。凌南凌源，两处的军队一共在六旅以上，何以日军用三旅人不到几天就轻易的攻下？我们原不肯相信日本人的宣传说，攻凌源的时候他们只损失了九个兵士，或是说凌源的战壕里面不但抛弃了无数的辎重粮秣，而且还掉下了许多现款。但是川原的队伍一日才用汽车由朝阳出发当日就到叶柏寿，二日就占了凌源，三日就占了平泉。白石咀，纱帽山都是天险。何以绥中的日军二十七出发，当天就占了白石咀，廿八就占了纱帽山，一日就占了凌南？凌南、凌源的地势比吴淞江湾如何？闸北仓卒作战比这次有三个月的预备何如？何以十九路军能支持一个月，您的军队抵抗不到半天呢？

不错，您有您的许多困难。您所直辖的军队三十几万，有一半是杂牌，因此号令不能统一，指挥不能如意。加之兵多饷少，部下不免都有怨言。但是去年夏天以前您是国军的副司令，现在是军分会的代理委员长。这一年以来稍有知识的人都知道热河免不了要有战事。整顿淘汰军队是您惟一的责任。日本的经常陆军预算每年不到二万万元。您的军费每月是四百多万元。为甚么我们每年花五千万元钱，得到了今天丧师辱国的结果？

您知道国民的愤激痛恨到如何程度吗？中国的人民不是不爱国的。东北热河后援会几日内已经收到二十五万捐款。其中的八百多元是一个山东的农民倾家破产寄来的。自今以后要想捐一个钱都做不到了。我有一个朋友从上海来的，他并不是有钱的人，这一次在上海筹了一千二百元，预备捐给我们的。昨天他遇见了我，气得要死，说："我的钱是捐给他们打仗的。他们既然望风而逃，我不再捐钱了。"今天我雇一辆洋车到西城。洋车夫对我说："这两天抓车，昨天不敢出门，一家子挨饿。今天受不了了，只好出来。先生！不要说公家一天还给八毛钱。就是不给钱，只要有得吃，我也愿意帮着打日本人。现在兵不肯打仗，只知道叫我们吃苦！”《大公报》是最负责任的。主笔都是您的熟人。今天社论的题目是《当局误国至何地步?》。

到了今天，为您个人计，自己立刻跑到前线去，把畏缩不前的将领枪毙几个，趁日本兵还没有完全集中，亲自带着比较精锐的军队，不顾死活，不计成败，一直向承德冲过去，使天下人都知道您是真爱国的，不怕死的——凡是真正为国效死的人，以前的事都可以不提。这是上策。立刻引咎辞职，束身待罪，这是中策。若是还要保全所谓实力，所谓地盘，坐等着您的政敌纷纷起来攻击您，惹起极大的内争，摇动全国的政局，使中央帮您忙的朋友一个个受累，这是最下的下策！

我知道您也是爱国的，是有血性的。不过是因为环境的关系，爱国心和血性都发作不出来。所以公开写封信，希望所有您的朋友看见它都一致的主张，完成您的晚节。文天祥说的好：“人生千〔自〕古谁无死？留取丹心照汗青！”我希望您猛省！

二十二，三，五

关于国防的根本问题*

九一八以后——尤其是一二八以后——人人都知道注意国防问题。因为一方面靠天吃饭的迷梦被日本的炮火惊醒了，知道强敌侵略是随时能发生的事实；一方面眼看见淞沪、喜峰、古北几处将士的勇敢与牺牲，觉得人心没有死，军人不是全不爱国的；于是乎不知不觉的希望在短期之内我们可以想法子取得自卫的能力，免除“坐以待毙”的耻辱与危险。

这种希望不能不说是“生于忧患”的一种觉悟。但是一班人——许多负责的军人在内——都以为我们的军事失败完全是由于器械的不精良；只要有新式的武器，我们就可以不怕侵略了。这是一种很幼稚的误会。实际上讲起来，国防问题不是如此的单简的。因为近代的战争，久已从少数军队的对抗，一变而为全国民的生产质量，知识程度，组织能力与牺牲决心的比赛。认清了这个前提，我们就知道国防问题是全国民近代化的问题，是整个的，是没有捷径的。

我们近代化的程度远不及印度与土耳其。例如印度全国人民的收入平均为每人每年八镑（约合华币一百二十元），我们则不足三十元；印度每年产铁将近一百万吨，我们则不足十分之一。而地理上、历史上的困难又非任何其他国家之可能比拟。从绥远到新疆的省城，

---

* 原载《国闻周报》1934 年 9 月 3 日第 11 卷第 35 期。

骆驼要走三个月，汽车也得走二十天，而从苏俄的铁路边走到迪化只要一星期！从南京到昆明至少要走四十天，而从安南边境走却只有两天的火车！人人都知道我们的海军是丝毫没有防御的能力的。几千里的海岸线，没有一个新式的炮台。敌人随时随地都可以登陆。凡是沿海的大都会——全国精华所在的地方——没有一个不是敌人的俎上之肉。中央的收入一半以上是靠国税的。一有战事，对外贸易立刻完全消灭，关税当然是分文无着。就是盐税、统税大部分也都要同归于尽。大家应该记得一二八的事变发生，中央政府的收入立刻从五千多万一月减为二百多万。这还是没有正式宣战的呢。假如中日正式开战，日本决心占领上海的租界，凡有全国可以利用的现金立刻都要到敌人的手中。不但如此，我们受了残酷条约的束缚，把一条扬子江变为国际共管的水道；外国的兵船平时可以一直驶到离海口三千六百里的重庆。一旦有事，江南江北的交通完全断绝。一二八的事变，江北的兵不能到江南，上游的兵不能顺江到上海，大家还应该记得的。其他如大沽口不能设炮台，北宁路得驻有外兵，所以日本人一面在长城作战，一面可以命令我们的铁路替他运兵，都是这种条约的恶结果。国力不充实，这种条约不能取消；这种条约不取消，国力又何法可以充实？

凡此种种原是人人皆知的悲惨的事实。惟其可悲可惨，所以许多人不愿意提起。他们讲起国防来，好像这些事实都是不存在一样的。我现在特别提出来的目的，不是主张我们应该束手待毙，是要大家觉悟国防的问题不是在短期中可以根本解决的。无论我们如何努力，因为地理上、历史上的束缚，二三十年以内，是无法可以真正阻止敌人侵入的。我们最合理的希望是专注意于一二种新式的武器，如飞机潜水艇之类，使得敌人来攻击我们的时候，至少须出相当的代价，或者竟至得不偿失。三十年内能做到这一步，就算是我们最大的成功。

一面我们要觉悟我们的最大的希望不过如此，一面我们要了解这种希望的实现全要靠国民生产质量的增加。所以凡百建设，与其以国防为前提，不如以经济为目的。前者虽是直接的，效果是很有限的；后者虽是间接的，影响是很可靠的。我现在可以举几个具体的例，来说明我的用意。为直接国防计，正太铁路应该永远用狭轨的，因为假如日本占领了华北平原，狭轨铁路可以使得日本人不能用平汉的车子运兵到娘子关去。但是这种障碍的所得，远抵不上平时的损失，因为要发展山西的富源，并且利用它来做国防的工具，正太铁路应该及早改为宽轨的。要讲国防，不能不振兴钢铁事业。现在最经济的办法是利用山东南部的煤，安徽南部的铁，在扬子江下游设煤厂。单从国防上着想，这种煤厂很容易为敌人破坏，不如设在交通偏僻的河南或是江西。但是煤厂的出品要有销路的，要受世界市价的支配的，因为目前兵工直接所需要的钢铁一年不过三千六百吨，不到一个小钢铁厂的出品百分之四，其余都得向普通市场找销路的。如果成本重了，根本不能存在，于国防有何益处。所以宁可冒战时被轰炸的危险，不能放弃经济的原则。正如明知道南京不是安全的首都，而在平时势不能把国都移到潼关以西，是一样的道理。要讲国防，不能不改良交通。单为国防计，应该赶紧把陇海或是平绥铁路延长到迪化。但是不但路很远，而且造成功以后，每年一定要赔几千万的养路费。远不如先修川汉路，来开发四川，来利用它的富源，做国防上的准备。

除去了培养国民的生产能力，最重要的问题莫过于军事教育的改良。近几年来许多人颇注意于一般的教育，而对于军事人材养成的机关，几乎从来没有人讨论。平心而论，军事学校的纪律和秩序远在一般学校之上，这是不可以否认的。然而要论学生对于基本科学和基本科学的工具——外国语——的程度，则没有问题，军事学校比一般的学校相差很远。这种事实很容易证明的。第一是翻译制度的存在。三十年以前一般的学校普通科学都是请日本人教，用懂日本话的人来翻译。因为成绩太劣，这种制度在一般的学校早已经淘汰掉了。现在如北大，清华，中大都有外国教员，但是学生都能直接听讲。军事教育所用的外国教员比一般的学校还要多，然而教员授课全靠翻译。我曾经问过许多军官学校和陆军大学的学生，他们没有一个不痛骂翻译制度的。这就是军事教育落后的铁证。第二国内的大学毕业生不少直接到外国大学去继续研究，得有很好的成绩。而军事方面只听得有“游历”、“考察”的人，而没有听见说有在外国军事学校真正研究的人。改良的办法，第一是要提高大学生外国语的成绩，废除翻译，直接听外国教官授课。第二是要把所有基本科学的课程，改用非军人的教员教授。如此方能希望有科学化的军官，有科学化的国防。要是不然，则纵能有极精良极多量的武器，运用的人程度不够，依旧是要一败涂地的。四十年前我们有八万吨的海军，日本只有四万，就是前车之鉴。

国民生产现代化，军事教育现代化，然后可以讲国防。否则国防是经济发展的障碍，是军人专政的口实。

晏阳初

晏阳初（1890—1990），享誉世界的平民教育家、乡村建设运动的倡导者。早年毕业于耶鲁大学与普林斯顿大学，第一次世界大战期间，前往法国，为华工开展识字教育。1920年回国后，仍旧献身平民教育，任中华平民教育促进总会总干事，进行大规模的识字教育运动。他深入农村，在河北定县、湖南衡阳、四川璧山等地进行乡村建设实验，成立中国乡村建设学院。1950年后，开展国际乡村改造实验，获得国际社会的广泛赞扬，被誉为“国际平民教育之父”，曾与爱因斯坦、杜威等人同时获得“现代世界最具革命性贡献伟人”称号，1987年，美国总统里根为晏阳初颁发“终止饥饿终身成就奖”。

晏阳初是实干家。他认为救国之路在于救治国人的“四大病”，即贫、愚、弱、私，主张在先教农民识字的基础上，再实施生计、文艺、卫生和公民“四大教育”，培养知识力、生产力、强健力和团结力，以造就“新民”，并主张在农村实现政治、教育、经济、自卫、卫生和礼俗“六大整体建设”，从而达到强国救国之目的。在实践和工作方法上，他注重深入农村、社会调查、研究实验、训练人才、表证推广。为此，他身先士卒，举家迁往农村，探索农村建设、民族自强自救的道路。1926 年至 1936 年，他在河北定县进行了长达 11 年的乡村平民教育实验，在艰苦的条件下锲而不舍地奋斗。

随着日本帝国主义侵华行动日渐扩大，空前国难来临，平教运动不仅没有停滞，反而加速推行，平教运动十年计划改为六年。定县沦陷后，定县实验区工作被迫停止，晏阳初在四川、湖南等地坚持平教运动和乡村改造工作，宣传发动农民进行抗战。抗战期间，晏阳初还曾派平教会干部堵述初赴延安考察，会见毛泽东。毛泽东对晏阳初及其同仁“以宗教家的精神努力平教运动，深致敬佩”，表示“共产党愿作你们的朋友!”。

本书收入的《困难中的新都实验》反映了晏阳初在抗战中仍旧坚持平教运动的情况，《发动农民投入抗战》、《关于我们为何发起农民抗战教育的广播稿》、《保卫国家必须教育民众》三篇文章主要阐明通过平教运动教育农民，在抗战中发动农民的主张。《对长沙办事处同仁之讲话——关于抗战形势的报告》、《平教事业在抗战救国中的芹献》两篇文章主要分析了抗战的形势以及平教事业的贡献。

困难中的新都实验*

在国难严重到了极度的今日，无论朝野上下哪一个人，必须站在国难的立场来思想，来行动。讲一句话，都应针对着国难而言；做一件事，都应瞄准着国难而进攻。撇开了国难的工作，不是工作；忘却了国难的国民，不是国民。

现在我们必须全国一致来负荷，来促成国防建设的伟大工程。但是国防建设的大题目之下，应做的事太多了，应准备的条项太繁赜了，一件一件慢慢地去做，不但为时间所不容，金钱所不许，而且枝枝节节，也必致焦头烂额，徒劳无功。值此一发千钧之际，自非抓住最迫切最基本而又最核心的关头，才能一针见血，起死回生。

国防的工作，人人都张大着眼，注意到军事武器，买飞机，造枪炮。这些，固然都很重要。然而现代20世纪的战争，需要整个民族的总动员，需要亢奋的民气和充实的民力，尤其是中国，军事科学不如人，武器财力不如人，更非赖4万万民众能个个胜任为勇壮强韧百折不挠的斗士，不能和兵精粮足的敌人作持久的奋斗。所以现在谈国防建设，除掉人人所注意的军事准备而外，更须立刻推动国防上最基本最扼要的工作，那便是表面看不出的、无形的武备——民众力量的造成。

---

* 原载《新都实验县县政周刊》1937年5月第1～21期合订本。

和民发生直接关系，而为培养民力、运动民力的机构者，舍县政莫属。县政是全国政治的下层基础，中央政府为笼罩全国的中枢，但政治基础不在那里，省政府为统筹全省的机轴，但政治基础也不在那里。发号施令的大本营，固然在高层，而实实在在执行政令，推动民众的枢机，却在基本的县政。若果县政腐败窳弱，中央的大计，尽管法良意美，省府的严令，尽管三令五申，都一齐到了县府而活活地埋葬，白白地磨灭！所以没有健全的县政，便不容易有健全的省政，没有健全的省政，也就很难显出健全的国政了。

自古称县长为亲民之官，为民父母，在一不健全的父母卵翼下，休想产出健全的子女，在腐朽紊乱的家庭内，休想培养成强壮聪颖的儿童。如果政治基本机构——县——朽腐无能，如果运用这机构的人，颟顸无用，那使整个的民众力量，都给他毁掉，一切的建设工作，都无从做起；人民将不知什么是国防，什么是国难，甚至不知什么是国家。这样想，达到国力的充实，达到民族的复兴，那真等于缘木求鱼，而且危亡立待！所以民力充实为国防的重心，而亲民的县政又实为培养及运用民力的重心。

因此，中国目前最紧急的第一步工作，端在确立健全的县政，革新其机构，整饬其官吏，并推进各种建设，使其毋忝为民力培养及运用的完善枢机，庶国防的根本工程予以完固。实验县的设置，便适应这个迫切的需求。实验县岂是若干学者拿来做实验的消遣品？亦岂是执政当局拿来撑门面的粉饰物！它具有极深刻极严重的意义，负着极严肃极神圣的使命！它是要开拓和带领着所有基本政治机构，都走上吏治澄清，机轴灵活，建设事业猛力推进的大路；它是替国防工程，奠定最根本最坚实的下层基础；它是要养成民众力量，以捍卫祖国，抗御强敌，重建一族新的中国与环球！

四川——已被全国人士、中央及地方当局，公认为吾国民族复兴的最后根据地。“最后”的后面，更不容再有“最后”，这是我中华民族生死存亡最后一口呼吸的所在，更非拼命确立国防中心工作不可。在这个命根的地方，而尚建设不起国防中心工作，中国民族的命运，复何忍言！复何堪问！

川省当局有鉴于此，刻意想把国防基本工作推动于全省，故先设置实验县于新都，期望从这里着手，革新县政机构，促进地方建设，而后渐渐推及于其他各县，使全川150余县，成为健全而强有力的基本政治机构的联合核心，可以推动及陶成7 000万民众个个为国防阵线上最遒劲的战斗员。新都实验县设立的使命在此。负起使命的一班专门县政学者，舍许多权位荣名于不顾，完全为了国难的深重，痛民族之垂危，遂下绝大决心，甘愿献身于下层的政治工作，冀望将研究实验中的基本建设方案，克日完成，以贡献于宗邦，推行于全国。天职所在，矢志不渝！

现在新都实验工作，发轫伊始，这是民族复兴最后根据地，也即是最后国防线建筑上的头一块奠基石。作始也简，将毕也钜。任重道远，如临深渊。当局及邦人君子，扶掖而督其成功，吾川幸甚！吾国幸甚！

发动农民投入抗战*

（一）

伟大的时代已经来到，中国民族正在开始写她真正历史的第一页！

几千年来中国人所怀抱的观念是“天下”，是“家族”，近代西方的民族意识和国家观念，始终没有打入我们老百姓的骨髓中。直到现在，敌人攻进来的巨炮和重弹，才轰醒了我们的民族意识，南北数千里延烧的战线，才激动了我们全面抗御、同仇敌忾的精神。我们从亡国灭种的危机中开始觉悟了中国民族的整全性和不可分性，生则俱生，死则俱死，存则俱存，亡则俱亡。这是民族自觉史的开端，是真正的新中国国家的序幕。

正像新婴孩从母体分割下来的时候一样，很痛苦，但也很光荣地写出中国民族史的第一章，便是“全民抗战”。这确是一个空前的新纪元。中国历史上诚有过许多战争，但从“质”而言，都是些争皇朝正统的战争，从“量”而言，都只是局部人的战争或此部分与彼部分人的相互战争。然而这一回的战争根本上和过去战争无一相

---

* 中华平民教育促进会档案（二三六）148。原件无标题，题目为《中国近代思想家文库・晏阳初卷》编者宋思荣所拟。

同。这回是整个的中国民族为争民族生存而一致对敌的全民战争，它包含着民族自觉的深刻意义，蕴蓄着国家整全不可分性的庄严气魄，而且呐喊着“要死大家死，要活大家活”的齐一挺进的军歌！

（二）

“全民战争”，好！然而我们慢将“应该”替代了“实在”。平心静气地谛审一下，目下抗战活动是否已普遍化、深刻化？应该是“全民”，而实际上是否已“全”？应该是僻野穷乡无一处不国防化，而实际上是否已如此“深”入？中国民族的“民”是些什么人？在何处？不问而知地4万万国民的绝大多数，是生存在农村里的3万万以上的农民。现在前方喋血冲锋，披轰沐炸，而后方3万万农民是否也能每个人像前方将士一样，具着敢死的精神，强化他们的工作，不分昼夜地加紧生产，粉骨碎身地护卫国家？如果还没有做到这个地步，便不能称作“全民抗战”。

无疑地，这回中国要达到最后的胜利，必须在面积上能扩延，在时间上能持久；而持久战与全面战，与其赖前方武力，毋宁更赖后方的充实与坚强。中国不怕败，只怕崩。纵使前方打败，只要后方雄厚巩固，便能源源不断地与敌人周旋，终究叫他疲于奔命。设若不幸地后方整个崩溃，纵前方有百万雄兵，其气既断，于事何济！况且中国武力本不如人，军器尤不如人，非赖整个的民族，个个都是敢死的斗士，用血肉，用精神，和敌人作坚忍持久长期顽强的殊死战，不能企望博得最后的胜利。而全民族中最具坚韧性最充满着潜伏力足以负起长期抗战的伟大使命者，厥惟3万万的农民。故无论以量言，或以质言，农民在全面抗战上的地位，实属一绝对的重心。不把农民全体武装起来，整个后方崩溃，便是中国民族沦亡而永不可复兴！所以，这次战争的胜败，实系于农民抗战之是否成功，而中国民族生死存亡的险机，亦实取决于农民抗战的有无办法。

（三）

说起来也很痛心，中国 3 万万的农民，虽然具着莫大的潜伏力与无限的可能性，但几千年来从没有被启发、培养、组织和运用，岂不可伤！货弃于地，皆知可惜，“人”弃于乡，未闻谁叹！这无限宝藏的广大农村社会，不但任其荒芜阻滞，衰败消沉，而且有时还要加以压迫榨取，蹂躏摧残。数千来年吏治之“无治”，与社会制度之不良，安可为讳？应该有伟大光明前途的老百姓，却白白地被沉压了几千年，漫漫长夜，这实在使所谓柄国钧者和一班养尊处优的士大夫们应当深自忏悔，在老祖宗的灵前痛哭认罪，发愤自新。加以海通而后，国耻重重，割地剜心犹不醒悟，九一八以来，失地几千万里，任听老百姓几千万几百万沦为异族的奴隶，直到今日！

深入民间躬预农夫苦楚的人们，几次举过呼吁的哀声。九一八的时候，热河失陷的时候，都曾动言于当局，请求加紧农民训练的事工。大难不真临头，不知有难，烈火不烧到眉，不知有火。麻惫泄沓的根性，言之余痛难禁！然而，逝者已矣。现在，真正到了“最后的”最后关头，最后的后面，更无最后！整个民族的存亡，已在我们大家的肩上，匹夫有责，义不容辞。无论哪一个缝破裤的老妪，无论哪一个深山穷野的村氓，都应在整个民族争生存的神圣目标下，一齐起来抢救！

中央现在已颁布了总动员计划，下最大的决心，凡是民众，自应一德一心，协力助成大计。后方全民动员的重力，无疑地在于农民动员，然而怎样叫他们动起来，叫他们怎样在最短期内可以完成最大的工作，是一个最迫切但亦需要熟虑的问题。中华平民教育促进会为改造民族，使中国现代化，10余年来埋头于农村建设与县政之改革实验，得到一些农村工作的经验，不敢妄自菲薄，载胥及溺，敢辞披发缨冠。我们准备着帮同一班农村工作的同志同道，深入而且遍入民间，提高农民的民族意识，加强他们的精神物质力量，使整个的农村国防化，以为前方挺进的后盾，以完成全民战争的阵线，以争得最后胜利的正义和光荣！

我们要唤起一班热心爱国的青年学子，他们现在也许已经无书可读，无工可做，无业可就。然而热情充溢的青年，谁不愿献身为国？恨请缨之无路，徒切齿而自伤！殊不知广大的农民社会，正是我们马革裹尸的大好沙场！全面抗战中基本队伍的农民，正亟待我们为之组织，为之强化。这3万万的后方斗士，不但是今日全民战争中的生力军，也将是明日新中国社会上政治上的新主角。我们帮助他们抗战工作，不妨说比参加前方作战更有深长的意义和远大的价值。自然，我们更愿促起那帮农村工作的同志——他们的原来服务场所，也许已成为战区，失掉了工作的根据地而彷徨无措。我们都是深知农村疾苦躬亲工作甘苦的人，在这个同一覆巢之下，自将誓共患难，同为我们的爱友——农民，更尽服务的天职，贯彻素衷，以为新中国奠一健全的基础。

伟大的时代已经来到！号角吹响了，有志之士，盍兴乎来！

关于我们为何发起农民抗战教育的广播稿*

一、全面与全民

两千多年以前，我们的先哲说过一句很警辟很肯定的话：“以不教民战，是谓弃之!”可是几千年来，中国历史上何尝有过“教民战”的政治?中国的人民何尝受过“战”的教育?中国人——尤其是农民——始终一贯的宿命论：“靠天吃饭”，把生存、自由、独立的人权，完全推给老天爷，任听其支配，从无自动争得的要求。西洋人的独立、自由是从拼命争斗而得来的。例如法国的人民，美国的人民，不知流了多少血，经了多少次的战争，而后换得民族的自由和国家的独立。中国人从来不知，也从来不被教知：自由须流鲜血去买，独立和解放，须从战争的血路打出来。他们是一向被“弃”了的人民!

火盖终于揭开了，惊天动地的战歌，喊彻了神州的每一个角落!我们这一次战争，实在是我国开史以来所未有。这是整个民族求生存，谋解放，争自由独立的一个神圣战争!这战争应该能把几千年的宿命论粉碎，叫整个民族抬头，叫每一个黄帝子孙，无论男女老幼，都能意识着流血是自由的代价，斗争是独立解放的长城，而都

* 中华平民教育促进会档案（二三六）148。此件是在长沙广播电台的讲话稿。

能充任实行捍卫祖国的英勇战士!

敌人已在东南西北各区域里对我们开战，我们非亦在东南西北各区域里的民众都能抗战不可。敌机不但轰炸前方的军队，而且飞越到辽远的后方来炸平民，轰家屋。他们随地都可以对我们作战，我们就也应随地有民众去应战。现在既已展开了巨大的全面战争，国内都认识到这种全面抗战不是某一方面可以独揽，某一部分可以包办，要取得最后的胜利，非集合全民的力量，大家来共同担负整个民族争生存的伟业不可。真能把全国民众动员起来，激发全民抗战的意识，培养全民抗战的能力，敌人——充其量全国不过 6 000 万人，能征发的军队不过 300 万人——倒是对我们愈全面，愈于我们有利，愈把战线延长，愈自速其覆灭。所以问题的焦点，完全归结到我们的“全民”两字。

二、“全民”的分析

全民抗战对于这一次全面战争的关系，既是这样重要而急迫，然而现在我们试把所谓全民的目前事实来分析一下，实在叫人痛心!前方作战将士的英勇壮烈，举世皆为钦崇，但是我方作战的机密，或陆军，或空军，都常被汉奸卖给敌方。我们的军器已不如人，全凭血肉和精神来搏战，而还要遭蒙汉奸泄漏军机的大害，以致节节失利，这是何等可痛愤的事!为何在罗店敌人竟能登陆?汉奸!为何在太湖敌人竟能偷入?汉奸!为何在许多险要的地域敌人的轻兵竟能袭取?在许多军事地点、工业中心敌人的炸弹竟能命中?都是汉奸!汉奸何尝不原是我们自己的民众，应该是帮助自己军队来作战，但因为无教育，无训练，无组织，便反送给敌人去利用!我们自己没有组织自己的民众，训练自己的民众，而敌人却有计划地有规模地来训练我们的民众，组织我们的民众，使成为大批的汉奸群，供其驱使，而甘为走狗！这种大规模的汉奸运动，不但可以摧毁我们的军事，实足以破灭整个的我国民族！本来我们的“人力”，所谓“man power”——我们的武力不如人，大家知道，我们的军器不如人，大家知道——举世皆知为甲于天下而为任何民族所望尘莫及的，乃竟始终没有去教育他们，组织他们，运用他们，现在倒过来反供给敌人去利用，去恶用，用来自己害自己，自己灭自己，天下羞愤之事，伤痛之事，孰有更甚于此乎！

然而更有可痛心者：我们的民众，无论男女老幼，在前线或在后方，固有常被运动变作汉奸的事实，而在已被敌人占领的地方，我们的壮丁，更被驱为敌军的急先锋和敢死队。现在火线上来打我们的，不是敌兵，而是我国自己的壮丁，民众。我们去搏了命而打死的，不是仇寇，而是我们自己的骨肉同胞！眼看这种残惨的悲剧，能不魂丧心寒！然而，比那被诱的汉奸被胁的先锋队敢死队更进一步可哀的现象是作日寇的“顺民”！只因我们的民众，平时没有受教育——不但“战”的教育，连最起码的国民教育、识字教育都没有机会受到。而给日本人饵他们一点极小的小惠，便“抚我则后”地作了他最驯服的顺民。做了亡国奴而感觉到自己是亡国奴的时候，还可望其为义勇军，为游击队，长期不断地和敌人扭打；最可怕最可胆寒的是作敌人的顺民。本来是无知无识，不辨什么是中国，什么是日本，不曾有些微国家观念的一群民众，一受到敌人的小小好处，岂有不服服帖帖地垂耳低头，永远麻醉下去，代代为其驯畜！言念及此，真叫人冷汗浃背，骨髓寒战！

三、民众不是不可教而是无教

虽然如此，我们决不应该为了目前所产生的汉奸、走狗、顺民等许多事实而灰心失望，我们的民众是大有希望而亦大有能力的。只因我们不注意他们，不去教育和发展他们，才弄到有这类怪象发生。试一环顾淞沪应战的万千战士，那种浴血吞弹的神勇，那种杀身成仁的英烈，不但声撼山岳，义泣鬼神，不但引起全国人的敬拜，也实激动了敌人赞叹与敬佩之忱，不但开辟中国战史上的新纪元，也实为欧美有战争以来所罕见。国际视听之转移，九国公约会议之奔集，未始不由于这千万神勇战士之精神感召。这些忠仁壮烈的战士，本来还不就是我们的民众？闸北孤军的八百是中国人！南口的罗团、宝山的姚营，也都是中国人，并不有半个外国人；而同时成群的汉奸，也都是道地的中国人。同为中国人，而为何一则粉身碎骨以卫国，一则徇私贪利以卖国？这分别在哪里？无他，战士们是受了训练，受了教育，展开了民族意识，愿赴汤蹈火而为民族争生存，汉奸们却因没有受训练，没有受教育的缘故，所以我们不要因有汉奸而怀疑我国民众素质的不良，况且汉奸毕竟居最少数，民众仍居绝对大多数。无论从量言，或从质言，我们的民众都是大有可为，淞沪之战便展示着铁般的明证。一加以训练，一加以组织，立可化亿万民众为卫国的健儿，立可发挥每一个人所潜伏着的伟大神力。所以民众不是不可教而是无教。只要给他们一点受教育的机会，便涌现出无限力量来，这实在是我们十余年来从事民众教育或农村建设工作同仁所最亲切感受的实际经验。

所可惜者，这一二十年来，政府及社会多只着眼于上层的大计划、大方针，而根本不注重下层的基本工作。所用于民众教育和民众训练的经费，不过占全国预算的极小极小部分。国费如遇节减的时候，首先殃及的便是民教经费，甚至全被取消。整个的社会态度，对民众不是漠视，便是蔑视，大家把民众教育看做不急之务，可有可无。堂皇的教育巨子之辈，目中亦不见有民众教育，偶睨及之，自亦不屑去干。有许多地方或民教机关，虽在举办民训工作，但亦只做到口头上、纸面上、墙角上的民训而已，何尝切切实实地打到民众的心坎，何尝真能把民众们训练和组织起来！直到现在，大祸临头，失掉了上千上万里的土地，死掉了成千成万的壮士，大家才稍稍感觉着培养民力，组织民力，运用民力的重要性与迫切性。太原的沦陷，上海的退却，大家才认识前方是有限而后方是无穷，非赖后方不断地去补充人力与物力，前方终竟会倒坍下来，乃始惶惶然求有事于民众。真所谓大难不临到头，不知有难；火不烧至眉睫，不知有火！直到今天才开始谈训练民众、组织民众，实太不成话了！

不过觉悟总比不觉悟的好。只要从今天起，大家真正觉悟过来，从已往的种种错误中，取得教训，痛自忏悔地、大彻大悟地、有决心有魄力地来大干民众教育、民众训练组织的工夫，犹不失为亡羊补牢的最后一举。我常说：中国这回战争，不怕败，只怕崩。尽管敌人武器优越，军力强横，我们只要做到全民动员起来，结成最巩固的持久的无限雄浑、无限绵远的长城，无穷无尽地去补充前方的兵员，接济前方的粮饷，使前方永远可以作战，则纵有一地一时的失利，但最后的胜算，一定仍操在我们手中。这是一个比火犹明的真理。

四、农民在全民中的地位

一谈到“全民”两字，就不能不想到农民。10 个中国人里面，至少农民占有 8 个。4 万万同胞内，3 万万以上都是农民。所以不言全民抗战则已，一言全民抗战，实在即等于“农民抗战”。如欲争取抗战的胜利，而不将 80%以上的农民训练组织起来，教他们战，则更凭什么来保障抗战的成功？中国农民不但在“量”上占全国民众的最大多数，而且在“质”上，更是一国的基本队伍，具着无限可能性的潜伏力。他们是中国真正的惟一的生产分子。衣、食、住、行，都由他们而得，吃靠他们耕作，穿着靠他们纺织，房子靠他们造，公路靠他们修。平时既靠他们养命，战时更靠他们救命。前方作战的将士不也是农民吗？后方源源补充上去的，不也都是农民吗？所以整个民族生活，都依存于这班劳苦的农民大众。而且中国历史上的伟人，亦多半来自田舍。就从最近的历史看：我们的民族英雄孙中山先生，便是一个农夫的儿子！所以无论从任何方面而论，农民是全国民众的最大重心，是民族的维系者与整个国家的依存者。农民能动起来，整个国家便蓬勃起来，农民能一齐抗战，整个民族便可解放而得独立自由！

现在我们发起农民抗战教育运动，一方面是因为我们同仁10多年来朝于斯、夕于斯做建设农村教育的工作，深刻地认识，亦坚决地信仰：今后中国民族的复兴，非开发这广大的农民潜伏力不可；他方面又因到了今天，大家虽已认知全民抗战的重要性，但对于全民80%以上的农民，更有特别提出来的必要。须知动员民众，训练民众，决不当仅仅在都市里呐喊，非实实在在地深入农村，遍入农村不可。而这个工作，我们认为在国家危急存亡的今日，有责无旁贷的内心要求。所以我们在承平的时候，志在启发农民的智能，培养农民的力量，以建设农村，建设国家。今天到了非常的时候，便针对着民族生存，国防大计去提高农民的民族意识，加强他们的生产和精神力量，助成政府全民动员计划，以达到最后胜利。国家今天需要每一个国民参加抗战，有力量者应该出力，有钱者应该出钱，有知识者应该出知识，有经验者应该出经验。我们从事农村工作的人，够不上谈出力，更够不上谈出钱。但自信10多年来在农民教育的内容上、方法上，和整个农村社会的组织上、改造上，不无一得之愚。现在正是应该出我们的知识，出我们经验的时候，所以不量绵力，不揣浅薄，受责任心的驱使，倾其所有来从事于这个农民抗战教育运动。

五、怎样才能做到农民抗战

但是要教农民抗战谈何容易！训练与组织农民，无疑地应该火速去做，然而要怎么做？便是极大困难的问题。训练——训练什么？怎样训练？谁去训练？近年中国有两个很普遍的现象：一就是整个地麻木不动，一就是忽地惊悟、饥不择食地不研究其应如何动，而立刻乱动盲动。不动的害处固深，乱动的害处尤烈！从鸦片之战以至甲午，从甲午以至九一八、一·二八，这八九十年来，变法啦，立宪啦，新文化运动啦，开公路啦，办保甲啦……无时不在动，以至于组织和训练民众，也急急地在动，然而不研究内容，不研究方法，张皇地匆促地动了起来，不但弄得农民鸡犬不宁，更有许多借了训练农民的美名，实行剥削农民、敲诈农民的勾当！

我们要有热烈的感情，同时要有冷静的头脑。民众应该立刻组织训练，自不待言，但尤应先把这个问题来分析一下：它的困难在什么地方？它们成功条件应该是什么？消极地说：哪些是农民教育的障碍，非全力祛除不可；积极地说：哪些是农民教育的基本条件，非尽量调查造成不可。兹请先从第一类说起。

在平时，农民所担负的田赋，已超出他们能力以上。我们靠他们穿吃住，还要征召他们捐米带粮地来修公路。一旦政府举办什么新事业，钱，立刻就在他们身上要！什么捐，什么税，名目如毛，种类百十！正赋而外，而有附加，附加重重，超过正税数倍。有的像四川等省，田赋甚至预征到民国七十年。战事发生，救国公债的摊派，又压在老百姓的头上。地方上还有土豪劣绅，从中渔利、盘剥、榨取、欺骗、压迫，叫你冤无所伸，苦无可诉。一般人以为

“土劣”一词，多半由办党办宣传的人所捏造，其实从我们多年办村工作的经验，在乡间目击身亲，豪绅那种气焰和权势，真比纸面上所说的还更厉害百倍！除了苛税诛求、土豪剥削而外，兼以水旱蝗疫的天灾，贪官污吏的人祸。在重重灾祸压迫之下，平时既要他们出钱，战时还要他们出钱，而且出钱不已，还要出力；征工不已，还要征兵。一点仅有的血汗钱，既捧将出去，半条苦瘁的苦性命又送将上来！试想，在这种情况之下的农民，怎能感觉到国家之可爱！在这种高沸度煎熬的险迫情势下，不“民变”已算侥幸极了，还讲什么“民训”！政府将为其仇雠，国家将为其地狱，更如何唤起他们爱国的情怀与民族意识，更如何劝导他们去为国家拼命啊！

今后倘不先将上述种种障碍全部铲除，洗心革面地来向农民痛自忏悔，根本无谈训练农民、组织农民的可能，农民教育的障碍物排除而后，才可进求如何着手这组训农民的大业。而要这大业的成功，又必具备下列诸条件：

第一，要朝野上下一致对于全民抗战——农民抗战这一件大事业，不但有深刻的认识，而且有坚韧不拔的信念，甚至要建立一种宗教式的信念，认定如做不到这事就必须亡国灭种。

第二，要大刀阔斧地改革地方政治，使亲民的县政机构臻于健全，行政人员十分充实，换言之，非办到县政机构国防化不可。县政是全国的基层政治，是直接与农民相见、直接发号施令的策源地，如果这个发动机不抗战化，叫农民做抗战是决不可能的。

第三，要有钱的真能出钱，为开发这广大的雄潜的农民宝藏而出钱。国中一种很奇特的心理，好像训练军队非用钱不可，而训练民众则不必用钱；好像办大学或高等教育可以用几千百万，而办民众教育则不必用半文。这种错误观念，应当从根矫正。农民所占全国的地位既如此广大而重要，那为农民所用的钱，也必应正比例地为之筹拨，这是天公地道的事。钱的来源，自然不外两途：一是举外债，一是国内自捐。许多有钱的人，打错了算盘，不肯在这时出钱为国，等到国破，家亦随亡，子孙代代为人奴隶，守财奴又到哪里去守财！你们的财，仗打败了，固不能守；仗打赢了，更不能守，一班出了力出了命的人们，那时不来和你们算总账吗？

第四，要全国有知识有热血的千万青年志愿献身农村工作，做组织农民训练农民的干部，大规模、有计划、有程序地深入民间，去提高农民的民族意识，加强农民的力量，使整个农村国防化起来。这回中华平民教育促进会发起组织农民抗战教育团，亦因有鉴于各地有志青年学生不愿再过承平时代的读书生活，要溅热血于抗战、于国家，而恨请缨无路，效命无门，为此我们第一期先征集青年 50 人，编制为 6 个农民抗战教育分团，给予两星期的讲练，两星期的实习，便分派到湖南省的 12 县去，以 3 个月为期，要辗转训练 600 万的农民，使受国防精神教育和战时技能的教导。这只是第一届，是开头，以后只要抗战一天，我们誓必继续做抗战教育一天，再接再厉，矢志不渝！

我们这回开办农民抗战教育工作，主要目的是在发动和倡导全民战时教育，希望在短时期内，这工作就为全国上下所公认而普遍化、而深切化，庶几整个的后方诸省皆组成伟大雄厚的堡垒，每一个农民都是争先恐后奋起杀敌的生力军，甚至每一个村妪或农儿，都是卫士，保国揭竿抗敌的战士，则不但战争的最后胜利绝对属于我们，而全国量与质皆占最高分数的农民大众，经此番发扬蹈厉的教育——“战”的教育，争得解放、独立、自由、人权的教育而后，整个的民族就立刻焕发着一种蓬勃生动、激扬亢爽的光辉。新中国的宏远基础也便于此奠定，太平洋集体和平与人类文化的伟大进展，也将于此奏出钧天壮穆的歌声！

保卫国家必须教育民众*

今天到贵班这边来演讲，是很不容易得到的机会。国家现在到了很严重的关头，整个的民族，正在受着一个大考验，看我们能不能渡过这个非常的难关，持续奋斗，持续抗战，而达到最后的成功。今天看到各位武装青年同学，我心里有无限感慨！国家到了今天，负救国责任的，第一是军人。能够继续踏上淞沪及各方面英勇不屈的壮士们的血路的，是今日千百万有志的青年。有这一种有志青年为国家效命，投笔从戎，而后国家才谈得到继续抗战。各位都是受过很好的教育，现在下决心立志来继续前方将士的壮烈精神，教我自己今天站在这地方，有许多不可以言语来形容的感动和兴奋。现在有许多青年，他们的爱国，只是在纸面，救国只是在口头，没有真正走到爱国救国的路上去。我今天看到各位武装青年同学，就不能不引起对从前我自己青年时代投笔从戎的一段历史的回忆。现在很简单地告诉各位。

（回顾在法从事华工教育的经历从略。）

我从法国教育 20 万华工的经验中，一面感觉到“苦力”的“苦”，因为没受教育，他们受着牛马般的待遇，这激起我的义愤，誓愿为苦力献身；同时也就想到没有受教育的中国人何止 20 万，还

---

* 军事委员会委员长侍从室档案（七六四）56。此件系在中央军校西北军官训练班上的讲词。

有 3 万万 2 千万人同样的没受教育，又怎么办？所以我就决志回到本国，不上政治舞台，不作大学教授，专要去教育扶植广大的平民。20 年来从事于平民教育、农村建设、县政改革，朝斯夕斯，没有做过别的事。

中国有一句成语，叫“如入无人之境”，但我们读过的许多外国大学，都没有这样意思的话。现在敌人到了我国，任凭它宰割、蹂躏，要怎样，便怎样，真好像国内没有一个“人”，这是何等可慨痛的事！其实我国并不是没有人，有的还只是生物学上的人，他潜伏的力量并没有发现，没有培植，没有组织，没有锻炼，更没有运用，以致拥有 4 万万伟大力量，反成了被侵略的弱国。这一次淞沪战争，敌人所以能在罗店登陆，许多人说是汉奸之罪，敌人所以能深入太湖，大家又都说是汉奸卖国。固然，我们的武器远不及人，又加上无数无量的汉奸，诚足心痛！然而所谓汉奸，又是些什么人呢？不还是中国人吗？怎么会做汉奸的？你们必会说：这是受了日本人的利用。日本有一套方术，20 年来不断地在中国制造汉奸，到现在已成功了一个普遍的汉奸运动。本来中国的民众可以成为抵抗敌人的力量，现在反受了敌人的训练，成了救国的障碍。这又多么痛心！

然而从另一方面来看：我们成千成万的男儿，奔赴沙场，冒炮轰而不惧，浴狂炸而不退，喋血冲锋，神勇无匹，那种壮烈悲歌，前仆后继的精神，不但开中国历史的新纪元，就是在外国战史上也是空前未见。全世界没有一个人不佩服——甚至敌方，也很惊奇中国人民的如此英勇。上次我从南京到汉口，路上遇见不少前线回来的将士，他们告诉我不少可歌可泣的事实。有一连，伤亡仅剩了 5 个人，其中有一人又受了伤，同伴叫他退下休息，他大声叱咤：“不许说我受伤！”他举起枪杆，高呼：“中华民国万岁！”直冲入敌人阵营。如此牺牲！如此悲壮！那又是什么人？也是中国人。一方面卖国卖同胞，无耻的汉奸，是中国人；一方面死神不屈，炮火不惊，叫敌人不能不胆寒的志士国殇，也是中国人。同是中国人而表现有这样的不同。这没有别的缘故，只是：一个没有教育，一个有教育，又得了英勇的领袖为之领导，所以他们有这种惊人的表现。因此我要敬告各位武装青年，你们要认识中国的伟大，因为中国有 4 万万可敬可爱，可以化为伟大力量的人。虽然他们平时为一班自命为上流社会者所藐视，所湮没，但淞沪一战，已惊醒了全国上下，对蚩蚩民众刮目相看，共认民众教育为目前无上要图。所以这一次的战争，与其说是为中国求生存而战，毋宁说是为发扬 4 万万人的人格而战！

拿破仑说："中国的军队，只要有好的军事教育与军官领导，他们是能征服世界的！"这话，希望我们中国所有的武装同志，人人都知道。拿破仑说了这句话，举世无不笑他为发狂、梦呓，拿破仑受了几百年的冤，一直等到今天，可以说是名言应验的起头。这不过是起头，离开拿破仑的本意还远得很。这句话要是一个普通人说出来，那没有什么价值。但出诸拿破仑之口，则大不同了。在那时，中国军队还不成气候，而他就有这样远大的深刻的眼光，透视了中国人、中国兵，拿破仑真是中国的知音。我们的同志！各位武装同志：千万不要忘了欧洲名将世界伟人拿破仑的话，而且在淞沪一战中已初步应验了的话。

诸君：中国有伟大的无限前途，因为中国有潜伏着的、伟大的无限力量。只要我们去开发、培植、组织、运用。我最后要跟各位说的是：中国今日的军队，尤其是青年军人，要认识现在这个计划，中国军人，不仅仅做一个军人而已，同时还要做一个教育家。为什么？因为中国民众多数是无知无识，未受教育，不像外国的民众多数已受过教育，只稍加军事训练便可成为优良的军队。中国军队若要完成卫国保国的使命，非同时加紧教育不可；做一个现代中国的军官，不但要保国，还要教民，军官要兼教育家，然后民众才可成为有知的民众，军队才可成为有力量的军队。民众就是你们的武力。武力哪里来？从教育上来。

一个农民要收稻米，就得种稻子，先下种而后有收获。同样，我们要在广大的民众里下教育的种，而后我们才有伟大的力量可取得、可运用，要是整个中国的民众有了教育，有了组织，我们要世界乱，世界不敢不乱；我们要世界平，世界不敢不平。大家知道，现代的军队，不仅是靠武器，还要靠民力，要把民力和武力配合起来，军民打成一片，不然不配做现代军人。要能运用民力，加强我们的武力，就得培养民力。武力是军事，培养是教育，因此军事要教育化，教育要军事化。各位要放远眼光，负起这个责任来。中国和日本战争也许一年二年就可告一段落，但中国抵抗日本，决不是一年二年可了的事，恐怕起码 30 年。各位在这 30 年中，安知不在军政上膺肩重命！日本经过 50 年的明治维新才有今日，我们要争取民族独立自由，30 年不是过分的估计。希望各位担起这个伟大责任，在各教官领导之下，发动 4 万万民众，为中华民国吐气扬眉而奋斗！

对长沙办事处同仁之讲话*

——关于抗战形势的报告

关于对日战况，各位都有报纸可看，不必特作报告。但有一点，今天要说一说。最近从南京来的朋友谈前线情形，觉得日本倾全国兵力侵略中国，已到非常严重的关头。日本现有 24 个师团（平时只 17 个师团），开到中国来的，上海方面就有敌军八师团之多，我们不得不把全国将领，集中到上海去。战争情况，严重可知。最初敌人并不注重上海，他们的整个战略，8 个字足以说明："东守西进，南扰北攻。"东守是对美不轻启战端，用种种方法尽力地来保守和平。主要的手段是造成口美经济联系。现在，美国棉花 75%卖给日本，美国已深受日本经济政策的蛊惑。最近美国国民投票表示对中日战争的态度，对中国表同情者 40%左右，表示中立者，50%以上，同情于日本者，20%上下。这种比例，不仅显示日本东守政策的成功，更是世界·个很大的问题。什么叫做中立？中立就是无所谓，无是非的意思。美国是一个酷爱和平，维护公理，讲求国际道义的国家。日本对我侵略，就常理说，美国人应有 90%以上反对日本，而今竟有 50%以上的人无是非表示，这无异中国之被侵略为当然！人类的良知良能，根本丧尽！国际间实在已成为只有利害关系，绝无真理公义的存在！这个局面，包含着极大的世界危机，真是再严重不过

---

* 原载《平讯》，第 2 卷，第 9 期，1937 年。

的一个问题。

日本的西进策略是对中国。日本之于中国，绝对地要打进来，要深入。它这样做，不仅要毁灭中国，借此称雄世界，尤在占据华北，切断中苏联络。则进可以北攻苏联，对世界作战；败亦可以退据热河，做日本民族的最后挣扎地。西进是北攻的第一步，是征服世界的开端。南扰指南洋与中国南部，这不是日目标所在，时出骚扰，以作北攻之牵制而已。

现在，因为中国的猛力抵抗，使日本不能不用重兵于上海，原非敌人始料之所及。但是中国武力的精华也都在上海，万一有失，危险不堪，时机的严重，没有再甚于今日的了。

中国对日抗战，武力不如敌人，谁都知道我们迫不得已，起来和敌人拼死，胜败利钝，本已置之度外，惟一的胜利希望在于持久抗战。持久战的重心在于后方，后方充实，前方就可不断地推陈出新。现在，后方情况如何？民众的组织、训练、粮食的生产储藏，有了准备没有？如果大家只注意前方的胜败，不致力于后方的工作，一旦前方失利，势必无法挽回。在长期抗战中，后方的重要，至少等于前方。我们不要因前方小胜而高兴，就放松后方工作。更不可因前方小挫而颓丧，便放弃后方工作。前方有一位将领说，带 2 万兵上火线去和敌人拼命比在后方募 5 万万救国公债容易得多，这话很有深意。为国家争生存，与敌人作殊死战，第一道防线给敌人打破，犹无碍乎国本；即第二道防线给敌人打破，亦尚无碍乎国本；最后的防线却不能给敌人打破！最后防线打破了，国家民族就很难有复兴之日。层层防线的构成，不是前方同胞的职责，而是后方同胞的任务。在国家生死存亡命在顷刻的今日，实在已无前后方可言，后方同胞不应再耽于逸乐，要一样地牺牲自我，为国效忠。从前明亡于清，满清是一个无知识的民族，尚且给他统治了 200 多年。现在如果亡于日，给一个世界强国统治了，说永无复兴之望，不为言之过甚！这种亡国灭族问题，千万不能忽略。

平教运动的目的在改造民族，挽救危亡，这是十多年来一贯的精神。识字运动、乡村建设、县政改革，都不过是一种手段，一种工具。工具随工作演进而变换，在这抗战期中，战争就成为发展本会工作的利器。战争的力量，比任何改造民族的方法更敏捷，所以现在已到了千载一时的机会，我们应该立刻应用这利器，使平教运动迈进。至于怎样去应用这工具，不是一言可了，希望大家用些思想，找出具体方法来。这非常时期，一方面给了我们一种非常的利器，同时也增加了我们不少的困难。困难有二：第一是经费。经费困难，已是老生常谈，不过在非常时期，困难更甚。国内本来安定的金融，已为战争所骚乱，本来困难的经费，自然更没有办法。照目前估计，本年度本会收入，至少短缺 8 万多元。在经费短绌之中，要扩张我们的事业，端赖同仁的努力加工。第二是人才的困难。运用非常机会，必须要有非常的才具，个人如此，团体亦然。否则眼看机会过去，无法抓住机会。团体的健全，与人才的充实与否很有关系。现在，本会工作机会，真是太多，多到令人躁急。各方面都希望本会帮忙，本会人员有限，不敷分配，极感困难。困难是事业之阻力。价值愈大，困难愈多，事业的能否成功，就看他是否能克服困难。平教运动在现阶段，是一个重要时期，有绝好的机会可以利用，有绝大的困难须待解决。如果善用机会，则救国工作中，必能充分贡献平教运动者的任务。另一方面，我们不可忽略未来社会的变化，要对于现在有贡献，对于将来有办法，就要顾到现在的事业与将来的理想。事业与理想，看似两回事，实在是一桩。分作两截看，分作两起干，实在是不聪明的办法。努力现在，就应着眼将来，在整个民族争生存的大事业中，应当为未来的社会改造立基础，这又是要思想，不容易办的事。如何实现这个原则，非集思广益、群策群力做不到。希望大家在这原则下，尽量提出建议来。本会同仁很多，平时我和每个同志，势不能都有接谈机会，这不是有所亲疏，却是为工作所限。其实无论何人的意见，我是一样重视，决不以人废言。我认为有价值的建议，必设法采用，使之实现，即使不是完全可用，斟酌去取，也都由我负责。

现在有一部分同仁，为了工作关系，不能继续下去，这不过是暂时的办法。工作开展到相当阶段，仍须请他们回来。平教运动的同志，去而复来的，不乏其人，视工作的性质而更调，一点不含有任何恩怨的作用。此后，会中工作，各部分不必分别过清，要集中精神去做。薪金的折扣，一面为的是稳定经常费用，一面为的是要同仁与国人同甘苦，减薪之后，尤望加工努力。若减薪就减少工作，这种人不配生存于非常时期，早宜淘汰。在非常时期，只有增加工作，绝无减少工作之理。工作不够做，可以找来做，以拼命工作来答谢前方拼命杀敌的同胞，才对得起我们为国牺牲的壮烈将士。我自己常用这种精神自勉，希望同仁用同样的精神互勉。

平教事业在抗战救国中的芹献*

我们已经有许多时候未开周会，今天把本会工作的几个重要方面简单地报告一下。

一、关于国民参政会

国民参政会是国家最近的一件大事。本来，中央在卢沟桥战事发生后，就成立最高国防会议参议会，邀请在野各党各派及社会学术团体领袖加入，共同计划全国总动员。最初参加的共有 16 人，代表 16 个政治社会文化运动，以后增加到 24 人。因为最高国防参议会对于中央各方面有相当贡献，能亲切地合作，所以中央当局在南京时就有意思把参议会扩大，人数增加到 100 人，名称虽没有定，但已从事筹备。到今年夏天，决定人数增加为 150 人，后来为了要充分集合各方面有力量的人才，共负抗战建国的重任起见，又从 150 人增为 200 人，名称确定为"国民参政会"。本人从参加最高国防会议参议会到国民参政会，始终不是以个人为立场，乃是代表平教运

* 中华平民教育促进会档案（二二六）56。该文前有平教会秘书处加的按语："干事长这篇讲词，包括本会各方面的工作，可以作为民国二十六年度本会年鉴的缩图，亦可以略见民国二十七年度本会工作的动向。所以特地将它印作单行小本，分寄同仁。"

动；也可以说是以乡村建设运动的立场，代表国内乡村建设运动。

这次开会的经过，非常圆满。议决的案件，都很重要，就是再过一二年，仍然有价值，不会变成明日黄花。

国民参政会的目的是在集合国内各方面的领袖，共赴国难，共商国是，这一点，确已一百二十分的做到。参政会开会之前，有的以为这种会并无多大价值，因为参政员中，大部分是国民党党员。可是在开会期中，会场空气好到实在出乎意料之外。……会中的一切都表现得非常真诚、恳挚，由此可以想象到会场的空气和精神怎样的美满了。

讨论的问题，内政、外交、军事、国防、财政各方面都有，一部分是政府自己提出的，一部分是参政员提出的。讨论的方式，先分组审查，各参政员就自己的兴趣或性之所近，认定一组，如内政、外交等，一切提案先由秘书处分送有关各组审查，即以审查结果报告大会，进行讨论程序。本人参加的是内政组，因为内政包含一切教育经济等问题，整个的和乡村建设运动相关。其中有两个议案，更是乡村工作的基本条件，而这次都热烈通过了的。

第一是地方政治机构的改善。县以下一直到区乡保甲，全国一致的呼声是有改进的必要。中央提出“改善各级行政机构案”，参政员也提出了同性质的议案三四起。通过的改善办法，十分之八九都是与湖南全省现在所行的相同，也可以说是参照了我们素来研究实验提倡的办法。例如废区问题，在中央各种会议中都争执得很厉害，一向没有适当的解决，湖南毅然实行废区，实施督导制度，参政会也如此决定。还有技术辅导制度的加入，乡镇公所的充实，职权及待遇的提高，区域的扩并，都与我们的素来主张大致相同。因此可见得一种研究实验，只要有真正的价值，不怕别人不接受，这一次地方政治制度的改善，就是一个具体证明。

第二是民意机关的设立。这个议案也是我们所特别注意的。我们天天谈民主政治，却没有工具给民众，没有机会给民众，教他运用民权，那就是空谈民主政治，一点没有用处。实现民主政治，一方面固然是知识问题，一方面也是机会问题，有机会给民众锻炼自治能力，民主政治才会实现。我们希望一个不会骑自行车的人会骑自行车，增加他的行动效力，当然要给他自行车，更要给他实习的机会。而且倾跌磕碰，更是难免的事。然而要他真能骑自行车：我们至多只能教他少跌，却不能防护到他绝对不跌。要知骑自行车的能力是在几次三番的倾跌失误中学成的。所以不谈民主政治则已，要谈民主政治，就不能以民众缺乏自治能力为借口，不给他们自治的机会、自治的工具。这一次参政会提出这种议案的，也有五六起。这议案修改得很多，结果，省与县将来都要成立临时参议会。各级参议员的产生方法，一方面参照中央参政会参政员的产生方法，由中央及省政府指定，一方面由地方法团加倍推举，由省政府圈定。在整个国家没有演进到宪政阶段的时候，这种指定与圈定办法，实在是一个过渡的桥梁。各级参议会都规定应有妇女参加，省临时参议会为5%～10%；县临时参议会未规定成数。这一点当时也很有争议，有的人以为这百分比太小，有的却嫌这数目太大，无论如何，妇女的地位已为政府及一般人所重视了。

县临时参议会，是做基层政治工作的同志所特别注意的。县参议员由各乡镇首事会、县法团及专员与县长之会商，各推举全额1/3的三倍人数，由省政府圈定。首事会是乡镇中的决议及设计机关，由各乡镇推举正派士绅担任，只有义务，没有权利。在新的乡镇机构中，它的作用和我们从前在定县所行的乡镇建设委员会相同。

以上两个议案非常重要，有了第一案，才能澄清及健全地方政治；有了第二案，地方上的人对地方上的事，才多少能说几句话。我们从事平教运动，一向主张培养民力。怎样培养民力？这就是具体的路子：一方面用健全的行政机构去推动建设，一方面教民众有参加地方政治的机会。现在虽暂是指定圈定，官民合治，将来民间教育程度提高，就可以更进一步，更民主化。

议案通过以后，究竟能发生多大效力，这个权力属之于最高国防会议，因此，有人说参政会没有多大力量。其实现时整个的国家已入于战争状态中，战时政治，在欧美最民主的国家也都是集权的。我国却在战时新设民意机关，这不能不说是一个特色。国难严重至此，非集思广益、全民共济不可。参政员的产生虽不是直接的由国民推举，但他们来自民间，无论如何所代表的是民意。参政员坐在议场里，也觉得是主人，政府的报告，仿佛真是对人民的报告。报告后的质问与答复，双方均极纯诚。这种热心团结的精神，是保护抗战必胜的铁券。

况且，参政会实在并不是毫无力量。例如通过拥护抗战建国纲领一案时，全场十分热烈，并决议为求迅速实现起见，请各部院就自己职权所及，定一进度表，逐步实现抗战建国纲领的规定，要每3个月报告一次。参政会就以进度为根据，检讨各部院的工作。不能执行的事情，政府可以提出困难之所在，共同商讨解决；如果能做而不做，那就责有攸归，主管部院，不能脱卸责任。再者，议案的决定权虽属之于最高国防会议，但一个议案如果是不正当或不必要的，第一关参政会本身就通不过；如果参政会既已郑重通过，最高国防会议就不能随随便便地把它搁置不理。最高国防会议如果接受了参政会的议案而政府不执行，那参政会就可正式提出弹劾案，政府不能不顾虑。何况参政员都是有头脑的人，有能力的人，一个人的力量也许没有什么了不得，整个参政会所通过所支持的议案，决不易抛却于虚无缥渺的九霄！

总结起来说：

第一，国民参政会的召集，是为新中国树立千年不拔的民主政治的初基，这是在国难严重时期，中央最有眼光的一件大事。从前议会中飞墨盒，肆笑骂，是常有的事，而这次参政会会议中，却充满着严肃诚恳亲爱的空气。有了好风气，破坏便不容易，民主政治的基础，现在已树立了起来。

第二，从政府方面说，国家危亡到这地步，不应该听由人民只管批评，不负责任。现在有这么一个机关来作政府的后盾，作援助，在作战精神上、道德上，得到了绝大的力量，不啻平添了500万军队！

第三，一个政府欲如何便如何，万事由己，这是最不健全的机构；如果设有监督建议等联立制度，就不容易随便废弛了。为政府的健康打算，不能不有这样一个机关。就抗战说，要这样才能增加抗战的雄厚力量；就建国说，要这样才能奠定建国的宏固基础。

二、推广工作

现在要说到与平教运动有密切关系的工作。

湖南方面

第一是省立衡山乡村师范的工作。乡师工作，已有相当的成就，这种做法的哲学与精神，已为中央教育当局所认识，且予一部分的采纳。这工作再继续一年，第一班毕业学生就可以冲到社会的前线去做改造的工夫。

第二是衡山实验县的工作。前几天同卢作孚次长到衡山视察，觉得民、财、建、教各方面，都有很重要、很有意义、很着实的成就。但是从实验县成立到现在，这许多很有意义的工作，外界知道的人很少，自己又只顾埋头工作，只觉得有多少计划未实现，有多少目的未达到，而已实现已达到的种种工作，却不向外界公布。例如，全县的财政整理、教育改造、农业推广、合作社的发展、卫生工作的推行，外界人很少知道。这就是因为我们只顾按照计划去实施，而没有注意到宣传这一方面。孙廉泉同志就任第五区行政督察专员后，到区内各县视察，他说，衡山实在有许多工作，可供各县参考。在教育方面、在民训方面、在经济方面、在财政整理方面，甚至在秘书方面的档案整理、人事管理等，都有为该区内任何县所不及之处。孙同志的这种看法，好像是一种新发现，因为他才从外省来，初入芝兰之室，而且他本是干乡村建设运动的专家，一件乡村工作的优劣，自难逃他的法眼。当然，孙同志的意思我们不能误解为衡山县政一切都已很好，不必更求进步；这不过是说我们一天忙到晚，自己忙到不知究竟，经过了他的视察，我们才正确认识了衡山的现状。但是，离我们的实验目标还很远，要改进的地方很多，还待我们努力。

第三是第五行政督察区的工作。孙廉泉同志本来在山东担任乡村建设研究院副院长、第二行政督察区专员，及山东乡村建设研究院菏泽分院院长，对于乡村建设及地方政治研究很深，经验很富，他自从主持湖南省第五行政督察区工作以后，即到区内各县考察，提出了整个的地方政治、财政、教育、保甲等非常有价值的具体意见，省政府均已采纳，并指定由第五行政区做起。现已着手筹备，其中大部分材料，都是参照衡山实验县已有的成绩。全区县政，并由林式增同志继续考察研究，他有丰富的地方政治实际经验，将来考察所得，对于今后全省干部训练，一定是很好的参考资料。

第四是干部学校的工作。湖南省地方行政干部学校，第一、二两期训练，共结业 3 700 余人。湖南全省连衡山在内，共有 75 县市，训练了这三千多公务人员，全省政治的初步改革，有 80%以上的公务人员是受训的新人物了。全省政治改革的实施，尚未遭遇大的困难。这种大规模的做法，实在需要大的气魄，大的决心。张主席真是有勇气、有决心、有眼光、有魄力，所以能在短期间内把湖南焕然一新。国家危急到这种地步，地方政治非有这种天翻地覆迅雷捷电的改造，不能造成新风气。那种绣花式的挑针理线工夫，环境已不许可。现在改造各县政治机构，打入新血，发扬朝气，这些起码的政治改革条件，已经做到。同时，张主席对于平教运动，有甚深的认识，要求我们对于湖南的建设多加协助。7月25日，干部学校第二期结业的那天晚上，张主席以校长地位，公宴全校教职员，说了许多非常兴奋的话，今天不必重说。主要的意思，是希望本会对省政府继续不断的帮忙。干部学校从9月起，训练全省保长4万人，以行政督察区为单位，动员下层知识分子。从10月起，开始干部人员第三期训练，补充各县所不足的人数。各县现有各种工作人员，一方面是原来就不敷分配，一方面是工作中的自然淘汰作用，凡志不在此与成绩不良的，都会自动的或被动的汰去，所以这一期的训练重质不重量，时间加长，方法加严，这是应有的改进步骤。第一步注重量，做法不妨稍粗，着眼于重大处；进一步就应该注重质，做法就应该细密，着眼于深远处；最后是质量并重，臻于上乘。

江西方面

地方政治讲习院原设编审及地方政治研究两委员会。现在两委员会已合而为一，总称为江西省地方政治研究会，直隶于省政府。熊主席自兼主任，霍俪白同志任书记长。工作分两部，一部分是编审，一部分是研究。研究会已选定遂川县为研究区，由梁振超同志出任县长，不用实验县的名义，而做研究实验县的工作。梁同志在定县在四川，都有很好的工作表现，将来一定能为江西地方政治建立基础。此间将有不少同仁，配合起来，调去帮忙。

四川方面

大家知道，设计委员会已经暂告结束，新都实验县则继续办理，省政府并继续拨补助费半年。新都的实验工作，无论在民、财、建、教、警、卫、秘书各方面的成绩，中外各界人士，凡曾到新都参观的，没有不加以赞扬。最近，三、四两科科长改由陈治民、田锡三两同志担任，并由李秀峰、吴寅木、张福民、杨乘风等同志加入工作，陈、田等同志，都是本会的干将，更有黎季纯同志到新都去做学术工夫，加强四川方面的教育工作。新都经过这一次调整，分子更形健全，在各同志努力之下，前途一定无量。

关于戏剧方面，自从熊佛西同志领导抗战剧团入川后，所表现的成绩颇有可观。熊同志长于创作，在戏剧上的表现，有口皆碑，全川的戏剧空气，为之改良不少。今年儿童节所表演的“儿童世界”群众剧，更为教育当局所注意，引起他们对于戏剧的教育作用的深刻认识，决定请熊同志创办省立戏剧教育实验学校，培植戏剧教育人才。戏剧不仅是娱乐工具，也是抗战的武器，这一方面的发展，与四川人力物力的动员，当有很大的影响。

还有四川全省惟一的省立师范学校，教育当局决定请陈行可同志去主持，如果把培养师资的方策加以改革，采取衡山乡师的做法，培养出来的人才不仅能胜任小学教育工作，同时能为乡村建设服务，这个学校与四川的前途就有很大的关系。

最近，陈筑山同志受命为四川省政府委员兼秘书长，这事经过很久的考虑。平教运动任何人不能有单独行动，不能以自己的高兴不高兴作工作的取舍。譬如陈如民同志，我想他最高兴的是在衡山继续做他的第三科科长。那里经过了他两年的苦心经营，一切已有基础，何必跋涉长途，到另一个地方再去从头做起。但以平教运动整个的立场，需要他到新都去，他就不能不去。四川地位的重要性到如何程度，只消看抗战一年来已失去了多少省份，此后继续抗战的资源，人力物力的供给，究竟从哪里来，就可以明白。敌人一天一天逼近来，到哪里去动员人力物力？我们不能眼看国家沦亡，在复兴民族上只要我们有能做的工作，赴汤蹈火，在所不辞。这次在汉口晤见四川王治易主席，他说，旧的东西决不能适合新时代的要求，非有新的朋友帮助他不可。关于政治改进与建设人才的训练，希望我们有整个的计划去协助他。筑山同志本人诚不愿意出任川省秘书长，但中央方面，以为四川地位太重要，非多有几个有头脑、有才、具爱国爱民精神的人去工作不可。我个人对于筑山同志的出任艰巨，初亦不甚赞成，因为他身体近来烦劳太过，四川千头万绪，做起事来，困难恐怕要十倍于湖南，二十倍于江西。况他现任贵州省政府委员，吴达铨主席还希望平教运动发展到贵州去，可是陈同志事实上却天天在四川，就是因为整个的平教运动发展，不能不常在成都，连贵州省府的一个委员都顾不过来，哪里有工夫出任繁剧的省府的秘书长？但是，中央的主张如此坚决，这也是无可如何的事。大家要知道四川这省份，太重要了，我们如果能帮忙把四川弄好一分，实实在在就是为整个民族的抗战力量加强一分。我们站在救国建国的立场，不能不让筑山同志勉力去担任。就是站在本会的立场，以四川地位的重要，平教运动倘若今后能增进对于政府的贡献，尽我们抗战的责任，也不能不让筑山同志去勉为其难。

三、研究及训练

最后说一说本会自身今后的基本工作。本会现在与湖南、江西、四川三省的关系甚密，国家破碎到今日，我们的工作和责任，只有一天一天的加重。因为本会的推广工作日益发展，我们更须注意学术的充实与人才的培养，这样才能深固平教运动本身纯正的基础，这是一个最重要的方针。

从前，我们在河北省有定县实验区作大本营，集合大批人才，作了多年研究，才有今天所用的种种推广材料。现在做的工作，推广方面多，研究方面少。作育人才事，一向就没有正规地好好地做过。现在则因时局关系，差不多完全停止。定县多年苦心的研究实验，刚刚树立了平教运动的设置，并略微做了一点训练，而今全部已为敌人破坏。今后，本会应该树立一个比定县规模更大的研究实验场所与人才训练机关。这个场所究竟在何处，尚在调查考察中。这个场所建立了以后，现在各地的推广实验，便可以有集中的机会，作深一层的研究实验。同仁如果长此散在各地，分别帮忙，只能对于目前的事有帮助，不能有什么独到的建树。在各地实施推广，经验所得虽多，如果不能把这些经验加以学术化、系统化，便不能有多大用处。

关于人才训练，现在着手筹设“中国乡村建设学院”，把各方面的学术经验，汇集在学院里，作培育实际人才的资料。出去工作的同仁，经过一些时间，也可回到研究所来作一番整理批导的工夫。同时就是学院里的导师，本其实地经验心得，指导学生，提携后进。如此，研究、训练、推广三者，真正的联为一体，这是平教运动的真正作风，达到我们终极目标的基本方法。今后要切实的本此做法，庶几我们对国家对社会会有更多的贡献。

陶行知

陶行知（1891—1946），原名文，又名知行，安徽歙县人，中国近代著名教育家及社会活动家，中国人民救国会和中国民主同盟的主要领导人之一。1914 年夏毕业于金陵大学文科，同年秋赴美国留学，先后就读于伊利诺伊大学（获政治学硕士学位）和哥伦比亚大学（攻读博士学位）。1917 年秋回国，先后任南京高等师范学校、国立东南大学教授、教务主任等职，1945 年当选中国民主同盟中央常委兼教育委员会主任委员。著作有《中国教育改造》、《古庙敲钟录》、《斋夫自由谈》、《行知书信》、《行知诗歌集》等，留世著作辑入《陶行知全集》等。被毛泽东称誉为“伟大的人民教育家”。

陶行知是我国著名教育家，他既是教育理论家，又是教育实践家。在教育理论方面，他提出生活教育理论，“生活即教育”是生活教育的核心，“社会即学校”是生活教育的场所，“教学做合一”是生活教育的方法。在教育实践方面，他更是不遗余力。1923 年 6 月他和黄炎培等人组建了南京平民教育促进会，编写《平民千字课》课本。为了推行平民教育，他辞去了东南大学教育系主任之职，放弃了高薪，风尘仆仆地奔走于全国十几个省市，使成千上万的平民受到了教育。在平民教育处于高潮时，他又提出到乡下去，投身于乡村教育，创办了晓庄试验乡村师范学校。

九一八事变后，陶行知积极从事抗日救亡运动，他将爱国赤诚与教育运动结合起来，先后发起并推行普及教育、国难教育、战时教育、全面教育和民主教育等教育运动。1936 年 7 月至 1938 年 8 月间他先后前往欧美亚非等 28 个国家及地区宣传抗日救亡。1938 年 8 月，他回国路过香港，倡导举办了“中华业余学校”，推动香港同胞共赴国难。1939 年 7 月 20 日他在四川省合川县创办了育才学校，育才学校吸引了许多著名进步学者、专家、教授来校任教，如艾青、贺绿汀、章泯、陈烟桥、戴爱莲等。周恩来专程到育才学校访问并做了抗战形势报告，题词：“一代胜于一代”。

本书收入《怎样才能粉碎日本的大陆政策》、《中国的出路》、《全面抗战与全面教育》，三篇文章均系陶行知奔走于各地所做的演讲。

怎样才能粉碎日本的大陆政策*

前些时候，行知在上海听见好些朋友讲及和在报上看到关于广东方面的英勇的救国运动，觉得非常钦佩。这回行知代表上海文化界救国会到广东来，第一个任务就要对诸位表示慰劳的意思。今天承邹校长①命来讲演，兄弟觉得是很大胆，可是大家心目中有一个共同的问题，这个问题需要我们讨论出一个办法来。今天兄弟就想把那个共同的问题提出来和诸位讨论，但是这个问题可用种种题目来说，兄弟现在采取“日本的大陆政策”这个题目，就是：我们怎样才能粉碎日本的大陆政策？

所谓大陆政策，我们可在伪满的教科书中找得说明，他们是这样讲法的：“满洲定而华北定，华北定而支那定，支那定而东亚定，东亚定而世界大同。”他们就是这么一套。

从近年的事实看来，我们已了然知道他的大陆政策就是要把中国一口吞下去。他拿去了我们辽宁的铁，拿去了我们吉林的森林，现在又想拿去我们山西的煤炭、华北的棉、福建的根据地……我们不要以为，他只是想拿了中国的富源，做一个富家翁，安享现成福

---

* 原载《石牌生活周刊》1936年5月4日，系陶行知于1936年4月30日下午在广州中山大学礼堂（即“平山堂”）所作的演讲。

① 即邹鲁（1885—1954），字海滨，广东大埔人，曾任国民党中央执行委员会常务委员兼青年部部长等职。时为广东中山大学校长。

就算了；〈他〉还要我们四万万同胞当他们［的］奴隶，还要我们进一步做他侵略的炮灰。所谓“中国定而东亚定，东亚定而世界大同”，他是想做世界的霸王。所以，大陆政策就是要灭亡中国的一个政策！凡是不愿做亡国奴的，凡是不愿意做日本人的炮灰的，现在就要联合起来，把他这种大陆政策粉碎！

兄弟这一次到南方来，不禁回想到十年前的一件事：十年前，兄弟有一次乘坐一艘日本船去香港，船行到汕头的时候，我们一班中国的客人（客人当中，尤以三等仓的客人最多）和一些船上的中国水手，合起来大概是二百人左右，在船头围拢起来开一个小小的国民大会。当时有一些日本的客人也在旁看着，还有日本人的船主也带了翻译立在甲板上看着底下开会。我们开会在谈到日本帝国主义者怎样压迫我们，和我们应当怎样去对付他。到最后，我们二百多人齐声喊口号，声音如同打雷。我们喊的口号是：打倒日本帝国主义！打倒日本帝国主义！打倒日本帝国主义！在日本人的船里，高喊打倒日本帝国主义，这是十年前的情形。

这次到香港，情形便大不相同。我到香港时，有人告诉我，香港学校中的教员若是讲及九一八或是一·二八这类事件，被视学员看到或听到，立刻就要被革职。回想起十年前那次的情形，真叫人发生今昔之感。

我们要粉碎日本的大陆政策，一定要有十年前在日本船上开会的那种精神。那种精神是什么？就是大众起来抗日的精神。要粉碎日本的大陆政策，第一件事就是要大众起来抗日！

有些人在那儿做梦，以为只要靠了少数的当国者，就能够抗拒敌人，把中国复兴起来。这是没有的事！又有许多学者也正在那里做梦，以为写两篇《告日本国民书》，就可以把国难去掉。还有一两位先生，我知道他们这几天正准备到日本去游说日本的朝野，我看他们将来终归要失望。他们都是书呆子，都是在做梦。

要抗日救国，第一步就要把全国大众联合起来，并且是要不分区域地联合起来。我们不能说东四省[①]不是广东，华北问题不是广东问题，我们广东人管不着。我们认定东西省问题是中国问题，华北问题是中国问题，我们全国的大众应该联合起来，这种联合是没有地域性的。

有些人又说，既然是不分区域的联合，那么我们全国的文化界联合起来就行了。这句话我承认它有一半是对的，全国的文化界自然是要联合起来，但是这还不够，还要其他的民众都联合起来才行。有人一谈到农民要起来救国，他们就有点害怕。一谈到工人要起来救国，他们也有点害怕。害怕农民、工人，就不必谈救国！要救国定要农民、工人、文化界、学生以至兵士一齐大联合起来才行！我们要认定，这种民族革命的斗争是我们神圣的天职，我们不可以逃避，逃避的就是汉奸！

又有人说，我们诚然要对日抗战，可是我们要准备一下才能实行抗战，你们不能责备我不抗日。我们要问：讲这句话的是什么人？如果他手上是有枪杆子，有飞机大炮的，他的责任是保卫国土，敌人来了就要和敌人开火。敌人来了，他说他要准备一下，这不是骗人的话?!我们老百姓纳了许多税，请你老人家带许多的兵守卫国土，我国失了东四省一大块，他说还要准备一下，冀察[②]失了一大块，说还要准备一下，究竟要准备到什么时候？上海有些我们的同胞，替这种准备的论调辩护说：我们被割掉了鼻子不要紧，再被割掉了耳朵也不要紧，只要我们的脑勺子还在就行，我们能够准备一下，将来有人要割我们的脑勺的时候，我们就能立刻把他打倒。这

① 当时东北地区含黑龙江、吉林、辽宁、热河四省。热河省于 1956 年分拆并入河北、辽宁两省及内蒙古自治区。

② 指当时华北地区的河北、察哈尔两省。察哈尔于 1952 年分拆并入河北、山西两省。

些话不是很可笑的吗？可是他们竟是很严肃地说，仿佛他们这样子才是救国，而你们那样子则是害国。这种准备论，不消说，我们东四省的失掉和华北的沦亡就是牺牲在这种论调底下。我们再不能相信这种论调的了。

在五中全会①开会的时候，有许多人说，现在是要打仗了。现在四面八方都拉夫，甚至连和尚都要拉去挑担子了，南京开的五中全会就是为的想法打东洋鬼子。这自然不是假的。但是一种民族解放的斗争，决不是空口说准备，或是做一种花样，叫人看到我们是在“打脸子”就行了，要实实在在去干。日本人到了那块地方，那块地方就和他开火，全国就立刻响应，这才是真正的抗战。这是我们的神圣不可侵犯的天职。如果我们不把这责任担负起来，就什么都完了。打个比喻：有害的微生物若是进了我们的血管里，血管里的白血球一和它们接触就和它们斗，死了一千来一千，死了一万来一万，不顾死生的继续和它们搏斗。因为白血球的作用，就好比是我们身体上的军队，是用来和有害的微生物作战的。白血球不能遇到了微生物，说要准备一下才来作战，要是那样，就会小病变成大病，大病变成跷［翘］辫子。拿这个比喻来说，武力抵抗是我国唯一的出路！我们的身体上没有一个要准备的白血球！我拿了这个例子和一位朋友说，这位朋友就拿汪精卫先生背上没有取出的子弹做例，说是若果这颗弹在骨头，也可不必一定要把它取出来，硬要取出来，恐怕于身体上反为有害。这种说法颇有点妙，道理不能说没有。我对他说，这颗子弹如果真的动也不动，那么不取出来也勉强可以，如果它还是在动，还是有跷［翘］辫子的危险，那就非取出不可。现在日本可不是子弹，它是有害的微生物。要是子弹，也是一个动的子弹。这个动的子弹，我们非把它取出来不可，否则就不

① 指国民党于1935年11月12日—22日召开的第五次全国代表大会。

行，这条生命会呜呼哀哉。所以就这些例子来说，我们做中国国民的神圣的天职，只有和日本帝国主义拼命抵抗！这是粉碎日本大陆政策的第一颗炸弹。

第二个炸弹是什么？我们要知道，日本的老百姓是和我们一样的受苦的。日本军阀对于老百姓压迫很凶，日本六千多万的老百姓，为了供给侵略的费用而要负担一百万万的公债。我们中国人要卖孩子，日本的老百姓也是在那里卖孩子，他们老百姓也要病了才能吃到白米饭，树皮、草根当柴烧，晚上无家可归，露天睡在火车路轨［箱］底下的不知多少。就在东京这有名的都市，我也亲眼看到几千几百的这样的穷苦的人。我前次到日本东京，日本招待我们的官吏，专带我们去看好的地方，指点着很表面的事实，说是他们能够多么的照顾到老百姓。可是日本的穷朋友都对我们说：你们看日本的老百姓看得生厌了，我给你们看别的更好的东西，他们带我们这里那里去看，看了简直叫人忍不住眼泪，全和中国的老百姓是一个样子。

为什么日本的穷苦的老百姓不起来反抗他们的军阀？因为军阀告诉他们：你看我们不费一兵一卒，东四省就拿过来了，只是两块钱一个人的收买了一班人，冀察也弄到了手，是这样的便当，你们老百姓要是爱国的，也不好意思不负担一点军费。这么说来，岂不是我们中国人倒害了日本的老百姓受苦吗？假使我国当时起来抵抗，东四省就不会失掉，东北就不会陷于今日的地位。我们试看现在意大利侵略阿国①，几个月来花了五万万多的里拉，只占了阿国的六分之一的土地，意大利的人民已经起来讲话了。如果我们当时在辽宁就抵抗，使日军花了不少的钱，牺牲了不少的生命，还不能占据辽宁一省，日本的老百姓一定会起来责备政府了。试看淞沪之役，十九路军抵抗了几个月，日本军队中已经有不肯打仗的。如果中国

---

① 全称阿比西尼亚，今译埃塞俄比亚。1935 年 10 月 3 日，墨索里尼下令 30 万意军入侵该国。

和他打上一年半年，日本的军人，就要罢战，老百姓就要起来罢工，而反抗日本的侵略者。到日本的老百姓也起来反抗日本的侵略者，日本的大陆政策就要被粉碎！所以我们第二个炸弹就是：太平洋各国民众来一个反抗侵略战争的运动。

自然，太平洋反抗侵略战争的运动，主要的力量是在日本的老百姓，因为他们受侵略战争的痛苦最大。我们发动了这种运动，他们必定起来做我们的声援。但是这第二颗炸弹是要等第一颗炸弹爆发了，它才能爆发。这好比是一个新式的开花弹，外头的一层开了，第二层才能开，跟着第三层才能够开，于是才能轰然一声全爆开。所以我们要先发出第一颗炸弹——大众起来对日抗战。

第三颗炸弹就是太平洋的集体安全制。大家都知道，现在欧洲正有集体安全的运动，这是一种反抗侵略者的运动。如小协约国的互助公约、法苏的互助公约，就是这种表现。这种公约的用意，就是在共同防止侵略者的压迫，如果当事国有受侵略者的压迫时，其他国家要起来帮忙，合力打退侵略者。这是由政府方面发动的。我们太平洋沿岸的国家也可来实行这种集体安全制，以抵抗日本的大陆政策。在这一方面我们当然不能有什么奢望，因为各国政府相互间有许多矛盾的地方。这种集体安全制有哪几国可赞成，哪几国不赞成；不赞成的国家的民众，能赞成这种制度的程度又怎样，都是很成问题的。我们虽不能有怎样希望，但是我们也不能够把它一笔勾销，完全不理，所以不妨把它当作第三颗炸弹看。

这三类炸弹原是互相联络，很有关系的。中国人神圣的天职是民族革命的斗争，而太平洋的反抗侵略者运动，和太平洋沿岸国家的集体安全，对于我们的民族解放都是很有帮助的，对于日本的大陆政策都是能够加以阻止的。可是现在还有一种歪曲的理论通行着，这是从日本来的，是所谓“自力更生”的论调。日本侵略者说：你们中国人要靠自己的力量才能恢复国势，靠外国人是不行的，靠国联也是不行的；如果靠外国人，也只有靠日本人才行，如果你们不愿靠日本人，那么只有靠自己。这便是日本人要骗我们所提出的自力更生的论调。一些日本留学生受了日本人的骗，以为这种说法很不错，回国后，就大倡这种论调，自欺欺人。不错的，要救中国，非我们起来拼命不可，这个谁不承认？我就首先承认。但是只是靠自己才能救国家，很难令人相信。打个比喻：有一班人走入山林里，碰着了老虎，其中有几位不幸被虎咬倒了，眼看他们鼻子被老虎一口咬掉了，耳朵也被一口咬掉了，其他的人想过去拯救，而他们却说不必用拯救，他可以“自力更生”。这不是很笑话吗？我们自己固然要拼命拯救自己，但是如果有人愿意来帮助我们，我们怎么不表示欢迎？

我们不会忘记中山先生临终说的一句话：“唤起民众及联合世界上以平等待我之民族，共同奋斗。”这便是我刚才所说的三颗炸弹，能粉碎日本大陆政策的三个炸弹。

中国的出路*

行知这一次到广西来，自己觉得到了真正自由平等的中国来了。我们在上海平津一带，甚至于连“抗日救国”这四个字都不好说，要说就要秘密的说，不然就要给帝国主义者或汉奸的政府逮捕暗杀——压迫到十八层地狱中去。到广西才算是爬出地面来了。一［这］会儿从地底爬出地面，看见了光明的太阳，呼吸些新鲜空气，你想想看是多么的愉快呢！不过，被压迫在地底下，也不是永远没有希望的——抗日救国的情绪犹如一颗种子，深深地被压迫在地底下，它总可以慢慢地吸收营养水分，到了相当时期，它自然破壳而出，发芽高长。诸位看看这些树，从前不是被压迫在地下的一些种子么？我们现在就是被压迫在地中的一些抗日救国的种子，总有一天会冲地而出，完成我们的任务的！诸君都是中华民族革命的战士，所以今天特别提出“中国的出路”这条总目和诸位谈谈。这个题目分为四段：（1）揭开日本大陆政策的内幕。（2）撕毁汉奸政府的假

---

* 原载《民国日报》（南宁）1936年5月20—30日。系陶行知于1936年5月16日在南宁市中学的演讲。记录者：莫邪。在南宁《民国日报》发表时，文末附有记录者的话：“这篇记录交到我手里的时候，陶先生已经离开了广西，不能请他亲自订正，那我只好冒昧地代劳了。陶先生这次南来所负的使命是‘连接抗日救国的战线’。所以他在各处的讲演，都不出这个题目。我因为奉命陪伴他，可以听的也不只一次。因此，就记忆之所及，将记录略加订正。错误的地方想不能免的，这个责任当然由我负，不关陶先生的事。此外我要多一句嘴，就是，我听陶先生讲这个题目，虽然有好几次，可是及到我看这纪录时，仍然是大大地感动。真诚的人讲真诚的事，未有不动人的！”

面具。(3) 各地民众抗日救国运动悲壮热烈的情形。(4) 中国唯一真正的出路。

一、揭开日本大陆政策的内幕

日本的大陆政策，很明显的可以在伪满洲国教科书上看出来："满洲定，而华北定；华北定，而支那定；支那定，而东亚定；东亚定，而世界大同。"这几句话很明显的表现出日本一颗贪得无厌的野心，不但夺取了东北四省，还要夺取华北，并吞全中国，覆灭全世界。近来我们提倡一种与帝国主义算账的算术，这种算术，是教育部所审定的教科书里所没有的。各位试算算看，自九一八以后，我们被日本帝国主义侵占了或已经划入势力范围的土地有多大？据上海的小学生所得的结果，是等于二十二个江苏省。请各位同学也来算一算，究竟等于几个广西？

最近日本已经改变了他们侵略的方法，这方法叫做"以华制华"的政策。即是利用军阀、政客、地痞、流氓以宰制中国的大众，所以也可以说就是汉奸的亡国运动。前次的华北自治活动，便是日本人发两毛钱一个所收买的流氓，每人发给一件号［马］褂，叫他们穿在身上，上面写着"要求自治"四字。这一群流氓，受人的指使，一直走到天津的市政府，大家闹着"我们要自治"。其实他们这般人，目的只在两毛钱。同时日本人还看破了军阀的心理。军阀的心理是什么？就是"保存实力"四个字。因此他们便多方面去游说军阀，不要和日本人打仗，叫他们保存实力。并且他们还煽动内乱，以收各个击破之效。这是日本人最巧妙、最毒辣的方法。

九一八以来所失之土地中，有两个宝贝：一是辽宁的铁，一是华北的煤。这两个宝贝是发展民族工业不可少的。现在失掉了，我们的工业就不能发展，我们的工厂就为日本鬼打碎，以后只能永远靠着种田过日子，做他的农奴，供给他们的原料，做他们的殖民地。所以我们之收复失地，又可以说：是收回华北的煤、辽宁的铁，来发展我们的民族工业。

其次，我要报告东四省及华北一带暴力压迫下同胞们流离颠沛的惨状。农民最重要的家伙就是土地，日本人用最低的价值买去。比方说，值得一百元的田地，他只付你三十元，便强迫地要去。试问，农民卖了田地靠什么为生，不是白白饿死么？有一个富于抵抗性的农夫，不肯出卖他的田地，于是就被日本人缚在马腿上，叫马拖着跑，幸得这个农人很强壮，给马拖了二十里后，解下来还能够站起来，仍旧是倔强的不肯卖。几个蛮横无理的日本人就跳过来把他打倒在地下，一脚踹在他头上，把眼珠踏出了。这是如何悲惨的事呢！这农人的照相，我们那儿有。

大家知道，东三省有一个抚顺煤矿，那儿有一位工友亲自对我说："没有一个军队的弟兄的体格比得上抚顺煤矿的工人的。可是那儿的工友们一年要死四分之一，四年便要完全地更换一批！别的矿区工人伤的多，死的少，而抚顺工人每伤必死，这是什么缘故呢？因为这些工人多半是山东来的，离家很远，他们死了之后，其抚恤金无人领取，因此日本人的打算，与其让工人生，不如让工人死，因为如果伤了的工人替他慢慢的医治，一定须要很多的治疗费，倒不如给他死去省些钱！"

上海日本纱厂的工人生活，也是被压迫着过牛马的生活，两个人不能在一起说话，如果说了就挨打！不准读书，甚至连《三民主义》、《千字课》或《老少通》都不可以有！搜了出来就要打屁股，打了才开除！若是找得出一本《大众生活》，那还了得？！便说是共产党，即刻送到捕房去坐牢。日本工厂做工的时间特别的长，每天十足至少十三小时，星期日十八小时，这多做的五小时是无工钱的。

有一个在十九路军当过兵的工人梅锡［世］钧，他衣袋里带着一张军服小照，有一次被日本人检查出了，厉声的问他："你当过兵的吗?""是的！当过兵!""当过兵还来做工？妈的!"就一拳打过来。那位姓梅的工人是学过拳的，接着一拳就打倒日本人。另外一个日本鬼过来，又被他一腿打倒在地上。于是他们就吹起警笛，召集五六个日本人来把这位姓梅的工友打倒吐血，扔在门口，由他家里的人抬回去，不到几天便死了。这是如何悲惨的一回事呵？！我们要知道，这并不是梅某一个人的事，是四万万同胞的事！梅锡［世］钧是代表四万万人而抵抗，以一个人抵抗五六个人的进攻。我希望人人都有这种英勇的精神，那么我们一定可以把已往的失地一律收回来的！

凡是在日本势力下的工人、学生，完全不许读中国历史。九一八、一•二八的历史更不用说了，整个事实抹掉去。在天津等地的知识分子，若是高谈抗日，不久这个人就要失踪，过几天就有一袋袋的麻包抬上汽车，运到海轮上去，由海轮运到海中一个个地投入海里（据海员们说）。这些麻包是什么东西？知识分子失踪到哪里去了？在天津的日本军队，在街上行走的时候，如果有人碰着他一下，就是一刺刀。听闻说，在福州也有这类的事。他们不但欺负普通人，同时欺负军队。当于学忠在天津做主席的时候，日本的军队竟然在省府卫士的刺刀上擦火柴，点火吸烟，其辱国欺人、凌辱我同胞之情形如此！这种是什么生活？这就是日本大陆政策势力所到之地人民所过的亡国生活！

二、撕毁汉奸政府的假面具

南京政府不抵抗，把美好的国土一片片的丧失，一面还厚颜与敌人杯酒言欢，高谈亲善，无耻何极！对国人始终说假话，不承认不抵抗，而美其名曰准备抵抗！最初说准备二十年，十年生聚十年教训。记得九一八后，有许多学生跑到南京去质问军事领袖，领袖说："你们不要急，看我三年内把东三省拿回来！如拿不回来砍我的头！"学生们被他哄了一下就回去了。现在已经四年了，东三省还在日本手中，这位领袖的头仍然还在肩上。

五中全会行将开幕时，南京政府夤夜进兵，拉夫挑担，好像立刻抵抗的样子，于是把各方面的代表都哄来了，西南的代表都被骗参加了。若果不装模作样，我恐怕西南的代表不会参加的。当时有位小先生写封信给我，说他村里那个守庙的和尚都被拉去挑担了，闻说是抗日。我在信上说："你且不要急，等和尚回来再说。"果然，五中全会开完了，和尚也回来了，抵抗在哪里?！这是南京政府抗日的把戏。可是，你南京政府不抵抗也罢了，不要压迫老百姓，不许他们也不抵抗！不要把抗日救国的人当着罪犯来枪杀！

三、各地民众抗日救国运动悲壮热烈的情形

十二月九日，北平发生了一个空前的民族解放运动，有人说这个运动和五四运动相同。我以为不同（曾在《十二月运动与五四运动》一文中指出）！有六点不同。现在我只提出一点来说，五四运动时，学生只知道打卖国贼，不知道危险，一团高兴干出来的事。十二月运动则不同，事先看清楚了危险，明知道头上有飞机，前面有刺刀、机关枪，脑子里有"五卅"的经验，凶多吉少，是不待说的，可是他们竟能赤手空拳，准备以自己的生命血肉争取中华民国的生命。这是一个何等伟大悲壮的〈运动〉！汉奸政府的责任，就是阻止这种救国运动，所以布置了四道抵抗救国者的防线：第一道是拿木

头棍子的警察，第二道是水龙，第三道是刺刀，第四道是机关枪。学生们四个人一排，女生先冲，遇着警察就高呼："中国人不打中国人，请武装同志加入！"警察们听了，木头棍子都失了效用，第一道防线就很容易的冲过去。第二道防线是水龙，离得太远，学生们喊的声音听不到，自来水只管冲过来，在那天寒地冻的北方，冲过来的每滴水都变成了冰，又冷又滑；但是大家仍然英勇的前进，走不动时，便爬着走，爬到第三防线。第三道防线的兵士都恐慌起来，一恐慌就刺刀乱下，替帝国主义杀害自己的同胞！有一个十三岁的女孩被踢倒在地上，刺刀正要刺下时，给一个外国女记者看见了，大为不忍，于是扑倒在这女孩身上，对警察说："你们的刺刀应该向日本人刺！这个女孩是中国最英勇的一个抵抗者！"警察听了很惭愧的走开了。学生们奋不顾身以血肉拼命夺取中华民族的自由平等，唤起全国民众共同走上民族革命的战线。十二月十六日学生民众轰轰烈烈的抗日救国运动，影响了全国，十二月十八日天津也响应了。各位知道天津是日本军队的势力范围，救国运动是不易举行的。日本兵尚且可以在省府卫兵的刺刀上擦火柴吃烟，其凶恶横暴之状可想而知！可是救国运动究竟是不能遏止的！事前有一个学生提议说："凡是愿意牺牲血肉生命冲入日本租界去的请签字！"不期然而签字者百人。大家只有出去没有回来的决心！刚出校门就有同学高声喊着："你们就忍着看这一百人为救国而牺牲么？"于是顷刻之间便齐集了数百人，走到别个学校，别个学校的同学也加入，一会儿就聚集了四千人，大家都准备冲入日本租界去和日本人拼命！日本人得了这个消息怕得了不得，立刻关起铁门，布满铁丝网，装上电流。大家冲不进去，便站在大门外大呼："打倒日本帝国主义！"声如雷动！日本鬼躲在铁门里潜伏得如乌龟藏在壳里，不敢动弹。那天准备牺牲的四千条生命一个都没有牺牲，然而目的却达到了！结果日本兵再也不敢在街上横行无忌。可见要民众起来才可以救国！接着便是上海的文化界、工人、农民、妇女、小先生都纷纷起来参加救国运动。现在也想提出两件来报告：是上海的学生运动，由复旦大学领导，有一次要想跑到南京去质问当局："要准备多少日子才敢抵抗?"南京政府听到了这个消息，便慌忙起来，立刻拍电叫校长劝阻。校长说得嘴都干了，没有效！学生说："校长叫我们爱国可以！叫我们不做救国运动不行!"于是聪明的南京政府又想出第二个办法，预备了许多棍棒，来一个打一个，来一双打一双，来一千打一千，来一万打一万！叫保安队拿着等在火车站里。但是，那些保安队都是东北的爱国同胞，他们说："我们要打回老家去，学生，我们不打!"棍子没有人拿。第二步计划又行不通！学生仍然要去。去就去，把火车开到几十里外再停止，看你怎么去。汉奸究竟多聪明，学生们也就不愚，派了两个学机械工程的学生坐在车头看他开车，果然不一会那个汉奸停了车下来，一溜烟走了。汉奸们高兴得很，谁知一会儿火车竟继续开动起来。那还了得，学生也会开车了！立刻打电话给前站把铁轨拆去。这一节学生们事前也曾想到，于是把后面的铁轨拆下来接上前面去，火车又向前迈进了。南京得到了这个消息，不得了（南京政府怕学生甚过怕日本人），立刻派谷正伦领兵三千前来抵抗！抵抗谁？抵抗救国的学生！徒手的学生当然抵敌不住三千大兵，可是目的已经算是达到了。学生们的领袖说："我们不必问南京政府抵抗不抵抗了，南京政府是不抵抗的，南京政府的兵只是用来抵抗救国的学生！回来罢!"

其次，说到上海日本纱厂工人为梅锡［世］钧同志报仇的故事。日本工厂里的工人，是不许两个人一起说话的，大家要想为梅锡［世］钧报仇，没有地方聚谈怎行？幸而纱厂中还有一片干净土，这片干净土是什么地方？那便是毛［茅］厕。于是五个人就聚集在毛［茅］厕中商量："梅锡［世］钧死了，我们应不应替他报仇?""应该!""如何报仇?""罢工!""好!"五个人走出毛［茅］厕，来到工作场，喊一声罢工，四千工人便一齐罢了工。并且把日本人赶了出去！这是我们英勇的民族精神表现的地方。我们要知道抗日，不是没有办法、没有力量的。只怪汉奸政府不善处置，一味的把大事化为小事，小事化为无事，于是就诬指为共党所为，以致把这英勇的民族运动压制下去！过了两天，连梅锡［世］钧的家人都被政府藏了起来，马马虎虎的过去了。总之，梅锡［世］钧之死，是为民族而死，不是一个人的死，将来这个思想普及全国之后，我想总有一天会爆发出伟大的民族救国运动的。这个运动就好像一粒种子被压在地下，现在南京、上海等地的救国运动，都是在地底下活动，只有在广西，可以在地面上活动。我们要把全国的抗日救国战线连结起来，共同努力奋斗！这次南下，在广州遇着一位旧朋友，我问他，你来这里干什么？他说为粤汉路接线。我心里暗说，这回我南来也是接线，我接的是抗日救国的战线！

四、中国唯一真正的出路，这就是用武力抗战

第一，从科学方面说：自卫抗战是宇宙间的天经地义！国家犹如身体一样，军队就是白血球，白血球遇到了微菌，就拼个你死我活，不是微菌被杀，就是白血球牺牲。我们的军队也是应该以卫国杀贼为天职。如果我们的白血球遇着了微菌也如中央政府一样的“准备抵抗”，恐怕我们的生命也早已呜呼哀哉了。所谓“准备抵抗”，那只有汉奸政府才发出这种无耻的言论。

第二，我们要认清楚东四省是全中国的东四省，不是东四省的四省；华北是全中国人的华北，不是华北的华北；福建是全中华民族的福建，不是局部的问题。所以，一个地方有事，就要全国急起解决之，不能诿之地方交涉！

第三，我们要联络起来抗日的阵线。把所有要抵抗的人联络起来。有兵权的人联络起来，中国人不打中国人。如果有人不愿抵抗的，就是汉奸，就应该打倒！打汉奸不是打中国人，是打日本帝国主义的走狗！

第四，近来有人提倡自力更生。我以为，这犹如几个人走上山遇着了老虎，譬如我被老虎扑倒了，老虎对我说："你应该自力更生啊！"我也胡涂得很，我对那几位朋友说："你们不要来救我，我自力更生啊！"这个语调是日本人欺骗愚惑我们的，竟然也有许多大人先生盲从的喊起来。这是不对的。中国拼命抗战是天经地义，若有人愿意帮助，那是更好的事，为什么拒绝呢？不是很傻么？所以，我们应该联合世界上以平等待我之民族，共同奋斗，这是孙先生给我们的教训。其次，抗日要大众起来奋斗才行，少数人是不够的，要大众起来，就首先要唤起大众，组织大众，武装大众才行。这次南下，在广州第一次和胡展堂先生谈话。我问："中国如何救？"他说："要救中国就要抗日！"我问："如何抗日？"他说："大众起来！"我说："如何起来？"他兴奋极了，说："民众自然有办法起来，民众的办法就是我的办法！"这是一句真心话。我希望全国民众都知道这句话；大家起来！要民众起来才有办法，胡先生对于这一点是认识得很清楚的。

再有一点意思对学生诸君说——"学生"两个字的解释——所谓学生，即是学习人生之道。现在人生之道是什么？即是中华民族生存之道。若是国家灭亡了，我们也就无法生存。所以，现代学生唯一的责任如何救国。学校的功课应该立刻更改，务与救亡工作互相关切。课余则努力宣传，唤起大众。这个责任应该由学生负起的。在校的可以写信宣传，有暇可以在街上作口头宣传，务使人人都知道救国的真义，人人都成为民族争生存的战士。这次到广西来，所得益处不少。贵省太平天国民族革命的精神，黑旗军抗敌争存的精神，四集团军北伐扫除封建余孽的精神，广西努力建设的精神，在在都充满着这种精神！我希望，我们能本着此精神以收复领土！复兴民族！务使中华民族能达到自由平等的地位！

末了，这次到贵省来，看见诸位民族战士勇往励进的努力，使我十分佩服！我希望，总有一天，在北方看见各位肃清国内汉奸，收复东北四省。这个光荣的日子我想一定有的，大家期待着罢！

全面抗战与全面教育（节选）*

……

所谓全面教育，就是“教育战”。我们的抗战是全面抗战，我们的教育也跟着全面抗战的开展而成为全面教育。但假使只为教育而教育，也即是为教书而教书，为读书而读书，这是不正当的，我们可以不必讲它。抗战与教育有什么关系呢？教育应该配合抗战，教育在现在就是战时教育。

有一位校长说：“我没有学过战时教育，所以不会办战时教育。”但他又不肯下台让晓得的人来办。于是我便写了一首小诗，发挥我的感慨：“遍地发瘟，妈妈病倒在床。叫他倒口开水，他说功课忙。叫他请医生，他说功课忙。叫他买一服药，他说功课忙。等到妈妈死了，他写讣文忙、写祭文忙，称孤哀子忙。”

这班为教育而教育的人们，在平时是这样，在战时也要来这样，那真是不可思议的！我们不能坐视中华民族的妈妈病死，必定要起来服侍她。全面教育可分做几点讲。

第一，从空间来说：不能只办后方教育，要把教育扩大到敌人的后方，扩大到全中国、全世界去。

---

* 原载《生活教育十二周年纪念刊》，生活教育社留沪社友 1939 年 3 月 15 日编印，系陶行知于 1939 年 1 月间在香港中华业余学校的演讲。记录人：李柏丝、叶翼如、汤儒乡、陈烈。此处节选系全篇最后一部分。

第二，从教育的对象说：不只着重青年教育，而且要顾到老年人和小孩子的教育。老太太不是没有用的，你看赵老太太，现在她是游击队的母亲。我曾写了一首诗送她说："日本出妖怪，中国出老太。老太捉妖怪，妖怪都吓坏。"谅大家必有看过的吧！青年固然有用，小孩子也很有用。我在第五战区时，曾听李宗仁将军告诉我台儿庄一个故事：当台儿庄形势紧张的时候，有一群小孩子组织歌咏队，在村上唱歌，等到听众多了，他们乘机来演讲，宣传救中国必先除汉奸的意义。不料听众中恰有一个姓黄的小孩子，他是给敌人利用来打探我们军情的小汉奸。小汉奸听了这些话马上觉悟悔过，自动起来向大家招认，承认他是个小汉奸，并且发誓从此不再做小汉奸而要做个小战士。大家就要求他用做汉奸的手段去做"反汉奸"的工作，去打探敌人的消息。结局他是如命而行，探出敌人的火药库而带我们的军队去炸毁。小孩唱歌演说的力量，可以把个小汉奸变成一个小战士，这些都是老太太和小孩子所表现的力量和功绩。所以我们的教育不能以老太婆老而不顾及，小孩子小而看不起他，须知当此全面抗战的时候，青年壮丁固然有用，老太和小孩也有他的用处啊！

第三，要顾到随战事的进展而产生的特殊生活。譬如因抗战而有了伤兵，我们就要有伤兵的教育；因抗战而有了难民，我们就要有难民的教育。我们对伤兵要用教育的方法来启发伤兵，使他们后方可以鼓励民气，在前方可以鼓励士气。对难民亦是这样，在难民的收容所中组织工学团，增加难民的生产力量，坚定他们的抗战意识，把逃难的一群变为冲锋的一群。

第四，全面教育还要跟着老百姓跑。百姓跑到东，我们教到东；百姓跑到西，我们教到西；百姓跑到树林，我们教到树林；百姓跑到山洞，我们教到山洞。所谓跟着教，并不是跟着逃走。跟他们做什么？教他们！教育是要跟着老太太、老太公走，跟着青年走，跟着小孩子走。所谓教育不是只教他们识几个字，或印印讲义就算了，帮助人就是教育。全面教育扩大到无论什么地方，是跟着老百姓的教育，那么知识分子就应该开展他们的教育到那儿去。所谓跟“老百姓去”并不是“逃走”！而是跟着他们，走进他们的生活中去教育他，使他改逃跑为冲锋，走回来抗战。只是逃跑，那是“逃走教育”，不是全面教育。

在后方的云南、贵州办教育是要紧的，到山东、河北办教育亦是要紧的，但也不一定在敌人炮火下办教育。若到山东、河北去只是为教育而教育，这又有什么用处呢？

教育不要呆板，要灵活的运用。只要使他们发生一种力量到达前线去，增加抗战的力量，要很快的发生效力，真正发生效力。

第五，教育的行为是服务，而服务的行为也就是教育。譬如在逃难的时候帮助老太婆不使跌倒，帮助小孩子不使踏伤，这都是教育，以身作则的实践教育。

第六，要顾到高深的研究，也要顾到目前需要的实用技术。譬如有人说一个医生，非五年七年不能养成，但现在前线上兵士最普遍的疾病是疟疾与痢疾和因血管破伤流血过多以至于毙命！这种医疟、痢、扎血管止血的医生，那就不需要五年七年了。如果认真学习，几个月便可毕业，到前线去服务救人。我们可用轮流服务、轮流研究的法子来调剂。若硬说一律需要五年七年而后有医生可应世，那是我们所不敢附和的。所以在后方办教育我们并不反对，所谓全面教育并不是一定要硬撑在炮火之下来办教育，在云南、贵州，甚至任何地方办教育都可以。不过教的工作在后方，而教育的力量却要达到前方，达到敌人的后方。教育的目的不是为教育而教育，乃是为抗战而教育。因此，所授的课程和方法，必须变更，以求切于抗战建国之用。

以上六点，就是我对于全面教育的一些意见。此外，还有一点要请大家格外注意的，就是：全面教育是要真干而不可假干；要穷干而不可浪费的干；要合干而不可分裂的干；是要快干而不可慢慢的干；是大规模干而不可小干的教育。

今天时间很长了，我的话就讲到这里。但我的全面教育还有一段，留待另定一个时间，来和诸位谈“生活教育”时再说。

胡适

胡适（1891—1962），字适之，安徽绩溪人，著名哲学家、思想家。1910 年（19 岁）考取庚子赔款第二期官费生赴美国留学，于康奈尔大学先读农科，1914 年在哥伦比亚大学攻读哲学，就学于哲学家约翰·杜威。1917 年（26 岁）夏回国担任北大教授。抗战时期，曾任驻美大使，战后任北京大学校长。1949 年后，寓居美国，1958 年就任台湾“中研院”院长。1962 年逝世于台北。

胡适是我国近现代史上最有影响的思想家和学者之一，是第一位提倡白话文、新诗的学者，是新红学考据派的创始人、新文化运动领袖之一、五四运动的核心人物。1917 年他回国在北大任教后，很快加入《新青年》编辑群体，在文学革命、思想革命中发挥重大作用。胡适兴趣广泛，著述丰富，在文学、哲学、史学、考据学、教育学、伦理学、红学等诸多领域都有深入的研究。在当时的思想、教育及文化界是公认的知识领袖。

九一八事变后，胡适通过自己主持创办的《独立评论》，经常发表时评和讨论政治的文章。但对于全民族首要的对日外交问题，胡适反对对日开战，主张谈判缓解局势，以待国际形势的根本好转。他的主张受到严厉的批评，傅斯年就曾因此而想退出独立评论社。

但七七事变后，他终于从不主战的“低调俱乐部”中走出来，决定接受蒋介石的委托，去美国开展民间外交，为中国的抗战寻求援助。胡适在美国从事演讲活动，宣传中国抗战决心，争取美国朝野的理解与支持。

本书收入的《赠与今年的大学毕业生》系为九一八后第一届毕业的学生所作，告诫青年要“寻一两个值得研究的问题”，“多发展一点非职业的兴趣”，在这个不幸的时代“得有一点信心”。《信心与反省》一文鼓励青年在这种恶劣空气里保持对于国家民族前途的绝大信心，“这种信心是一个民族生存的基础”。《惨痛的回忆与反省》、《九一八的第三周年纪念告全国的青年》分别是九一八一周年和三周年的纪念文章。

赠与今年的大学毕业生*

这一两个星期里，各地的大学都有毕业的班次，都有很多的毕业生离开学校去开始他们的成人事业。学生的生活是一种享有特殊优待的生活，不妨幼稚一点，不妨吵吵闹闹，社会都能纵容他们，不肯严格的要他们负行为的责任。现在他们要撑起自己的肩膀来挑他们自己的担子了。在这个国难最紧急的年头，他们的担子真不轻！我们祝他们的成功，同时也不忍不依据我们自己的经验，赠与他们几句送行的赠言——虽未必是救命毫毛，也许作个防身的锦囊罢！

※ ※ ※ ※

你们毕业之后，可走的路不出这几条：绝少数的人还可以在国内或国外的研究院继续作学术研究；少数的人可以寻着相当的职业；此外还有做官、办党、革命三条路；此外就是在家享福或者失业闲居了。第一条继续求学之路，我们可以不讨论。走其余几条路的人，都不能没有堕落的危险。堕落的方式很多，总括起来，约有这两大类：

第一是容易抛弃学生时代的求知识的欲望。你们到了实际社会里，往往所用非所学，往往所学全无用处，往往可以完全用不着学问，而一样可以胡乱混饭吃，混官做。在这种环境里，即使向来抱

* 本文原载《胡适文存》卷四，作于1932年6月27日。

有求知识学问的决心的人，也不免心灰意懒，把求知的欲望渐渐冷淡下去。况且学问是要有相当的设备的：书籍，试验室，师友的切磋指导，闲暇的工夫，都不是一个平常要糊口养家的人所能容易办到的。没有做学问的环境，又谁能怪我们抛弃学问呢？

第二是容易抛弃学生时代的理想的人生的追求。少年人初次与冷酷的社会接触，容易感觉理想与事实相去太远，容易发生悲观和失望。多年怀抱的人生理想，改造的热诚，奋斗的勇气，到此时候，好像全不是那么一回事。渺小的个人在那强烈的社会炉火里，往往经不起长时期的烤炼就镕化了，一点高尚的理想不久就幻灭了。抱着改造社会的梦想而来，往往是弃甲曳兵而走，或者做了恶势力的俘虏。你在那俘虏牢狱里，回想那少年气壮时代的种种理想主义，好像都成了自误误人的迷梦！从此以后，你就甘心放弃理想人生的追求，甘心做现成社会的顺民了。

要防御这两方面的堕落，一面要保持我们求知识的欲望，一面要保持我们对于理想人生的追求。有什么好法子呢？依我个人的观察和经验，有三种防身的药方是值得一试的。

第一个方子只有一句话："总得时时寻一两个值得研究的问题！"问题是知识学问的老祖宗；古今来一切知识的产生与积聚，都是因为要解答问题——要解答实用上的困难或理论上的疑难。所谓"为知识而求知识"，其实也只是一种好奇心追求某种问题的解答，不过因为那种问题的性质不必是直接应用的，人们就觉得这是"无所为"的求知识了。我们出学校之后，离开了做学问的环境，如果没有一个两个值得解答的疑难问题在脑子里盘旋，就很难继续保持追求学问的热心。可是，如果你有了一个真有趣的问题天天逗你去想他，天天引诱你去解决他，天天对你挑衅笑你无可奈他——这时候，你就会同恋爱一个女子发了疯一样，坐也坐不下，睡也睡不安，没工夫也得偷出工夫去陪她，没钱也得撙衣节食去巴结她。没有书，你自会变卖家私去买书；没有仪器，你自会典押衣服去置办仪器；没有师友，你自会不远千里去寻师访友。你只要能时时有疑难问题来逼你用脑子，你自然会保持发展你对学问的兴趣，即使在最贫乏的智识环境中，你也会慢慢的聚起一个小图书馆来，或者设置起一所小试验室来。所以我说：第一要寻问题。脑子里没有问题之日，就是你的智识生活寿终正寝之时！古人说，“待文王而兴者，凡民也。若夫豪杰之士，虽无文王犹兴。”试想葛理略（Galieo）和牛敦（Newton）有多少藏书？有多少仪器？他们不过是有问题而已。有了问题而后，他们自会造出仪器来解答他们的问题。没有问题的人们，关在图书馆里也不会用书，锁在试验室里也不会有什么发现。

第二个方子也只有一句话：“总得多发展一点非职业的兴趣。”离开学校之后，大家总得寻个吃饭的职业。可是你寻得的职业未必就是你所学的，或者未必是你所心喜的，或者是你所学而实在和你的性情不相近的。在这种状况之下，工作就往往成了苦工，就不感觉兴趣了。为糊口而作那种非“性之所近而力之所能勉”的工作，就很难保持求知的兴趣和生活的理想主义。最好的救济方法只有多多发展职业以外的正当兴趣与活动。一个人应该有他的职业，又应该有他的非职业的顽艺儿，可以叫做业余活动。凡一个人用他的闲暇来做的事业，都是他的业余活动。往往他的业余活动比他的职业还更重要，因为一个人的前程往往全靠他怎样用他的闲暇时间。他用他的闲暇来打马将，他就成个赌徒；你用你的闲暇来做社会服务，你也许成个社会改革者；或者你用你的闲暇去研究历史，你也许成个史学家。你的闲暇往往定你的终身。英国十九世纪的两个哲人，弥儿（J. S. Mill）终身做东印度公司的秘书，然而他的业余工作使他在哲学上，经济学上，政治思想史上都占一个很高的位置；斯宾塞（Spencer）是一个测量工程师，然而他的业余工作使他成为前世纪晚期世界思想界的一个重镇。古来成大学问的人，几乎没有一个不是善用他的闲暇时间的。特别在这个组织不健全的中国社会，职业不容易适合我们性情，我们要想生活不苦痛或不堕落，只有多方发展业余的兴趣，使我们的精神有所寄托，使我们的剩余精力有所施展。有了这种心爱的顽艺儿，你就做六个钟头的抹桌子工夫也不会感觉烦闷了，因为你知道，抹了六点钟的桌子之后，你可以回家去做你的化学研究，或画完你的大幅山水，或写你的小说戏曲，或继续你的历史考据，或做你的社会改革事业。你有了这种称心如意的活动，生活就不枯寂了，精神也就不会烦闷了。

第三个方子也只有一句话："你总得有一点信心。"我们生当这个不幸的时代，眼中所见，耳中所闻，无非是叫我们悲观失望的。特别是在这个年头毕业的你们，眼见自己的国家民族沉沦到这步田地，眼看世界只是强权的世界，望极天边好像看不见一线的光明——在这个年头不发狂自杀，已算是万幸了，怎么还能够希望保持一点内心的镇定和理想的信任呢？我要对你们说：这时候正是我们要培养我们的信心的时候！只要我们有信心，我们还有救。古人说："信心（Faith）可以移山。"又说："只要工夫深，生铁磨成绣花针。"你不信吗？当拿破仑的军队征服普鲁士占据柏林的时候，有一位穷教授叫做菲希特（Fichte）的，天天在讲堂上劝他的国人要有信心，要信仰他们的民族是有世界的特殊使命的，是必定要复兴的。菲希特死的时候（一八一四），谁也不能预料德意志统一帝国何时可以实现。然而不满五十年，新的统一的德意志帝国居然实现了。

一个国家的强弱盛衰，都不是偶然的，都不能逃出因果的铁律的。我们今日所受的苦痛和耻辱，都只是过去种种恶因种下的恶果。我们要收将来的善果，必须努力种现在的新因。一粒一粒的种，必有满仓满屋的收，这是我们今日应该有的信心。

我们要深信：今日的失败，都由于过去的不努力。

我们要深信：今日的努力，必定有将来的大收成。

佛典里有一句话："福不唐捐。"唐捐就是白白的丢了。我们也应该说："功不唐捐！"没有一点努力是会白白的丢了的。在我们看不见想不到的时候，在我们看不见想不到的方向，你瞧！你下的种子早已生根发叶开花结果了！

你不信吗？法国被普鲁士打败之后，割了两省地，赔了五十万万佛郎的赔款。这时候有一位刻苦的科学家巴斯德（Pasteur）终日埋头在他的试验室里做他的化学试验和微菌学研究。他是一个最爱国的人，然而他深信只有科学可以救国。他用一生的精力证明了三个科学问题：（1）每一种发酵作用都是由于一种微菌的发展；（2）每一种传染病都是由于一种微菌在生物体中的发展；（3）传染病的微菌，在特殊的培养之下，可以减轻毒力，使它从病菌变成防病的药苗。——这三个问题，在表面上似乎都和救国大事业没有多大的关系。然而从第一个问题的证明，巴斯德定出做醋酿酒的新法，使全国的酒醋业每年减除极大的损失。从第二个问题的证明，巴斯德教全国的蚕丝业怎样选种防病，教全国的畜牧农家怎样防止牛羊瘟疫，又教全世界的医学界怎样注重消毒以减除外科手术的死亡率。从第三个问题的证明，巴斯德发明了牲畜的脾热瘟的疗治药苗，每年替法国农家灭除了二千万佛郎的大损失；又发明了疯狗咬毒的治疗法，救济了无数的生命。所以英国的科学家赫胥黎（Huxley）在皇家学会里称颂巴斯德的功绩道："法国给了德国五十万万佛郎的赔款，巴斯德先生一个人研究科学的成绩足够还清这一笔赔款了。"

巴斯德对于科学有绝大的信心，所以他在国家蒙奇辱大难的时候，终不肯抛弃他的显微镜与试验室。他绝不想他的显微镜底下能偿还五十万万佛郎的赔款，然而在他看不见想不到的时候，他已收获了科学救国的奇迹了。

朋友们，在你最悲观最失望的时候，那正是你必须鼓起坚强的信心的时候。你要深信：天下没有白费的努力。成功不必在我，而功力必不唐捐。

二十一，六，二十七夜

惨痛的回忆与反省*

这一期（《独立评论》第十八期）本刊出版之日正是九一八的周年纪念。这一年的光阴，没有一天不在耻辱惨痛中过去的，纪念不必在这一天，这一天不过是给我们一个特别深刻的回忆的机会，叫我们回头算算这一年的旧账，究竟国家受了多大的损失和耻辱，究竟我们自己努力了几分，究竟我们失败的原因在那里。并且这一天应该使我们向前途想想，究竟在这最近的将来应该如何努力，在那较远的将来应该如何努力。这才是纪念九一八的意义。

九一八的事件，不是孤立的，不是偶然的，不是意外的，他不过是五六十年的历史原因造成的一个危险局面的一个爆发点。这座火山的爆发已不止一次了。第一次的大爆发在三十八年前的中日战争，第二次在三十五年前的俄国占据旅顺、大连，第三次在庚子拳乱期间俄国进兵东三省，第四次在二十八年前的日俄战争，第五次在十七年前的二十一条交涉。去年九一八之役是第六次的大爆发。每一次爆发，总给我们一个绝大的刺激，所以第一、二次的爆发引起了戊戌维新运动和庚子的拳祸。日俄战争促进了中国的革命运动，满清皇室终于颠覆。二十一条的交涉对于后来国民革命的成功也有绝大的影响：袁世凯的帝制运动及其失败，安福党人的卖国借款，

* 原载《独立评论》1932年9月18日第18号。

巴黎和约引起的学生运动，学生运动引起的中国共产党的组织与中国国民党的改组：此等事件都与国民革命的运动有直接或间接的关系。所以我们可以说民四的中日交涉产生了民十五六年的国民革命。

反响是有的，然而每一次反响都不曾达到挽救危亡的目标，都不曾做到建设一个有力的统一国家的目标。况且每一次的前进，总不免同时引起了不少的反动势力：戊戌维新没有成功，反动的慈禧党早已起来了，就引起了庚子的国耻。辛亥革命刚推倒了一个枯朽的满清帝室，北洋军人与政客的反动大团结又早已起来了。民十五六年的国民革命还没有完全胜利，腐化和恶化的趋势都已充分显露了。三十多年的民族自救运动，没有一次不是前进的新势力和反动势力同时出现，彼此互相打消，已得的进步往往还不够反动势力的破坏，所得虽不少而未必能抵偿所失之多。结果竟成了进一步必得退一步，甚至于退两三步。到了今日，民族自救的运动还是一事无成！练新兵本是为了御外侮的，于今我们有了二百多万人的陆军，既不能御外侮，又不能维持地方的安宁，只给国家添了一个绝大的乱源！谋革命也是为了救危亡，图民族国家的复兴；然而三十年的革命事业，到今日还只到处听见“尚未成功”的一句痛语。办新教育也是为了兴国强种，然而三十多年的新教育，到今日不曾为国家添得一分富，一分强，只落得人人痛恨教育的破产。

四十年的奇耻大辱，刺激不可谓不深；四十年的救亡运动，时间不可谓不长。然而今日大难当前，三百六十五个昼夜过去了，我们还是一个束手无策。这是我们在这个绝大纪念日所应该深刻反省的一篇惨史，一笔苦账。

我们应该自己反省：为什么我们这样不中用？为什么我们的民族自救运动到于今还是失败的？“七年之病求三年之艾”，这固然是今日的急务；然而还有许多人不信我们的民族国家是有病的，也还有许多人不肯相信我们生的是七年之病，也还有一些人不肯费心思去诊断我们的病究竟在那里。我说的“反省”，就是要做那已经太晚了的诊断自己。

我们的大病原，依我看来，是我们的老祖宗造孽太深了，祸延到我们今日。二三十年前人人都知道鸦片、小脚、八股，为“三大害”；前几年有人指出贫、病、愚昧、贪污、纷乱，为中国的“五鬼”；今年有人指出仪文主义、贯通主义、亲故主义，为“三个亡国性的主义”。(《独立》第十二号）这些话，现在的青年人都看做老生常谈了，然而这些大病根的真实是绝对无可讳的。这些大毛病都不是一朝一夕发生的，都是千百年来老祖宗给我们留下的遗产。这些病痛，“有一于此，未或不亡”，何况我们竟是兼而有之，种种亡国灭种的大病都丛集在一个民族国家的身上！向来所谓“东方病夫国”，往往单指我们身体上的多病与软弱，其实我们身体上的病痛固然不轻，精神上的病痛更多，又更难治。即如“缠脚”，岂但是残贼肢体而已！把半个民族的分子不当作人看待，让她们做了牛马，还要砍折她们的两腿，这种精神上的疯狂惨酷，是千百年不容易洗刷得干净的。又如“八股”，岂但是一种文章格式而已！把全国的最优秀分子的聪明才力都用在变文字戏法上，这种精神上的病态养成的思想习惯也是千百年不容易改变的。——这些老祖宗遗留下的孽障，是我们这个民族的根本病。在这个心身都病的民族遗传上，无论什么良法美意一到中国都成了“逾淮之橘”，都变成四不像了。

所谓民族自救运动，其实只是要救治这些根本病痛。这些病根不除掉，什么打倒帝国主义，什么民族复兴，都是废话。例如鸦片，现在帝国主义的国家并不用兵力来强逼我们销售了，然而各省的鸦片，勒种的是谁呢？抽税的是谁呢？包运包销的是谁呢？那无数自己情愿吸食的又是谁呢？

病根太深，是我们的根本困难。但是我们还有一层很重大的困难，使一切疗治的工作都无从下手。这个大困难就是我们的社会没有重心，就像一个身体没有一个神经中枢，医头医脚好像都搔不着真正的痛痒。试看日本的维新所以能在六十年中收绝大的功效，其中关键就在日本的社会组织始终没有失掉他的重心：这个重心先在幕府，其后幕府崩溃，重心散在各强藩，几乎成一个溃散的局面；然而幕府归政于天皇之后（一八六七），天皇成为全国的重心，一切政治的革新都有所寄托，有所依附，故幕府废后，即改藩侯为藩知事，又废藩置县，藩侯皆入居京师，由中央委任知事统治其地（一八七一），在四五年之中做到了铲除封建割据的大功。二十年后，宪政成立，国会的政治起来替代藩阀朝臣专政的政治（一八九〇），宪政初期的纠纷也全靠有个天皇作重心，都不曾引起轨道外的冲突，从来不曾因政争而引起内战。自此以后，四十年中，日本不但解决了他的民族自救问题，还一跃而为世界三五个大强国之一，其中虽有几个很伟大的政治家的功绩不可磨灭，而其中最大原因是因为社会始终不曾失其重心，所以一切改革工作都不至于浪费。

我们中国这六七十年的历史所以一事无成，一切工作都成虚掷，都不能有永久性者，依我看来，都只因为我们把六七十年的光阴抛掷在寻求建立一个社会重心而终不可得。帝制时代的重心应该在帝室，而那时的满清皇族已到了一个很堕落的末路，经过太平天国的大乱，一切弱点都暴露出来，早已失去政治重心的资格了。所谓“中兴”将相，如曾国藩、李鸿章诸人，在十九世纪的后期，俨然成为一个新的重心。可惜他们不敢进一步推倒满清，建立一个汉族新国家；他们所依附的政治重心一天一天的崩溃，他们所建立的一点事业也就跟着那崩溃的重心一齐消灭了。戊戌的维新领袖也曾轰动一时，几乎有造成新重心的形势，但不久也就消散了。辛亥以后民党的领袖几乎成为社会新重心了，但旧势力不久卷土重来，而革命日子太浅，革命的领袖还不能得着全国的信仰，所以这个新重心不久也崩溃了。在革命领袖之中，孙中山先生最后死，奋斗的日子最久，资望也最深，所以民十三以后，他改造的中国国民党成为一个簇新的社会重心，民十五六年之间，全国多数人心的倾向中国国民党，真是六七十年来所没有的新气象。不幸这个新重心因为缺乏活的领袖，缺乏远大的政治眼光与计画，能唱高调而不能做实事，能破坏而不能建设，能钳制人民而不能收拾人心，这四五年来，又渐渐失去做社会重心的资格了。六七十年的历史演变，仅仅得这一个可以勉强作社会重心的大结合，而终于不能保持其已得的重心资格，这是我们从历史上观察的人所最惋惜的。

这六七十年追求一个社会政治重心而终不可得的一段历史，我认为最值得我们的严重考虑。我以为中国的民族自救运动的失败，这是一个最主要的原因。我的朋友翁文灏先生说的好："进步是历次的工作相继续相积累而成的，尤其是重大的建设事业，非逐步前进不会成功。"（《独立》第五号，页十二）日本与中国的维新事业的成败不同，只是因为日本不曾失掉重心，故六七十年的工作是相继续的，相积累的，一点一滴的努力都积聚在一个有重心的政治组织之上。而我们始终没有重心，无论什么工作，做到了一点成绩，政局完全变了，机关改组了或取消了，领袖换了人了，一切都被推翻，都得从头做起；没有一项事业有长期计画的可能，没有一个计画有继续推行的把握，没有一件工作有长期持续的机会，没有一种制度有依据过去经验积渐改善的幸运。试举议会政治为例：四十二年前，日本第一次选举议会，有选举权者不过全国人口总数百分之一；但积四十年之经验，竟做到男子普遍选举了。我们的第一次国会比日本的议会不过迟二十一年，但是昙花一现之后，我们的聪明人就宣告议会政治是不值得再试的了。又如教育，日本改定学制在六十年前，六十年不断的努力就做到了强迫教育的普及，高等教育也达到了很可惊的成绩。我们的新学堂章程也是三十多年前就有了的，然而因为没有长期计画的可能，普及教育至今还没有影子，高等教育是年年跟着政局变换的，至今没有一个稳定的大学。我们拿北京大学、南洋公学的跟着政局变换的历史，来比较庆应大学和东京帝大的历史，真可以使我们惭愧不能自容了。

※　　　　※　　　　※　　　　※

我开始做一篇纪念九一八的文字，写了半天，好像是跑野马跑的去题万里了。然而这都是我在纪念九一八的情感里的回忆与反省。我今天读了一部《请缨日记》，是台湾民主国的大总统唐景崧的日记，记的是他在一八八二年自己告奋勇去运动刘永福（当时的“义勇军”）出兵援救安南的故事。我看了真有无限的感慨！五十年前，我们想倚靠刘永福的“义勇军”去抵抗法兰西。五十年后，我们有了二百多万的新式军队了，依旧还得倚靠东北的义勇军去抵抗日本。五十年了！把戏还是一样！这不是很值得我们追忆与反省的吗？我们要御外侮，要救国，要复兴中华民族，这都不是在这个一盘散沙的社会组织上所能做到的事业。我们的敌人公开的讥笑我们是一个没有现代组织的国家，我们听了一定很生气；但是生气有什么用处？我们应该反省：我们所以缺乏现代国家的组织，是不是因为我们至今还不曾建立起我们的社会重心？如果这个解释是不错的，我们应该怎样努力方才可以早日建立这么一个重心？这个重心应该向那里去寻求呢？

为什么六七十年的历史演变不曾变出一个社会重心来呢？这不是可以使我们深思的吗？我们的社会组织和日本和德国和英国都不相同。我们一则离开封建时代太远了，二则对于君主政体的信念已被那太不像样的满清末期完全毁坏了，三则科举盛行以后社会的阶级已太平等化了，四则人民太贫穷了没有一个有势力的资产阶级，五则教育太不普及又太幼稚了没有一个有势力的智识阶级：有这五个原因，我们可以说是没有一个天然候补的社会重心。既然没有天然的重心，所以只可以用人功创造一个出来。这个可以用人功建立的社会重心，依我看来，必须具有这些条件：

第一，必不是任何个人，而是一个大的团结。

第二，必不是一个阶级，而是拥有各种社会阶级的同情的团体。

第三，必须能吸收容纳国中的优秀人才。

第四，必须有一个能号召全国多数人民的感情与意志的大目标：他的目标必须是全国的福利。

第五，必须有事功上的成绩使人民信任。

第六，必须有制度化的组织使他可以有持续性。

我们环顾国内，还不曾发现有这样的一个团结。凡是自命为一个阶级谋特殊利益的，固然不够作社会的新重心；凡是把一党的私利放在国家的福利之上的，也不够资格。至于那些拥护私人作老板的利害结合，更不消说了。

我们此时应该自觉的讨论这种社会重心的需要，也许从这种自觉心里可以产生一两个候补的重心出来。这种说法似乎很迂缓。但是我曾说过，最迂缓的路也许倒是最快捷的路。

二十一，九，十一夜

信心与反省*

这一期（《独立》一〇三期）里有寿生先生的一篇文章，题为《我们要有信心》，在这文里，他提出一个大问题：中华民族真不行吗？他自己的答案是：我们是还有生存权的。

我很高兴我们的青年在这种恶劣空气里还能保持他们对于国家民族前途的绝大信心。这种信心是一个民族生存的基础，我们当然是完全同情的。

可是我们要补充一点：这种信心本身要建筑在稳固的基础之上，不可站在散沙之上。如果信仰的根据不稳固，一朝根基动摇了，信仰也就完了。

寿生先生不赞成那些旧人“拿什么五千年的古国哟，精神文明哟，地大物博哟，来遮丑”。这是不错的。然而他自己提出的民族信心的根据，依我看来，文字上虽然和他们不同，实质上还是和他们同样的站在散沙之上，同样的挡不住风吹雨打。例如他说：

> 我们今日之改进不如日本之速者，就是因为我们的固有文化太丰富了。富于创造性的人，个性必强，接受性就较缓。

这种思想在实质上和那五千年古国精神文明的迷梦是同样的无稽的夸大。第一，他的原则“富于创造性的人，个性必强，接受性就较

---

* 原载《独立评论》1934 年 6 月 3 日第 103 号。

缓”，这个大前提就是完全无稽之谈，就是懒惰的中国士大夫捏造出来替自己遮丑的胡说。事实上恰是相反的：凡富于创造性的人必敏于模仿，凡不善模仿的人决不能创造。创造是一个最误人的名词，其实创造只是模仿到十足时的一点点新花样。古人说的最好：“太阳之下，没有新的东西。”一切所谓创造都从模仿出来。我们不要被新名词骗了。新名词的模仿就是旧名词的“学”字；“学之为言效也”是一句不磨的老话。例如学琴，必须先模仿琴师弹琴；学画，必须先模仿画师作画；就是画自然界的景物，也是模仿。模仿熟了，就是学会了，工具用的熟了，方法练的细密了，有天才的人自然会“熟能生巧”，这一点工夫到时的奇巧新花样就叫做创造。凡不肯模仿，就是不肯学人的长处。不肯学如何能创造？葛理略（Galileo）听说荷兰有个磨镜匠人做成了一座望远镜，他就依他听说的造法，自己制造了一座望远镜。这就是模仿，也就是创造。从十七世纪初年到如今，望远镜和显微镜都年年有进步，可是这三百年的进步，步步是模仿，也步步是创造。一切进步都是如此：没有一件创造不是先从模仿下手的。孔子说的好：

> 三人行，必有我师焉。择其善者而从之，其不善者而改之。

这就是一个圣人的模仿。懒人不肯模仿，所以决不会创造。一个民族也和个人一样，最肯学人的时代就是那个民族最伟大的时代；等到他不肯学人的时候，他的盛世已过去了，他已走上衰老僵化的时期了，我们中国民族最伟大的时代，正是我们最肯模仿四邻的时代：从汉到唐宋，一切建筑、绘画、雕刻、音乐、宗教、思想、算学、天文、工艺，那一件里没有模仿外国的重要成分？佛教和他带来的美术建筑，不用说了。从汉朝到今日，我们的历法改革，无一次不是采用外国的新法；最近三百年的历法是完全学西洋的，更不用说了。到了我们不肯学人家的好处的时候，我们的文化也就不进步了。我们到了民族中衰的时代，只有懒劲学印度人的吸食鸦片，却没有精力学满洲人的不缠脚，那就是我们自杀的法门了。

第二，我们不可轻视日本人的模仿。寿生先生也犯了一般人轻视日本的恶习惯，抹杀日本人善于模仿的绝大长处。日本的成功，正可以证明我在上文说的“一切创造都从模仿出来”的原则。寿生说：

> 从唐以至日本明治维新，千数百年间，日本有一件事足为中国取镜者吗？中国的学术思想在她手里去发展改进过吗？我们实无法说有。

这又是无稽的诬告了。三百年前，朱舜水到日本，他居留久了，能了解那个岛国民族的优点，所以他写信给中国的朋友说，日本的政治虽不能上比唐、虞，可以说比得上三代盛世。这一个中国大学者在长期寄居之后下的考语，是值得我们的注意的。日本民族的长处全在他们肯一心一意的学别人的好处。他们学了中国的无数好处，但始终不曾学我们的小脚，八股文，鸦片烟。这不够“为中国取镜”吗？他们学别国的文化，无论在那一方面，凡是学到家的，都能有创造的贡献。这是必然的道理。浅见的人都说日本的山水人物画是模仿中国的；其实日本画自有他的特点，在人物方面的成绩远胜过中国画，在山水方面也没有走上四王的笨路。在文学方面，他们也有很大的创造。近年已有人赏识日本的小诗了。我且举一个大家不甚留意的例子。文学史家往往说日本的《源氏物语》等作品是模仿中国唐人的小说《游仙窟》等书的。现今《游仙窟》已从日本翻印回中国来了，《源氏物语》也有了英国人卫来先生（Arthur Waley）的五巨册的译本。我们若比较这两部书，就不能不惊叹日本人创造力的伟大。如果“源氏”真是从模仿《游仙窟》出来的，那真是徒弟胜过师傅千万倍了！寿生先生原文里批评日本的工商业，也是中了成见的毒。日本今日工商业的长脚发展，虽然也受了生活程度比人低和货币低落的恩惠，但他的根基实在是全靠科学与工商业的进步。今日大阪与兰肯歇的竞争，骨子里还是新式工业与旧式工业的竞争。日本今日自造的纺织器是世界各国公认为最新最良的。今日英国纺织业也不能不购买日本的新机器了。这是从模仿到创造的最好的例子。不然，我们工人的工资比日本更低，货币平常也比日本钱更贱，为什么我们不能“与他国资本家抢商场”呢？我们到了今日，若还要抹煞事实，笑人模仿，而自居于“富于创造性者”的不屑模仿，那真是盲目的夸大狂了。

第三，再看看“我们的固有文化”是不是真的“太丰富了”。寿生和其他夸大本国固有文化的人们，如果真肯平心想想，必然也会明白这句话也是无根的乱谈。这个问题太大，不是这篇短文里所能详细讨论的，我只能指出这个比较重要之点，使人明白我们的固有文化实在是很贫乏的，谈不到“太丰富”的梦话。近代的科学文化，工业文化，我们可以撇开不谈，因为在那些方面，我们的贫乏未免太丢人了。我们且谈谈老远的过去时代罢。我们的周秦时代当然可以和希腊、罗马相提比论，然而我们如果平心研究希腊、罗马的文学、雕刻、科学、政治，单是这四项就不能不使我们感觉我们的文化的贫乏了。尤其是造形美术与算学的两方面，我们真不能不低头愧汗。我们试想想，《几何原本》的作者欧几里得（Euclid）正和孟子先后同时；在那么早的时代，在二千多年前，我们在科学上早已太落后了！（少年爱国的人何不试拿《墨子·经上篇》里的三五条几何学界说来比较《几何原本》?）从此以后，我们所有的，欧洲也都有；我们所没有的，人家所独有的，人家都比我们强。试举一个例子：欧洲有三个一千年的大学，有许多个五百年以上的大学，至今继续存在，继续发展：我们有没有？至于我们所独有的宝贝，骈文、律诗、八股、小脚、太监、姨太太、五世同居的大家庭、贞节牌坊、地狱活现的监狱、廷杖、板子夹棍的法庭……虽然“丰富”，虽然“在这世界无不足以单独成一系统”，究竟都是使我们抬不起头来的文物制度。即如寿生先生指出的“那更光辉万丈”的宋明理学，说起来也真正可怜！讲了七八百年的理学，没有一个理学圣贤起来指出裹小脚是不人道的野蛮行为，只见大家崇信“饿死事极小，失节事极大”的吃人礼教：请问那万丈光辉究竟照耀到那里去了？

以上说的，都只是略略指出寿生先生代表的民族信心是建筑在散沙上面，禁不起风吹草动，就会倒塌下来的。信心是我们需要的，但无根据的信心是没有力量的。

可靠的民族信心，必须建筑在一个坚固的基础之上，祖宗的光荣自是祖宗之光荣，不能救我们的痛苦羞辱。何况祖宗所建的基业不全是光荣呢？我们要指出：我们的民族信心必须站在“反省”的唯一基础之上。反省就是要闭门思过，要诚心诚意的想，我们祖宗的罪孽深重，我们自己的罪孽深重；要认清了罪孽所在，然后我们可以用全副精力去消灾灭罪。寿生先生引了一句“中国不亡是无天理”的悲叹词句，他也许不知道这句伤心的话是我十三四年前在中央公园后面柏树下对孙伏园先生说的，第二天被他记在《晨报》上，就流传至今。我说出那句话的目的，不是要人消极，是要人反省：不是要人灰心，是要人起信心，发下大弘誓来忏悔，来替祖宗忏悔，替我们自己忏悔；要发愿造新因来替代旧日种下的恶因。

今日的大患在于全国人不知耻。所以不知耻者，只是因为不曾反省。一个国家兵力不如人，被人打败了，被人抢夺了一大块土地去，这不算是最大的耻辱。一个国家在今日还容许整个的省分遍种鸦片烟，一个政府在今日还要依靠鸦片烟的税收——公卖税、吸户税、烟苗税、过境税——来做政府的收入的一部分，这是最大的耻辱。一个现代民族在今日还容许他们的最高官吏公然提倡什么“时轮金刚法会”、“息灾利民法会”，这是最大的耻辱。一个国家有五千年的历史，而没有一个四十年的大学，甚至于没有一个真正完备的大学，这是最大的耻辱。一个国家能养三百万不能捍卫国家的兵，而至今不肯计划任何区域的国民义务教育，这是最大的耻辱。

真诚的反省自然发生于真诚的愧耻。孟子说的好："不耻不若人，何若人有?"真诚的愧耻自然引起向上的努力，要发弘愿努力学人家的好处，划除自家的罪恶。经过这种反省与忏悔之后，然后可以起新的信心：要信仰我们自己正是拨乱反正的人，这个担子必须我们自己来挑起。三四十年的天足运动已经差不多完全划除了小脚的风气：从前大脚的女人要装小脚，现在小脚的女人要装大脚了。风气转移的这样快，这不够坚定我们的自信心吗?

历史的反省自然使我们明了今日的失败都因为过去的不努力，同时也可以使我们格外明了"种瓜得瓜，种豆得豆"的因果铁律。铲除过去的罪孽只是割断已往种下的果。我们要收新果，必须努力造新因。祖宗生在过去的时代，他们没有我们今日的新工具，也居然能给我们留下了不少的遗产。我们今日有了祖宗不曾梦见的种种新工具，当然应该有比祖宗高明千百倍的成绩，才对得起这个新鲜的世界。日本一个小岛国，那么贫瘠的土地，那么少的人民，只因为伊藤博文、大久保利通、西乡隆盛等几十个人的努力，只因为他们肯拼命的学人家，肯拼命的用这个世界的新工具，居然在半个世纪之内一跃而为世界三五大强国之一。这不够鼓舞我们的信心吗?

反省的结果应该使我们明白那五千年的精神文明，那"光辉万丈"的宋、明理学，那并不太丰富的固有文化，都是无济于事的银样蜡枪头。我们的前途在我们自己的手里。我们的信心应该望在我们的将来。我们的将来全靠我们下什么种，出多少力。"播了种一定会有收获，用了力决不至于白费"：这是翁文灏先生要我们有的信心。

二十三，五，二十八

九一八的第三周年纪念告全国的青年*

在这个惨痛的纪念日，我们应该最诚恳的反省，应该这样自省：

第一，为什么我们把东北四省丢了？是不是因为我们自己太腐败了？是不是因为我们自己太不争气了？是不是因为我们自己事事不如我们的敌人？

第二，在这三年之中，我们自己可曾作何种忏悔的努力？可曾作何种补救的努力？可曾作何种有实效的改革？

第三，从今天起，我们应该从什么方向去准备我们自己？应该如何训练磨练我们自己？应该怎样加速我们自己和国家民族的进步来准备洗刷过去的耻辱，来应付这眼前和未来的大危机？

我们口头和笔下的纪念都是废话，我们的敌人不是口舌纸笔所能打倒的；我们的失地也不是口舌纸笔所能收回的。

我们的唯一的生路是努力工作，是拼命做工。我们的敌人所以能够这样侵犯我们，欺辱我们，只是因为他们曾经兢兢业业的努力了六十年，而我们只在醉生梦死里鬼混了这六十年。现在我们懊悔也无用了。只有咬紧牙根，努力赶做我们必须做的工作。

努力一分，就有一分的效果。努力百分，就有百分的效果。

奇耻在前，大难在后，我们的唯一生路是努力，努力，努力！

廿三，九，一七

---

* 原载《胡适遗稿及秘藏书信》第12册。

张申府

张申府（1893—1986），名崧年，张岱年之兄，河北献县人，北京大学、清华大学教授，哲学家、数学家。1913 年考入北京大学数学系，1917 年毕业后留校任教。他是《新青年》的重要撰稿人之一，译介罗素等西方学者的思想，还曾任该刊编委，也是中国共产党的早期创建者之一，1925 年因政见不同退党。之后以教学和翻译著述为生，先后在暨南大学、北京大学、清华大学等校任教，主要讲授罗素哲学或逻辑。新中国成立后供职北京图书馆，“文革”中受到冲击，1979 年平反，后任第五、六届全国政协委员，1986 年辞世，享年 93 岁。

张申府是五四时期的风云人物之一，他不仅是《新青年》的编委，还参与创办了《每周评论》，与李大钊、陈独秀一起组建中国共产党。1920 年他赴法组建旅法的共产党早期组织，介绍周恩来入党，并与周恩来一起发展朱德入党。1924 年参与筹建黄埔军校，任政治部副主任，蒋介石的英、德文翻译。1942 年参与民盟的创立，并任中央常委。

在民族危亡的关头，他积极寻求救国之策。张申府经常利用讲坛宣传爱国主义，并投身于抗日运动，是一二·九运动的重要组织者和领导者，并因此而与夫人刘清扬被捕入狱。以救亡为己任的张申府正式发起了“新启蒙”运动，以建立民族的自尊与自信，其实质是反侵略的文化救亡运动。1937 年卢沟桥事变后，张申府更是全身心地投入到抗战工作中。

本书共收入张申府抗战期间的文章三篇，其一为 1936 年为纪念一二·九运动一周年而撰写的《一二·九》一文，强调揭示一二·九运动的伟大意义，号召为救亡而联合抗日，在更危急的局面下担负起当前的任务。另两篇文章主要论及新启蒙运动，“今日是中国团结救亡，民族解放，争取自由、民主政治的时代”，新启蒙运动是以这个时代的思想方面、文化方面的运动为代表的抗日救亡运动。

一二·九*

一二·九！这是一个多么不可忘的数目！这是一个多么值得纪念的日子！

自从九一八以后，中国有三桩事是特别值得纪念，特别具有重大意义的。一是淞沪之役，二是长城之战，三便是一二·九的学生表示。而一二·九尤是一种新运动的开始。

近几十年来，中国的怯外，太普遍太深入了。内乱虽然迭起，总觉着对外是不堪一战的。淞沪喜峰口两役是把这种谬见完全打破了。中国不但可以一战，而且战并不必即败。但令全国一致，但令全国有决心，一旦战起来，而且持久战下去，胜利实不必属于彼强。但令和平可能，为全人类打算的人当然没有反对的。中国且本是和平的民族。不过，既然实迫于此，受侵已多，除了战以外，又有什么别的可说？这在淞沪喜峰口两役都已明白告诉了国人了。

至于一二·九的意义，尤在明白表示出来，在大家垂头丧气，忍气吞声，空气万分严重，都感觉着没了办法的时候，徒手的青年是犹可一吼的。根据量变质的原则，这一吼当非出于偶然。由这一吼泄出了多少人压抑多日的郁闷之气。由这一吼表示出中国人并未死尽，至少在学生青年。由这一吼使得救亡的运动遂蓬勃于全国。

---

* 原载《清华副刊》1936年12月第四十五卷第八、九合期。

这一年来，就令侵略的恶流并未抵住，至少对外的观感已大异于前。联合抗战作为全国最高的口号，恐怕已是大多数人一致的了。还有，只有行动才可以打开沉闷的局面，由这一二·九的一吼也已表示得明明白白。

但是纪念一二·九还有消极的两点不可不注意，不可不说明。第一，一二·九学生的表示，本显然是由于热血的青年再忍不住了热血的沸腾，因而才不顾一切，冒很大的危险，作一种新的尝试。不幸，有人乃忽视了青年动机的纯洁，不察实情，认为被利用，有作用。这就不说是诬蔑，至少对于运动，对于青年，是极有害的。更不幸的是有些妄人，看见一二·九行动成功了，便为个人打算引以为己功。这真是贪天之功以为己力，结果适有完成其为不祥的妄人而已！

第二，还有人以为一二·九的行动，目的在于地方。这也是一种忽视实情的说辞。而且具有转移目标，挑拨离间，偷梁换栋的作用。其意不但在把一个蓬勃的运动打消，而且企图使其失掉真正正当的意义。中国救亡岂只是救的一个地方？救亡的运动自也没有只在对付一个地方的道理。一二·九的行动与淞沪之役长城之役原是一系相承的。参加淞沪长城两战的将士与参加一二·九行动的青年原可结为一体，只有有意中伤者与意图破坏者才会采取挑拨离间的手段离而二之。中国今日的问题乃是全国的问题，而不是一个地方的问题。中国闹到今日这个危急局面，应该负责者自也特别在那负全国总责者，而不应诿之于某一方面。没有全国整个的办法，是必然解决不了部分的地方问题的。晓得了这一点乃可把握到一二·九以来的全国救亡运动的真义，同时也可恍然于把一二·九行动看成是对付地方的错误的有害。

更从积极方面来说。纪念一二·九不应追怀过去。纪念一二·九，固然应了解一年前一二·九开始的伟大运动的意义。同时更应认识一二·九以后的今日的更危急的局面。尤更应担负起在这个更危急的局面下的当前任务。前已说及，联合抗战应是今日全国最高最主要的口号，今日的联合战线当然应以全民族为度，而不应以一部分人为限。当这个生死存亡的紧急关头，当然再不可在全民族中分什么此疆彼界，这党那派。凡是认清目前危急局面，愿意推进救亡实践抗战的，当然也再没有仍只知反对政府之理。救亡是人人的责任，是人人的义务，是人人的权利，是人人都有份儿的。换言之，就是人人都有爱国救国的自由。政府只可不许人不救国，而不可不许人救国。对于努力于救亡运动者，政府应该加以奖励，而不应予以限制。凡是努力救亡的本都是捍卫国家的力量，也就是维护政府的力量。否则皮之不存，毛将焉附？国家不存，政府何有？因此，一方为救亡而联合抗战，一方为联合抗战而要求政府取消对于救亡运动的取缔，开释拘捕的救亡运动者，公开承认人民爱国救国的自由——这两点岂不就是今日每个参加一二·九纪念者都应当担负起来的任务？

什么是新启蒙运动？*

所谓新启蒙运动，最近在南在北，都受到了很大的注意。

这个运动虽是最近才号召开，但新启蒙运动这个名字，差不多在一年前已经被提起了。

这本是时代的需要。但就我而论，我自信，至少在三四年前编《世界思潮》时，已有这个意思。那时我所说的与现在我所说的，根本上并无甚差异。

什么是新启蒙运动呢？

就字面说，启蒙就是开明的意思。

再分别说，启蒙就是打破欺蒙，扫除蒙蔽，廓清蒙昧。因此，在字典上，所谓启蒙就是脱离迷信，破除成见，等等的意思。

凡是启蒙运动都必有三个特性。一是理性的主宰；二是思想的解放；三是新知识新思想的普及。

因为这样子，所以凡是启蒙运动必然反迷信，反武断，反盲从，反权威，反传统。而历史上的启蒙运动尤其在于反封建。

也可以说，武断，独断，垄断，都是启蒙运动所必反。

不过，如有人因为启蒙运动反对这三断，就以为启蒙运动忽视果断，没有决断，那便是歪缠，那便是缠夹二。那也是启蒙运动者

---

* 原载《实报·星期偶感》1937年5月23日。

所必反的。

今日的新启蒙运动，显然是对历来的一些启蒙运动而言。对于以前的一些启蒙运动，也显然有所不同。比如，就拿五四时代的启蒙运动来看，那时有两个颇似新颖的口号，是“打倒孔家店”，“德赛二先生”。我认为这两个口号不但不够，亦且不妥。

多年的打倒孔家店，也许孔子已经打倒了，但是孔家店的恶流却仍然保留着，漫延着。至于科学与民主，本都是客观的东西，而那时的文人滥调，却把它人格化起来，称什么先生，真无当于道理。

至少就我个人而论，我以为对这两口号至少都应下一转语。就是：“打倒孔家店”，“救出孔夫子”；“科学与民主”，“第一要自主”。

五四时代的启蒙运动，实在不够深入，不够广泛，不够批判。在深入上，在广泛上，在批判上，今日的新启蒙运动都需要多进几步。

今日是中国团结救亡，民族解放，争取自由，民主政治的时代。今日的新启蒙运动，就是适应这个时代的思想方面，文化方面的运动。因此，这个运动，也可说就是社会发展到这个阶段的民族主义的自由民主的思想文化运动。

如前所说，启蒙运动最积极的内容是发扬理性。理性的第一要点是说话作事有根有据。而所谓有根有据，第一在事实，第二在逻辑。

但在今日，在尽可能地发扬理性之下，最要做到两桩事。

一、就是思想的自由与自发。

二、就是民族的自觉与自信。

这就是今日作新启蒙运动者具体的所最宜努力的。

但要达到民族的自觉与自信，必须发挥出民族的理与力。

科学运动与新启蒙运动*

科学运动，科学化运动，新启蒙运动，三者之间，有一大部分相同，但却不同其范围。

科学运动，说起来，大概没人反对。但科学运动要达到什么目的，似乎仍有问题。

科学运动要加重科学教育，要普及科学常识，要提倡科学研究，这都不错。

但科学教育应当怎样，科学常识如何普及，科学研究怎么着手，注重什么，都应说的更明白一点。

我以为在科学运动上，最应注重的，不应只在科学结果，更应在科学方法，科学精神，科学态度，科学脾气。

加重科学教育，就应特别注重训练科学方法的实践，培养科学精神，养成科学习惯。

在普及科学常识上，最要普及科学技术。如何普及科学常识？要普及科学常识，就应使人常用什么由科学来的东西，就不但懂得那东西的科学道理，而且会加以科学处理。比方，一旦用坏了，自己就会修理。

科学研究，不是具有科学精神，习于科学方法，善用科学技术

---

* 原载《中国教育》1940 年 7 月 10 日第 1 卷第 2 期。

的人，当然不会得什么结果。

因此，在科学运动上，科学方法的提倡，乃是最要紧的一端。

不过，说科学方法的人虽多，真懂得科学法或科学方法的人却少。

最原则地说，什么是科学法或科学方法，原有一个最简单的公式，就是：

$$\text{科学法} \overset{\text{等号}}{=\!=} \text{算数} \overset{\text{加号}}{+} \text{经验主义}$$

只是许多人不知算数一项。又有许多人虽不反对科学方法，却笼统地反对经验主义，当然难怪要虽不反对科学方法，而实际却常违反科学方法了。

科学法或科学方法等于算数加经验主义，自从三百年前伽离略开始实施科学法，建立近代实验科学，便如此了。

本来，科学研究的是事实，着重的是现实，科学精神要踏实，科学态度要确实，科学脾气要切实，科学习惯要如实。总之都离不了一个“实”字。因此科学教育也就是要教实。同时都要清楚，要条理；要精密，要谨严；要分别，要分析，要分明，要有分寸，要重分际，要讲分量；要归结于数。

这样的科学法等，当然也有它所从出的科学假定。那便是实在实有。分析明白说来，就是：

一、自然界的问题可以分开解决；而且应该分开解决。

二、自然界的事物是有条理的；而且条理是找得出的。

三、自然界事物的发生都有其原因，原因就在自然界本身；而且可以找得出。因果间的关系是不变的。

四、自然界的事物有种类的不同，却无高下之分；而且种类的不同都是由于结构的不同，数量的不同。

五、自然界的事物都可以观察实验，测量计算，比较统计；而且这样得出来的才最可靠。

这些，形成科学看法。

科学精神，科学态度，科学脾气，科学习惯，由科学看法而来，由科学方法而见。那么，怎样表见科学方法，则最好以榜样。在科学教育上，科学历史，科学故事，所以有极大的科学价值，半由于此。

具体说来，科学方法，就是科学结果的怎样获得。因此训练科学方法的实践，与讲解科学结果，其间虽显有不同，其实应极紧密地联系起来。

在科学化运动上也应如此。科学化，化什么？就是化得社会，化得人人，都习于科学方法，都熟于科学技术，都能实，都能准确，都能分明，以使事事物物都有科学的基础，都得科学的条理；以使科学精神，科学态度，科学脾气，科学习惯，在一切个人行动，社会生活上，都表现出来。

新启蒙运动是给科学运动，科学化运动，以哲学基础的。新启蒙运动，在积极方面，不仅要求思想解放，要求新思想新知识的普及，就是科学哲学的大众化；而且更积极更根本地要鼓吹实在，表扬理性。

实与理性就是科学运动与科学化运动的根本所系。科学运动，科学化运动，而不能培养实在，熏陶理性，必不会有根本的收获。

就新启蒙运动本身的全部任务或整个内容来看，我以为至少可以分为三部分，或三方面，或三阶段。就是一、初级的；二、中级的；三、高级的。

初级的启蒙就是扫除文盲，普及教育以及知识通俗化，学问大众化，而目的在提高一般文化水准；使大众一般都有文化生活。

中级的启蒙就是使已有知识的人，知识得清楚，思想得清楚。廓清知识上的蒙翳，扫清思想上的朦胧，清除一切心习上的迷信、盲从、武断、独断、成见、奴化的毛病，而达到一般人知识、思想、信念的净化。

高级的启蒙则在知识之质上的，组织上的，逻辑上的进步，学问的解蔽与厘清，即弄清楚，肃清一切知识、学问、言语、思想、观念、概念上的不必要的笼统与漠忽。此所与中级的启蒙特别不同的，就是那是就主观说的，这是就客观说的。

我深信新启蒙运动的哲学与方法应是辩证唯物论与逻辑经验论的合流。

科学法是相反相成的算数与经验的结合。也就是数与实的结合。由这一结合，已开发了近代科学的新时代。

辩证唯物论是相反相成的辩证与唯物的结合。也就是活与实的结合。由这一结合，正有一个广大的一般的新时代在开发着。

逻辑经验论或理性经验论是相反相成的逻辑与经验或理性与实验的结合。也就是名与数与理与实的结合。这一结合是比算数与经验的结合更广大的。这一结合已由算数逻辑家的罗素，在三十年前自觉地开始。由这一结合，一定也会在哲学上开发一个新时代，罗素自己已经彰明地说过了。

逻辑经验论者以得自观察与经验的科学知识为哲学材料，以根据算数逻辑的逻辑解析为哲学方法，实在在逻辑经验论者哲学就是解析（分析）。

可是不要瞎猜，现代哲学中的解析派，要解析言语，要求名辞字句的意谓，并不是弄文字或记号的把戏。其实乃是找真，乃是找名辞字句的真意谓，乃是在一切现象中找不可误者，乃是在名辞字句所表达者中找不会错的，乃是要抽象的具体化。

解析本都含有综合。

照一种说法，科学乃是抽象的。哲学就是把抽象的具体化，找出实在点；讲具体的一般或一般的具体性。这与黑格尔的“真理是具体的”应差不多。而哲学之为人类行动最高指导，也应由于此。

具体化，现在不论在学问上，在生活中，都太要紧了。

时来流行的所谓中国化，其实是不够的，更不够根本。根本怎样？根本乃在具体化，否则必也只一句空话而已。

具体化，当然与新启蒙运动的号召“实”，是相通的。

今日的科学运动，科学化运动，自也都应不忽略具体化。如此，自与今日国际学术界最进步的潮流，不论是辩证唯物论或是逻辑经验论，在根本上也都可以合流，而自己也庶几建立了样本，达到了自己的最后目的，就是把科学方法应用在一切具体事例，社会生活中，进而形成科学与社会的统一。

纵然科学是抽象的，科学方法却要具体。

而且科学总是积极的，实证的，即 positive。

梁漱溟

梁漱溟（1893—1988），原名焕鼎，字寿铭，又字漱冥，后以漱溟行世，生于北京，原籍广西桂林，著名思想家、教育家、社会改造运动者。1917年入北京大学任教，后辞离北大，从事乡村建设运动。抗战中参与创建民盟。新中国成立后，历任全国政协委员、常委及宪法修改委员会委员。主要著作有《东西文化及其哲学》、《印度哲学概论》、《乡村建设理论》、《中国文化要义》、《人心与人生》等。

梁漱溟作为学者，主要研究人生问题和社会问题，是现代新儒家的早期代表人物之一，有“中国最后一位儒家”之称，即使在“文革”期间也仗义执言，反对以非历史的观点评价孔子，反对“批林批孔”的提法。他致力于把社会教育和社会改造融为一体，发起乡村建设运动。1931年到山东的邹平，进行了长达七年的乡村建设运动，后来实验区逐步扩大到全省十几个县，在海内外产生了深远影响。他曾两次访问延安，与毛泽东等多次推心置腹地交换意见，全国解放后，他宣布：“我已经认定跟着共产党走了”。

抗战期间，他主张团结抗日，一致对外，为联合中间势力，形成政团力量，促进联合抗日，他于1939年参与发起组织“统一建国同志会”，1941 年又参与发起和组织“中国民主政团同盟”，任中央常务委员并赴香港创办其机关报《光明报》，任社长。

本书收入的《对于东省事件之感言》系九一八事变之后梁漱溟在邹平山东乡村建设研究院所做的演讲。《怎样应付当前的大战》是他在七七事变后发表于上海《大公报》的对于战事的看法。《中国民主政团同盟成立宣言》、《中国民主政团同盟对时局主张的纲领》两文虽为民主政团同盟的宣言，但或出自梁漱溟之手或经其润饰修改，反映了其抗战主张。

对于东省事件之感言*

最近日本进兵东省事件发生，迫得人不得不对此事件发言！我对于日本进兵东省之感想，可分数点来讲：

（一）日本出兵东省并非新鲜的问题——日本欺压中国不只一次，是若干次数了。象这种类似的事件，用强大的势力欺压弱小民族，也有百余年的历史。所以这种事件不算新鲜。我们须知道，在最近百年间，或百余年间，算是世界上很新的而又很特别的时期，就是欧洲发生一种新的文明；此文明之中心是工商业，即工商业文明。这种文明把全个世界包围了，侵略了，把地球上不同的民族征服了，压倒了。全地球上不同的民族，感觉很大的压迫，于是只有两条道路可走：第一条道，就是自己追上这种文明，跟他跑，学他，模仿他，赶上他，如此可以自立于世界；第二条道，就是不学他，或学而不能赶上他，如此即落于被他征服之地位，在世界上不易独立生存。如日本就是走上了第一条道，工业商业很发达，有侵略别国的力量。而其余学而未及的国家，象中国，则被其征服。然在百余年以前，无有这种事情，更无有一个文明可以征服全世界的。但在最近百年上下以内，欧洲之工商业文明，把全个世界征服了。今日之日本进兵东省事件，即是工商业文明向外侵略，已有百余年的

---

* 原载《大公报》（天津）1931 年 10 月 7 日，系 1931 年九一八事变后在邹平山东乡村建设研究院的讲演。

历史了；且昔日此类事件，又有甚于此者。日本既走上工商业文明之道，所以也要走这条路——侵略的行为。他的工商业文明既发达，于是有不得不侵略别人的事实，同时，亦须有相当的财力，此三事是相联的。就是一方工商业发达，一方有财力，再有能侵略之武器，所以要侵略别人。可是这种事件，已有百余年的历史，所以说日本出兵东省，不是很新鲜的。

（二）望大家回想中国本身的历史——中国本身的历史非常特别。在三四千年前，有发达很高度的文明，对人类文化很有供〔贡〕献。即中国之文化，即中国人民。此种民族东西洋亦有，但有开发高等文明之民族，在今日之世界上，可以说没有了，即有亦非独立的国家；然在上古自己开始文明，又将其文明保存至今日之国家，恐怕只有中国了。所以中国现在视他国之近代文明，全为后辈。此时若回想我国已往之历史，我们这个民族诚然是特强的民族。他能自己开发其文明，又能保存其文明至于今日。在三四千年中，亦尝为外人看〔征〕服，如清朝即一外族并吞广中国，再往上说如元朝，亦是外族并吞了中国，再有其他侵略中国一部分的也有。但无论统治中国之时间有久暂之不同，总有一奇怪的事情，即侵略中国之民族，武力虽战胜广中国，强并中国之土地，但在文化上，是不能战胜中国的，终必为中国文化所同化，而服属于中国。我们回想历史，我们的特别的历史告诉我们，让我们知道，在武力上强权上暴威上，我人有时要落后的，但在和平上文明上公理上，我们是不落后的，不能被征服的。吾国民族有很大的文明，至今日又能维持此文明，是一个极喜和平的国家，似当为人征服，但结果不能为人征服。

（三）既明白前二点即当想到现在应如何努力——

（A）吾人之前途，自救之道，努力之点，究在何处？我以为我们不应该跟着近代文明走，若有自信力，我们不必怕他，我们不必学他而求自存。这种国家的势力，未侵略中国以前，我们羡慕他，效法他；在侵略中国以后，我们恨他或想用同样的势力去抵抗他，我以为这是很卑贱的事；故吾人在起首即应当反对此西洋近代的文明。我不承认这种强暴行为算是高尚文明。若有自信力，不应怕他；若因为怕他而学他，这是最可卑贱的。

吾人对日本出兵东省事件，当他是一件人类的罪恶去反对他，非因他欺压我们而才去反对他。当他欺压朝鲜时吾人即当反对。吾人反对此等事件此种文明，非只因吾人之目前问题，若如此则属于自私心，而他人之侵略亦系自私心，那末，吾人又那里配去反对他?! 我们必须立在人类的高尚精神上去反对他。所谓人类的高尚精神即是人类之理性。人类是有理性的动物，这也是所以与禽兽不同之一点。吾国能维持自己的文明存立数千年之久，即因其有一理性之民族，最和平最讲理的民族。

(B) 西洋近二三百年之文明，已到了末路，快要崩溃。在此危机之时，各强国不得不自谋武力之发展。如 1914 年之大战，即为各国侵略所引起之战争。世界第二次大战为期非远，此大战将为各强国毁没之时期。因大战一发，各国家必起社会阶级争斗，故社会革命与国际战争，即各强暴国家之致命伤。由此观之，吾人对此事件不必过于心惶；因为日本无论如何，不能避免社会革命，其国家的命运可以推知，试看现在时候，各工商业强国虽常开军缩会议，而实际则各国的军备有增无已，这就是他们自己求火亡之道。故吾人不必岌岌去效法他们，跟着他们跑，增加军备。我国非工商业国家，财力亦不充足，无力增加军备，但亦无理由要增加，亦不必增加。

(C) 近代之战争，乃一工业科学之比较。谁的原料充足，工业进步迅速，谁即占上风，能打胜仗。若如此；中国实无办法，中国只有多数的人民，和充足的原料，但无近代科学进步的工业，故中国对于战事谈不到。中国的军备与工商业强国比较是等于零，尤其是近数十年来，国防毫无。又加内战不已，官吏的心都用于内争而不顾外交，再有条约的限制，炮台不许设立。即无国防与军备，对外打仗是谈不到的。

他们在前跑，吾人无能力去跟他，然亦不必跟。吾人不必扩张军备，吾人自救之道是什么？何处去求？我人之前途，即在武力反面，向武力反面去求。即设法使国人向理性方面去发展。具体的言，即中国社会应当向有组织方面求进步。有组织一句话包括很多：如增加国民的知识，增进人与人之间的感情及关系，知识感情与关系的增进，即理性的发展。理性一面包含明白又兼有感情。如中国社会系有组织的社会，则完全不必怕强力之侵略，虽无武力亦不必怕，可以完全独立于世界。今日中国所以怕武力者，乃因中国是一个无组织无条理无秩序的国家。中国已往的二十年，不是没有武力，但有许多武力，全被滥用了，所以无组织虽有武力亦不会用；若有组织，即无武力，而亦不怕武力。中国目前所急需者，是组织，秩序，条理，和理性。希望速成一个有组织有条理有秩序有理性的国家。

兹举两例，以指明吾人应取之道及努力之点：

第一个例就是印度。印度在英国统治之下业已有一百二三十年的时间，但近日印度首领——甘地，在伦敦与英国首领开园桌会议，此乃英人无法，不得不承认印度之地位，无法把印度视为属地，英人无法不承认与印度和平。印度无有武力，英人虽有武力，而不能以武力对待印度。印度既无武力，何以能到这个地步完全因甘地之引导。甘地最著名之主张，即非暴力的主义，他积极反对英国，但不用暴力去反对。甘地主要的法子，即引起印度人之理性，组织，情感等。印度之民族，本很复杂。宗教分两大派：一为回教，一为印度教；阶级很多，其著者尚有八十四种之多。在此情形之下，甘地能引导他们反抗英国强大之武力者，因甘地能发展他们的理性，引起他们的组织，领导他们去合作，共同对外。甘地著最下阶级人民的衣服，与英国首领见面。甘地又与最下等人民常来往，意在打破印度阶级的观念，而成一个统一民族，合作民族。印度复杂的民族既能联为一体，英国虽强无可如何。今日之中国，最坏者是自己不能合作，不能组织，一团糟，同室操戈，一团糊涂，所以人家有办法，可来侵略我了。若吾人有组织能合作，即有办法；于是我有办法，别人就无办法，就不能欺压我。

第二个例就是丹麦的复兴。丹麦在一个教育家领导之下，而造成国运复兴。以先丹麦国运不好，为德战败，割地赔款。丹麦之衰败乃五六十年以前的事，在那时国势不支，是个将亡的国家，人民心理涣散，振不起精神，工商业亦不发达。然而近四五十年来，丹麦变成世界上最好之国家。面积虽小，而富力则较他国有过之而无不及。国内社会情形非常安定，无有劳资之争。其富力是很平均的。然其何能如此？非因其战胜他国，乃系由提倡教育而致也。丹麦为一农业国。他们提倡农业合作，发达农业。此种文明由一位老教育家——格隆伟——之努力而来。他办一个国民高等学校，此校设在农村，令十八岁到三十岁的青年全受此教育，使农业发展，提倡农业合作，于是国家大兴。近代各国多仿效此种平民教育。格隆伟把丹麦的平民程度提高，使国民都有理性，所以国运复兴。

我们举此两例，即希望我们也设法在促进国民之理性、组织、感情、合作等等方面努力，当仿效甘地及格隆伟之努力方法以救中国。

怎样应付当前的大战？*

不容已的民族抗战似乎开始发动了。发动了，怕就不能收。与其达不到民族解放目的而收束，还不如慎于发动之前。所以既然发动了，我们就要下决心，不达民族解放目的，誓不甘休！

因此，将要展开在我们面前的是持久性的一大战争。我们须要放开眼，沉住气，运用全副精神，好生应付。在这里，我想到下列几条原则必先认定：

第一，全国军民的动作乃至他们的生活都要在最高统一的军令政令下面而动作而生活；

第二，政治要民主化，政府与社会要打成一片；

第三，有钱的出钱，有力的出力，有知识的出知识。

这三条原则是互相关联的，其理由亦都不难明白。现代战争都是以整个国力相较量．胜负关键全在后方。而况我们欲为持久之计，更非深蓄其力于广大的社会不可。第二条就是要合全国人才物力为一国力，以应敌。古人称“节制之师”，今不独军队须受节制，全国国民的动作乃至全国国民的生活亦都要受节制才行。讲节制就必须统于一最高中枢，这是没有疑问的。统一节制之后可以举全国人才物力而化为一个抗战工具。第想要举国都工具化，还得要举国主体

---

* 原载《乡村运动》周刊1937年8月9日18期；《大公报》（上海）1937年8月11、12日。

化。那就是全国国民的感情要求思想意志，必须疏通条达，求其调协而减少矛盾，求其沟通而减少隔阂。政府要与社会打成一片，而后统一节制始得顺利进行。

这三条原则都是理想，离现实情况很远很远。例如国家的统一不过是最近才有的趋势，还未完成。纵然大家都愿意服从于统一的军令政令之下，而机构不灵活，习惯未养成，就可以使你理想成空，何况事情还不这样简单呢？试举粮食问题来说，统一管理何尝不好，然而全国人愿受管理否，怕是疑问。至于现在的行政机关能否胜此任，那是更大的疑问。再如政治的民主化，三十年来所未能作到者，何能仓卒间一旦成功？并且在应战抗敌之时利于军事独裁，又如何能在此时讲民主？此时讲民主，又怎样才能不贻误军事？所谓“有钱者出钱，有力者出力，有知识者出知识”，并不是象今天这样纷纷组织战地服务团，各处募集捐款之类，而是举国上下各尽所能，有系统、有计划地向着唯一目标而活动。但中国的事向来就没有系统，缺乏计划，为人所共知；现在如何能使他达于有系统有计划呢？

总之，原则是对的，没有人不承认，可惜事实难作到。如果能拿得出办法来，亦许多少能作到几分；再加随时讲求，不断练习，亦许逐有进步。如果没有办法，则这三条原则只是好听的理想话而已。但要请大家注意：如违反这三原则，抗战必然失败！所以大家应当在办法上用心去求。现在我且以我想到的办法说出来请教。

我的设计可分条述之如下：

一、为实现第一条原则，达于其理想，除直接参战之军队自有其编制系统外，全国国民应设法纳入一大组织系统中，而配合于军队系统。

二、此国民组织仍因其社会生活之地段区域（如街坊村乡），划为单位，以大统小（以市统街坊、以县统村，）上下相属（不同于军队编制以人数兵种为准。）。此军民两系统，在上要汇合为一，在下亦要有相当配合，第为说话方便暂别之为第一系统和第二系统。

三、第二系统实即平时之行政系统，不过在战时一切政令都有军事性质或属军事策划，故其系统之上端系属于军事最高机构而富军事性。第其工作任务究有别于军队，仍不外乎各项之行政，其系统大段亦仍为行政机构。

四、第二系统虽大段不异平时行政机构，然此时要在领导国民直接地间接地应战，国民之一切活动悉受节制，人力物力悉资国用，其工作之复杂烦难十倍于平时，尤以下层机构直接民众者为最，故下层单位宜小不宜大；旧日自治保甲等制度均须变通，而为一教育机构，兼行政机构，随事运用教育工夫，完成其军令政令所付予之任务。诚以军令政令之接受并非易事。而我民众太缺乏教育，内地乡村尤为甚也。

五、第一系统为直接作战的，第二系统为间接作战的。直接作战者殆纯乎消费，且消费甚大，则所谓间接作战者其主要任务即当为生产。在战时环境下，农工生产必有许多改变与进步，主持策划者为第二系统之上端，推进实施则资于其下层机构。主持策划不能无借于学术研究，推进实施尤必赖乎教育工夫。

六、为实现第三条原则，达于其理想，除“有钱者出钱”一项另谈外，将所有的人粗分为军事人才，知识分子及普通民众三大类，为适宜地分布，有机地配合，使其从乎一定计划发生预期的作用。

七、所谓军事人才包括高下各级，除大部隶属第一系统外，更须以相当数量配置于第二系统，分布于各地方，务使普遍于社会之间，对内则维持治安、稳定秩序，对外则随时策应以协助于第一系统，更且训练壮丁补充前线。

八、所谓知识分子包括学术专家以至粗受教育者，除一部隶属第一系统外，余者各视其程度，因其所宜，全数配置于第二系统，务使匀称地普遍于社会之间，凭借上中下各层机构，领导一般民众，完成最高军事计划所付予之任务。

九、如是，今之学校制度必须打破，整个教育皆当改造，而纳入第二系统中，毋使别自为一系统。关于此问题另成专篇讨论之。(题为《国防教育应该怎样讲》，在本刊下期发表。——原编者注)

十、所谓普通民众，除老弱病废者皆属之。所用多在具体力，此项人不与军事人才、知识分子为有机地配合，殆难发挥很好的作用。而在军事人才、知识分子亦正有资借于此以成其用，互不能离。除一小部分经过训练以补弃于第一系统外，所余全部当以服役于生产工作为主。

十一、战时生产之受妨害、受破坏者必甚大，虽努力生产犹虞不足，故必限制消费。在限制消费之时，钱多亦无所用，公务员薪俸一律减低，并减其差度。(如今日厚薄悬殊者非所以共患难)。

十二、“有钱者出钱”仍以自己乐输者为限。国家对于特别有钱的人可以征用其一部分，将来偿还，不付利息。

十三、实行计划经济，不为营利而生产，最为理想。但行之太骤必致妨碍生产。宜因其习惯而转变其趋向。此须集合专家为缜密之研究设计。

十四、为实现第一条原则，达于其理想，即以第二系统之下层机构最小单位，还而为构成国家主体之一个细胞。在此一细胞组织中有下级军事人才，有粗受教育之知识分子，有若干普通民众及老弱等，一面营其社会生活，一面为间接应战之活动。在应战上，他们是工具，就国家说，他们是主体。要他们为有力的工具，还须当他们为真正的主体。所谓政治的民主化指此而言，所谓政府与社会打成一片须在这里求。其详当另成专篇论之。(题为《抗战中的民主政治问题》，定在本刊发表——原编者注)。

以上的设计（自一至十四）须先完成一粗略的轮廓，再求进于周详。

使我们这设计不易成功的，有两大困难：一是中国本身（自军政系统以至社会本身）一向分裂隔阂矛盾不通之处太多，欲其系统化而愧无夙养；一切调查统计直是没有，欲为计划而缺乏事实根据，所以只能由粗疏而渐入于精密，不能一蹴而就。一是战时环境不让我们从容进于有系统有计划地步，而且加以打击破坏，所以亦只能在战争中慢慢锻炼出来。我想全国若有一万个身心健全的知识分子，便可克服这两大困难。他们要有热血，有胆识，又细密沉着，分布在全系统上中下各层（尤注意下层），一面细心地凭借机构作调查，凭调查作计划，同时以渐修正改进其系统机构。一面坚忍沉着务使上下前后左右不失联络，遭遇破坏，偶尔脱离系统，仍能独自应付环境，不久便又恢复联络。如是，使此系统网络日进于周洽详密，日进于牢韧不拔，则敌人虽强亦未有不屈于我者。（8月3日写）

中国民主政团同盟成立宣言*

中国民主政团同盟，即后来人所习知之民主同盟。先是二十八年（1939年）十月，余自华北华东游击区域返至大后方，鉴于国共不协，隐忧实大。因随诸同人之后，发起“统一建国同志会”，结合国共以外之各党派暨在野人物，进以求全国之团结抗敌，退亦将抑止内战。顾局促内地，深受执政党之箝束，不容有所表见。二十九年（1940年）十二月二十四日余与黄炎培、左舜生二先生同聚于张君劢先生家，乃决议重新组织民主政团同盟，于海外建立言论机关，以号召国人。明年余被命赴香港进行其事，先创办《光明报》，嗣即揭出此《成立宣言》及《十大纲领》。《纲领》固所早有，余又润饰之，《宣言》则全出余手。二者均送经内地同人核定，一字未改，唯《纲领》第四条，余原文为“拥护中国国民党执政为抗战建国纲领之切实执行”。其后发表者，则为在港同人之所修改。今友人搜集余近年政论付印，特以此弁首。盖近年余对国事主张，固于此最足以见之也。

三十八年（1949年）二月漱溟记。

---

* 原载《光明报》（香港）1941年10月10日。为避新闻检扣，以广告形式刊出，题为《中国民主政团同盟启事》，题后写有“本同盟业在重庆成立，兹将成立宣言及对时局主张纲领登报广告，敬希中外人士惠予指导为幸”等语。该文虽为同盟的宣言，但出自梁漱溟之手。文前著者按语为收入1949年出版之《梁漱溟先生近年言论集》时所加。

中国民主政团同盟今次成立，为国内在政治上一向抱民主思想各党派一初步结合，同人等愿将此次结合动机及今后旨趣，作简要之叙说如次：

同人等从国人之后，奔走国事盖有多年，从来所见国事好转无逾今日者。第一，中国受外患侵凌数十百年，浸贫浸弱，几绝翻身之望。而今则对抗强敌既越四年，举世刮目相看，信为不可征服，民族自信心亦以永固。以此基础，值兹国际反侵略声势日盛之会，解脱枷锁，要不难期。此从来之所未有者一也。第二，国内苦于不统一久矣，自民国初建以迄抗战之前，扰攘几无宁岁，悉力之所用，不以对外而日以对内，不以求进步而日以事破坏，我民族生命其不毁灭于此者几希。而今则以同仇敌忾之故，地方对于中央，各党派对于执政党，无不竭诚拥护，上下内外居然统一气象。此从来之所未有者二也。凡此二者，固皆国人之所共见，是以人心曾不以失地过半而有所动摇。

虽然，国事好转诚在最近之四五年，而其间前后又有不同。大抵国际情势后胜于前，而国内情势则入后转不如初。此其事亦皆在人耳目，无烦缕指。要而言之，国际阵线方明朗有利，外援渐增，而在我则反不得协力制敌，甚而至于内力相销。本末相衡，可忧实大。时机坐失，宁可复期?

同人于此，曾本严正之态度，为宛转之尽力，而卒未有补。瞻望徘徊，深惧国不亡于暴敌，功不败于寡助，而顾由吾人自丧其前途，是真民族之不肖子孙，上无以对先民，下无以对后世。同人因是不敢以无补时局，自息仔肩。爰自为结合，以作团结全国之始；将以奉勉国人者，先互勉于彼此之间。以言结合动机，端要如是。

同人对于时局之主张，汇为纲领十则，敬布于世，将准此以致其力。十者无烦一一剖释，而有扼要一言必愿以陈于国人之前：中国之兴必兴于统一；中国之亡必亡于不统一，尽人可晓。而统一之道果何在，亦盍取三十年间事而深长思之乎？民国以来统一之可数者，元年革命成功，一度也；五年恢复共和，一度也；十七年北伐完成，一度也。每一度各有人心所同趋者，其统一实为国人意志之统一。武力于此为统一之具，而非统一之本。最后统一，莫著于抗战，而其为意志集中之结果，尤彰彰矣；则并此统一之具，亦未尝用也。凡此事实，宁不足以资人深省！更转看此四五年间，统一气象后不如初者，其几之动，毋亦各恃其力，而有忽于人心之向背耶！不求于心而求于力；人心抑闭，武力充塞，浸假而至于今日，弥漫周匝，唯是强霸之力也。以此为国，真可痛哭！

回忆抗战之初，政府延致党外人士，始为国防参议会，继为国民参政会，凡所以团结各方集中意志者，其意岂不甚盛？而卒有今日，盖亦相激相宕，不期而然。今后领导国人，挽回大局，仍不能不以望于执政之国民党。古人有言："唯不嗜杀人者能一之。"今人顾信不及此耳。苟其信之，请以武力属之国家，而勿分操于党；彼此互以理性相见，而视大众趋向为依归。国家统一，夫岂难定！申言之，即必须军队国家化、政治民主化是已。此其事本相关而不可离，其言有二，其义则一。唯此乃永奠统一，必兴民族。苟不此之图，则相杀至于何时为止，不敢知矣！年来国民党以抗战建国领导国人，同人既从国人之后，相与勉于此一大事，而深维抗战建国之本，有在于是者。今后所为献其心力，将奉是为鹄的，以诤于国人之前，国人其谅许之乎？揭此衷曲，唯国人其惠教之！

中国民主政团同盟对时局主张纲领*

一、贯彻抗日主张，恢复领土主权之完整，反对中途妥协。

二、实践民主精神，结束党治，在宪政实施以前，设置各党派国事协议机关。

三、加强国内团结，所有党派间最近不协调之点，亟应根本调整，使进于正常关系。

四、督促并协助中国国民党切实执行抗战建国纲领。

五、确立国权统一，反对地方分裂，但中央与地方权限，须为适当之划分。

六、军队属于国家，军人忠于国家，反对军队中之党团组织，并反对以武力从事党争。

七、厉行法治，保障人民生命财产及身体之自由，反对一切非法之特殊处置。

八、尊重思想学术之自由，保护合法之言论出版集会结社。

九、在党治结束下，应注意下列各点：（一）严行避免任何党派利用政权在学校中及其他文化机关推行党务。（二）政府一切机关，实行选贤与能之原则，严行避免为一党垄断及利用政权吸收党员。（三）不得以国家收入或地方收入，支付党费。（四）取销县参议会

* 原载《光明报》（香港）1941年10月10日。

及乡镇代表考试条例。

十、在当前政务上亟应注意下列各项：（一）厉行后方节约运动，切实改善前方待遇。（二）纠正各种行政上妨碍生产之措施，以苏民困，并力谋民生之改善。（三）健全监察机关，切实为各种行政上弊端之澄清。

罗家伦

罗家伦（1897—1969），字志希，浙江绍兴人，我国近代著名的教育家、思想家、社会活动家。早年求学于北京大学，与傅斯年、徐彦之等发起组建“新潮社”，出版《新潮》杂志，1920年赴欧美留学，攻读历史和哲学。1926年回国，任教于东南大学历史系及附中。后任清华大学首任校长、中央大学校长。担任过国民党中央法制委员会主任委员、特派新疆监察使、中华民国首任驻印度大使、国民党中央党史编纂委员会主任委员，1949年到台后曾任台湾“考试院”副院长、台湾“国史馆”馆长等职。著有《中国人的品格》、《新民族观》、《新人生观》、《文化教育与青年》、《科学与玄学》、《逝者如斯集》、《中山先生伦敦蒙难史料考订》、《蔡元培先生与北京大学》等。

罗家伦是五四运动的代表人物之一，五四运动中，亲笔起草了唯一的印刷传单《北京学界全体宣言》，提出了“外争国权，内除国贼”的口号，并在5月26日的《每周评论》上第一次提出“五四运动”这个名词，一直沿用至今。罗家伦是清华大学的首任校长，清华学校原是教会学校，1928年，国民政府将“清华学校”改为“清华大学”，直接受国民政府管辖，任期两年内，他对清华大学的改制做出了很大的贡献。1932 年起，他担任国立中央大学校长之职近十年，南京大学今天的校训“诚、朴、雄、伟”，就是由罗家伦所提出。

抗战期间，罗家伦正任职中央大学，他对前线战事极为关注，1936 年 11 月，于百灵庙大捷前赴绥远前线考察，慰问前线将士，作《绥远战歌》。1937 年 8 月 19 日起，中央大学及实验学校连遭四次日机轰炸，罗家伦一面坚守岗位，一面主持迁校事宜，将在南京的大学溯江而上全部安全迁到重庆沙坪坝新校舍。1938 年起担任“国际反侵略运动大会中国分会”理事，之后多次与中大教授、各高校校长致电美国总统罗斯福、国会议员、美国参议院等，呼吁对日本实施经济制裁。1945 年，应邀出任全国慰劳抗战将士委员会豫、鄂将士慰劳团团长，慰问抗战将士。

本书收入罗家伦《中央大学之使命》、《中央政治学校的当前重任造成共同建设的政治意识》以及《知识的责任》，三篇文章强调的都是当此危难之际，大学的使命和知识分子的责任：“现在我们的问题，正是亡天下，亡民族。在这时候，知识分子如不负起这样特别重大的责任来，还有谁负？……我们不但要研究真理，对真理负责，我们尤其要先努力把国家民族渡过这个难关。不然，我们知识分子一定要先受淘汰，连我也要咒诅我们知识分子的灭亡！”

中央大学之使命*

当此国难严重期间，本大学经停顿以后，能够以最短的时间，由积极筹备至于全部开学上课并且今天第一次全体的集会，实在使我们感觉得这是很有重大意义的一回事。

这次承各位教职员先生的好意，旧的愿意继续惠教，新的就聘来教，集中在我们这个首都的学府积极努力于文化建设的事业，这是我代表中央大学要向各位表示诚恳谢意的。

本人此次之来中大，起初原感责任之重大不敢冒昧担任，现在既已担负这个大的责任，个人很愿意和诸位对于中大的使命，共同树立一个新的认识。因为我认为办理大学不仅是来办理大学普通的行政事务而已，一定要把一个大学的使命认清，从而创造一种新的精神，养成一种新的风气，以达到一个大学对于民族的使命。现在，中国的国难严重到如此，中国民族已临到生死关头，我们设在首都的国立大学，当然对于民族和国家，应尽到特殊的责任，就是负担起特殊的使命，然后办这个大学才有意义。这种使命，我觉得就是为中国建立有机体的民族文化，我认为个人的去留的期间虽有长短，但是这种使命应当是中央大学永久的负担。

本来，一个民族要能自立图存，必须具备自己民族文化，这种

* 原载《中央周报》1932 年 10 月 24 日第二百二十九期，录自《文化教育与青年》，重庆商务印书馆 1943 年 3 月版。

文化，乃是民族精神的结晶，和民族团结图存的基础，如果缺乏这种文化，其国家必定无生命的质素，其民族必然要被淘汰。一个国家形式上的灭亡，不过是最后的结局，其先乃由于民族文化和民族精神上的衰亡。所以今日中国的危机，不仅是政治社会的窳败，而最要者却在于没有一种整个的民族文化，足以振起整个的民族精神。

我们知道：民族文化乃民族精神的表现，而民族文化之寄托，当然以国立大学为最重要。英国近代的哲学家荷尔丹（Lord Haldane）曾说："在大学里一个民族的灵魂，才反照出自己的真相。"可见创立民族文化的使命，大学若不能负起来，便根本失掉大学存在的意义；更无法可以领导一个民族在文化上的活动。一个民族要是不能在文化上努力创造，一定要趋于灭亡，被人取而代之的。正所谓"子有钟鼓，勿鼓勿考，子有庭内，勿洒勿扫，宛其死矣，他人是保"。其影响所及，不仅使民族的现身因此而自取灭亡，并且使这民族的后代，要继续创造其民族文化，也一定不为其他民族所允许的。从另一方面看，若是一个民族能努力建设其本身之文化，则虽经重大的危险，非常的残破，也终久可以复兴。积极的成例，就是拿破仑战争以后普法战争以前的德意志民族。我常想今日中国的国情，正和当日德意志的情形相似。德国当时分为许多小邦，其内部的不统一，比我们恐怕还有加无已，同时法军压境，莱因河一带俱分离而受外国的统治。这点也和我们今日的情形，不相上下。当时德意志民族历此浩劫还能复兴，据研究历史的人考察，乃由于三种伟大的力量，第一种便是政治的改革，当时有斯坦（Stein）、哈登堡（Hardenberg）一般人出来把德国的政治改良，公务员制度确立，行政效能增进，使过去政治上种种分歧割裂散漫无能的缺点，都能改革过来。第二种是军事的改革，有夏因何斯弟（Schaunhorst）和格来斯劳（Gneisnau）一般人出来将德国的军政整理，特别是将征兵制度确立，并使军事方面各种准备充实，以为后来抵御外侮得到成功的张本。第三种便是民族文化的创立，这种力量最伟大，其影响最普遍而深宏，其具体的表现便靠冯波德（Wilhelm von Humbaldt）创立的柏林大学和柏林大学的弗斯德（Fichte）一般人。所以现代英国著名的历史家古趣（G. P. Gooch）认定创立柏林大学的工作，不仅是德国历史上重要的事，并且是全欧洲历史上重要的事。尤能使我们佩服的便是当年柏林大学的精神。在当时法军压境，内部散乱的情况之下，德国学者居然能够在危城之中讲学，以创立德意志民族文化自任。弗斯德于一八〇七至一八〇八年间在“对德意志民族讲演”里说：“我今天乃以一个德意志人的资格向全德意志民族讲话，将这个单一的民族中数百年来因种种不幸的事实所造成的万般差异，一扫而空。我对于你们在座的人说的话是为全体德意志民族而说的。”现在我们也需要如此，我们也要把历史上种种不幸事实所造成的所有差异，在这个民族存亡危迫的关头，一扫而空，从此开始新的努力。德意志民族的统一，就是由于这种整个的民族精神先打下一个基础。最后俾士麦不过是收获他时代的成功。柏林大学却代表当时德意志民族的灵魂，使全德意志民族在柏林大学所创造的一个民族文化之下潜移默化而形成为一个有机体的整个的组织。一个民族如果没有这种有机体的民族文化，决不能确立一个中心而凝结起来，所以我特别提出创造有机体的民族文化为本大学的使命，而热烈诚恳的希望大家为民族生存前途而努力！

讲到有机体的民族文化，我们不可不特别提到其最〈重〉要的二种含义：第一，必须大家具有复兴中国民族的共同意识，我们今日已临着生死的歧路口头，若是甘于从此灭亡，自然无话可说，不然，则惟有努力奋斗，死里求生，复兴我们的民族。我们每个人都应当在这个共同意识之下来努力。第二，必须使各部分文化的努力在这个共同的意识之下，成为互相协调的。若是各部分不能协调，则必至散漫无系统，弄到各部分互相冲突，将所有力量抵消。所以无论学文的、学理的、学工的、学农的、学法的、学教育的都应当配合得当，精神一贯，步骤整齐，以趋于民族文化之建立的共同目标。中国办学校已若干年，结果因配置失宜，以致散漫杂乱，尤其是因为没有一个共同民族意识从中主宰，以致种种努力各不相谋，结果不仅不能收合作协进之功效反至彼此相消一无所成。现在全国大学教授及学生，本已为数有限，若是不能同在一个民族文化建设的目标之下努力，这是民族多大的一件损失。长此以往，必至减少，甚至消灭民族的生机。人家骂我们为无组织的国家，我们应当痛心。但是我们所感觉的不仅是政治的无组织，乃是整个的社会无组织，尤其是文化也无组织，今后我们要使中国成为有组织的国家，便要赶快创立起有组织的民族文化，就是有机体的民族文化来。

我上面就德意志的史实来说明我们使命的重要，并不是要大家学所谓普鲁士主义，而是要大家效法他们那种从文化上创造独立民族精神的努力！

我们若要负得起前述的使命，必定要养成新的学风。无论校长教职员学生都要努力于移转风气。由一校的风气，转移到全国的风气。事务行政固不可废，但是我们办学校，不是专为事务行政而来的，不是无目的去办事的，若是专讲事务，最好请洋行买办来办大学，我们必须有高尚的理想以为努力的目标，认定理想的成功比任何个人的成功还大。个人任何牺牲，若是为了理想，总还值得。我认为必须新的学风能够养成，我们的使命乃能达到。

我们要养成新的学风，尤须从矫正时弊着手，兄弟诚恳的提出"诚朴雄伟"四字，来和大家互相勉励。所谓诚，即谓对学问要有诚意，不以为升官发财的途径，不以为文饰资格的工具。对于我们的使命更要有诚意，不作无目的的散漫动作，坚定的守着认定的目标去走。要知道从来成大功业成大学问的人莫不由于备尝艰苦，锲而不舍的做出来的。我们对学问如无诚意，结果必至学问自学问，个人自个人。现在一般研究学术的都很少诚于学问。看书也好，写文章也好，都缺少对于学问负责的态度，试问学术界气习如此，文化焉得而不堕落。做事有此习气，事业焉得而不败坏。所以我们以后对于学问事业应当一本诚心去做，至于人与人间之应当以诚相见，那更用不着说了。

其次讲到朴，朴就是质朴和朴实的意思。现在一般人皆以学问做门面。尚纤巧，重浮华，很难看到埋头用功不计功利而在实际学问上为远大艰苦的努力者。在出版界，我们只看到一些时髦的小册子短文章，使青年的光阴虚耗在这里，青年的志气也销磨在这里，多可痛心。从前讲朴学的人，每著一书，往往费数十年；每举一理，往往参证数十次。今日做学问的和著书的，便不同了。偶有所得，便惟恐他人不知，即无所得，亦欲强饰为知。很少肯从笃实笨重上用功的。这正是庄子所谓"道隐于小成，言隐于荣华"的弊病。我们以后要体念"几何中无王者之路"这句话。须知一切学问之中皆无"王者之路"，崇实而用笨功，才能树立起朴厚的学术气象。

第三讲到雄，今日中国民族的柔弱萎靡，非以雄字不能挽救。雄就是"大雄无畏"的雄。但是雄厚的气魄，非经相当时间的培养蕴蓄不能形成。我们看到好斗者必无大勇，便可觉悟到若是我们要雄，便非从"善养吾浩然之气"着手不可。现在中国一般青年，每每流于单薄脆弱，这种趋势在体质上更是明白的表现出来。中国古代对于民族体质的赞美很可以表现当时一般的趋向。譬如《诗经》恭维男子的美便说他能"袒裼暴虎，献于公所"，或是"赳赳武夫，公侯干城"。恭维女子的美便说他是"硕人其颀"。到汉朝还找得出这种审美的标准。唐朝龙门的造像，也还可以表现这种风尚。不知如何从宋朝南渡以后，受了一个重大的军事打击，便萎靡不振起来。陆放翁的"老子犹堪绝大漠，诸君何至泣新亭"，虽强作豪气，已成强弩之末。此后讲到男子的标准，便是"有情芍药含春泪，无力蔷薇卧晓枝”一流的人。讲到女子的标准，便是“帘卷西风，人比黄花瘦”一流的人。试问时尚风习至此，民族焉得而不堕落衰微？今后吾人总要以“大雄无畏”相尚，挽转一切纤细文弱的颓风。男子要有丈夫气，女子要无病态。不作雄健的民族，便是衰亡的民族。

第四讲到伟，说到伟便有伟大崇高的意思。今日中国人作事，往往缺乏一种伟大的意境，喜欢习于小巧。即论文学的作风，也从没有看见谁敢尝试大的作品，如但丁的《神曲》，哥德的《浮士德》，而以短诗小品文字相尚。我们今后总要集中精力，放开眼光，努力做出几件大的事业，或是完成几件伟大的工作。至于一般所谓门户之见，尤不应当。到现在民族危亡的时候，大家岂可不放开眼光，看到整个民族文化的命运，而还是故步自封，怡然自满。我们只要看到整个民族生存之前途，一切狭小之见都可消灭，我们切不可偏狭纤巧，凡事总从伟大的方向做去，民族方有成功。

我们理想的学风，大致如此。虽然一时不能做到，也当存“高山仰止，景行行止”的心理。若要大学办好，学校行政也不能偏废，因为大学本身也是有机体的。讲到学校行政，不外教务行政，和事务行政两方面。关于前者，有四项可以提出：第一要准备学术环境，多延学者讲学。原在本校有学问的教授，自当请其继续指教，外面好的学者也当设法增聘。学校方面，应当准备一个很好的精神和物质环境，使一般良好的教授都愿意聚集本校讲学，倡导一种新的学风，共同努力民族文化的建设。在同学方面，总希望大家对于教授有很好的礼貌。尊师重道，学者方能来归。

第二是注重基本课程，让学生集中精力去研究。我们看到国内大学的通病，都是好高骛远，所开课程比外国各大学更要繁复，更要专门，但是结果适得其反。我们以后总要集中精力贯注在几门基本的课程上，务求研究能够透澈，参考书能看得多。研究的工具自然也要先准备充足。果能如此，则比较课目繁多，而所得者仅只东鳞西爪的更要实在。

第三是要提高程度。这是当然必要的，但我们如果能做到上面两项，则程度也自然能提高。我们准备先充实主要的课程，循序渐进，以达到从事高深研究的目标。

第四是增加设备。中大前此行政费漫无限度，不免许多浪费的地方，所以设备方面，自难扩充。我们以后必须从这点竭力改良，节省行政费来增加设备费。这是本人从办清华大学以来一贯的政策。

关于学校事务行政，亦属重要。现在可以提出三点来说：

第一是厉行节约，特别是注重在行政费之缩减。要拿公家的钱浪用来做自己的人情是很容易的事。一旦节约起来，一定会引起多少不快之感，这点我是不暇多顾的，要向大家预先说明。

第二是要力持廉洁。我现正预备确立全校的会计制度，使任何人无从作弊，并且要使任何主管者也无从作弊。本校的经费，行政院允许极力维持，将来无论如何，我个人总始终愿与全校教职员同甘苦。大家都养成廉俭的风气，以为全国倡。

第三要增加效能。过去人员过多，办事效能并不见高。我们以后预备少用人，多做事，总希望从合理化的事务管理中，获得最大的行政效能，使每一个人员能尽最大的努力，每一文经费获得最经济的使用。

本人自九月五日方才视事，不及一月，而十月三日即已开学，十一日已全校上课，在此仓卒时间自有种种事实上的困难，许多事未能尽如外人和本人的愿望。这种受时间限制的苦痛，希望大家能够有同情的谅解。不过居然能全部整齐开学上课，也是件不容易而可以欣幸的事，希望全校的努力把中大这个重要的学术机关，一天一天的引上发展的轨道，以从事于有机体的中国民族文化的创造。我们正当着民族生死的关头，开始我们的工作，所以更要认清我们的使命，时刻把民族的存亡一个念头存在胸中，成为一种内心的推动力，由不断的努力创造有机体民族的文化，以完成复兴中国民族的伟大事业。愿中央大学担负复兴民族的参谋本部的责任。这是本人一种热烈而诚恳的希望。

民国二十一年十月十一日，于南京，国立中央大学

中央政治学校的当前重任造成共同建设的政治意识*

准备太平洋战争！

惨痛的一年过去！更严重的一年来到！无情的光阴，带我们向着未来的太平洋大战——我们生死存亡的一战——更逼近一年！战争是惨酷的，不是一般人所愿意的。但是这次太平洋大战，不问如何惨酷，总是避免不了的。中国民族愿意也得战，不愿意也得战，因为客观的环境固不许我们不战，自己的生存更不许我们不战。

“生，人之所欲也，所欲有甚于生者。死，人之所恶也，所恶有甚于死者。”

为奴隶百年而生，不如为人格一战而死！

于九死之中，才能得必生之道！

准备太平洋战争！抱欢欣的态度准备太平洋战争！

战争是民族有机体的整个活动！战争是民族意志的伟大表现！所以战争必须赖整个的政治组织和共同的政治意识去支配运用。

整个的政治组织，尤赖共同的政治意识去做发电机。

民国二十年一月间我就提出一个主张，要把我们的中央政治学校办成法国的政治学校。那年九一八国难发生我们更提出一个显明的口号，就是“我们要担负普法战争后法国政治学校所担负的责

---

* 原载《中共政治学校校刊》1933年1月1日第49期，录自《文化教育与青年》，重庆商务印书馆1943年3月版。

任”。当时我更进一步和大家说，“我们要造成共同建设的政治意识”。

这个政治意识就是“我们要在三民主义之下以革新内政为雪耻图强的基础”。

多少年来，国家办理教育，费了不少人民的膏血，但是学校里面，从没有把政治意识这个重要问题看重。加以过分自由的发展，反而从学校里培养出多少“反抗的政治意识”，没有“建设的政治意识”产生。所以结果弄到知识分子，都带着浓厚的“既不能令又不受命”的空气。意见复杂，力量抵消。国家也就四分五裂，国事也如筑室道谋。等九一八事变一起，反使日本笑我们是“无组织的国家”！

挽回国难，雪此奇辱，我们不但要造成“建设的政治意识”，并要造成“共同”建设的政治意识。不是共同，便无力量！

准备！准备！不只是“磨刀霍霍”便算准备战争。凡是教室图书馆实验室工作以及日常生活中的行动习惯，苟有可以培养“共同建设的政治意识”，增进我们的力量，以供太平洋战争时全国动员的运用的，都是实际的准备。

准备！准备！且看我们中国人能不能把自己的中国整顿好！且看太平洋战争发动时，中国是不是有组织的国家！

民国二十二年，于中央政治学校

知识的责任*

要建立新人生观，除了养成道德的勇气而外，还要能负起知识的责任（Intellectual Responsibility）。本来责任是人人都有的，无论是耕田的，做工的，从军的，或者是任政府官吏的，都各有各的责任。为什么我要特别提出“知识的责任”来讲？知识是人类最高智慧发展的结晶，是人类经验中最可珍贵的宝藏，不是人人都能取得，都能具备的，因此凡有求得知识机会的人，都可说是得天独厚，享受人间特惠的人，所以都应该负一种特殊的责任。而且知识是精神生活的要素，是指挥物质生活的原动力，是我们一切行为的最高标准。倘使有知识的人不能负起他特殊的责任，那他的知识就是无用的，不但无用，并且受了糟蹋。糟蹋知识是人间的罪恶，因为这是阻碍或停滞人类文化的发达和进步。所以知识的责任问题，值得我们加以严重的注意。我们忝属于所谓知识分子，尤其觉得这是一个切身问题。

所谓知识的责任，包含三层意义：

第一是要有负责的思想。思想不是空想，不是幻想，不是梦想，而是搜集各种事实的根据，加以严格逻辑的审核，而后构成的一种有周密系统的精神结晶。所以一知半解，不足以称为成熟的思想，

* 原载《新民族》1938 年 6 月 27 日第一卷第十八期。

强不知以为知，更不能称为成熟的思想。思想是不容易成立的，必须要经过逻辑的陶镕，科学的锻炼。凡是思想家，都是不断的劳苦工作者。“焚膏油而继晷，恒屹屹而穷年”，他的求知的活动，是一刻不停的，所以他才能孕育出伟大成熟的思想，以领导一世的思想。思想家都是从艰难困苦中奋斗出来的。他们为求真理而蒙受的牺牲，决不亚于在战场上鏖战的牺牲。拿科学的实验来说，譬如在实验室里试验炸药的人被炸伤或炸死者，不知多少。又如到荒僻的地方调查地质，生物，人种的人，或遇天灾而死，或染疾而死，或遭盗匪蛮族杀害而死的，也不知多少。他们从这种艰苦危难之中得来的思想，自然更觉得亲切而可以负责。西洋学者发表一篇学术报告或论文，都要自己签字，这正是负责的表现。

其次是除有负责的思想而外，还要能对负责的思想去负责。思想既是不易得到的真理，则一旦得到以后，就应该负一种推进和扩充的责任。真理是不应埋没的，是要发表的。在发表以前，固应首先考虑他是不是真理，可不可以发表；但是既已考虑发表以后，苟无新事实新理论的发现和修正，或是为他人更精辟的学说所折服，那就应当本着大无畏的精神把它更尖锐地推进，更广大地扩充。我们读西洋科学史，都知道科学家为真理的推进和扩充而奋斗牺牲的事迹，真是“史不绝书”。譬如哥白尼（Copernicus）最先发现地动学说，说太阳是不动的，地球及其他行星都在他的周围运行，他就因此受了教会多少的阻碍。后来白兰罗（Bruno）出来，继续研究，承认了这个真理，极力传播，弄到触犯了教会的大怒，不仅是被捕入狱，而且被“点天灯”而死。盖律雷（Galileo）继起，更加以物理学的证明，去阐扬这种学说，到老年还铁锁琅当［珰］，饱受铁窗的风味。他们虽受尽压迫和困辱，但始终都坚持原来的信仰，有“鼎镬甘如饴，求之不可得”的态度。他们虽因此而牺牲，但是科学上的真理，却因为他们的牺牲而确定。像这种对于思想负责的精神，才正是推动人类文化的伟大动力。

再进一层说，知识分子既然得天独厚，受了人间的特惠，就应该对于国家民族社会人群，负起更重大的责任来。世间亦唯有知识分子才有机会去发掘人类文化的宝藏，才有特权去承受过去时代留下〈的〉最好的精神遗产。知识分子是民族最优秀的分子，同时也是国家最幸运的宠儿。如果不比常人负更重更大的责任，如何对得起自己天然的秉赋？如何对得起国家民族的赐予？又如何对得起历代先哲的伟大遗留？知识分子在中国向称为“士”。曾子说：“士不可以不弘毅，任重而道远。仁以为己任，不亦重乎？死而后已，不亦远乎？”身为知识分子，就应该抱一种舍我其谁至死无悔的态度，去担当领导群伦继往开来的责任。当民族身死存亡的紧急关头，知识分子的责任尤为重大。范仲淹主张“先天下之忧而忧，后天下之乐而乐”。必须有这种抱负，才配做知识分子。他的“胸中十万甲兵”，也是由此而来的。

提起中国的知识分子，我们很觉痛心。中国社会一般的通病，就是不负责任。而以行政的部分为尤甚（这当然是指行政的一部分而言）。从前的公文程式是不用引号的，办稿的时候，引到来文不必照抄，只写“云云”二字，让书吏照原文补写进去。传说沈葆祯做某省巡抚，发现某县的来文上，书吏照抄云云二字，不曾将原引来文补入，该县各级负责人员，也不曾觉察。于是他很幽默地批道，“吏云云，幕云云，官亦云云，想该县所办之事，不过云云而已。”这是一个笑话，但是很足以形容中国官僚政治的精神。中国老官僚办公事的秘诀，是不负责任，推诿责任。所以上级官厅对下的公事，是把责任推到下面去；下级官厅对上的公事，是把责任推到上面去。责任是一个皮球，上下交踢。踢来踢去的结果，竟和火线中间，有一段“无人之境”（No mans land）一样。这是行政界的通病，难道知识界就没有互相推诿不负责任的情形吗？有多少人挺身而出，本着自己的深信，拿出自己的担当来说，这是我研究的真理，这是我服务的责任，我不退缩，我不推诿！这种不负责任的病根，诊断起来，由于下列各点：

第一是缺少思想的训练。他的思想，不曾经过严格的纪律，因此已有的思想固不能发挥，新鲜的思想也无从产生。外国的思想家常提倡一种严正而有纪律的思想（“Rigorous thinking”），就是一种用逻辑的烈火来锻炼过的思想。正确的思想是不容易获得的，必得经过长期的痛苦，严格的训练，然后才能为我所有。思想的训练，是教育上的重大问题。历次世界教育会议，对于这个问题，都会加以讨论。有人主张研究社会科学的人，也学高深的数学，不是因为他用得着这些数学，乃是因为这种数学是他思想的训练。思想是要有纪律的。思想的纪律决不是去束缚思想，而是去引申思想，发展思想。中国知识界现在就正缺少这种思想上的锻炼。

第二是容易接受思想。中国人向来很少人坚持他特有的思想，所以最容易接受他人的思想。有人说中国人在思想上最为宽大，最能容忍，这是美德，不是毛病。但是思想这件事，是就是是，非就是非，谈不到什么宽大和容忍。不是东风压倒西风，便是西风压倒东风。哥白尼主张地动说，固且自己深信是对的，就是白兰罗和盖雷律研究这个学说认为他是对的以后，也就坚决地相信他，拥护他，至死终不改变。试看西洋科学与宗教战争史中，为这学说奋斗不懈，牺牲生命的人，要有多少。这才是对真理应有的态度。中国人向来相信天圆地方，“气之轻清，上浮者为天，气之重浊，下凝者为地”。但是西洋的地动学说一传到中国，中国人立刻就说也是圆的，马上接受，从未发生过流血的惨剧。又如达尔文的生物进化论，也是经过多少年宗教的反对，从苦斗中才挣扎出来的。直至一九一一年，德国还有一位大学教授，因讲进化论而被辞退，甚至到了一九二一年，美国坦尼西（Tennesses）州，还有一位中学教员因讲进化论而遭诉讼。这虽然可以说是他们守旧势力的顽固，但是也可表现西洋人对于新思想的接受不是轻易的。可是在中国却不然。中国人本来相信盘古用金斧头开天辟地。“自从盘古开天地，三皇五帝定乾坤”，不是本本小说书上都有吗？但是后来进化论一传进来，也就立刻说起天演和物竞天择，人类是猴子变来的（其实人类是猴子的“老表”）。人家是经过生物的实验而后相信的，我们呢？我们只是因为严复译了赫胥黎的《天演论》，文章做得极好，吴挚甫恭维他“骎骎乎汉魏矣”一来，于是全国风从了。像这样容易接受思想，只足以表示我们的不认真，不考虑那里是我们的美德？容易得，也就容易失；容易接受思想，也就容易把它丢掉。这正是中国知识界最显著的病态。现在中国某省愈是中学生愈好谈主义，就是这个道理。

第三是混沌的思想。既没有思想的训练，又容易接受外来的思想，其当然的结果，就是思想的混沌。混沌云者，就是混合不清。况且这种混合是物理上的混合而不是化学上的化合，上下古今，不分皂白，搅在一起，这就是中国思想混合的方式。我不是深闭固拒，不赞成采取他人好的思想，只是采取他人的思想，必须加以自己的锻炼，才能构成自己思想的系统。这才真是化合呢！西洋人也有主张调和的，但是调和要融合（Harmony）才对，不然只是迁就（Compromise），真理是不能迁就的。我常怪中国的思想中，杂家最有势力。如春秋战国时代，百家争鸣，极端力行的墨，虚寂无为的老，都是各树一帜，思想上的分野是很清楚。等到战国收场的时候，却有《吕氏春秋》出现，混合各派，成为一个杂家。汉朝斥百家而尊儒孔，实际上却尚黄老，结果《淮南子》得势，混合儒道，又是一个杂家。这种混杂的情形，直至今日，仍相沿未改。二十年前我取了一个“古今中外派”的名词，就是形容这种思想混杂的人。丈夫信仰基督教妻子不妨念佛，儿子病了还要请道士“解太岁”。这是何等的容忍！容忍到北平大出丧，一班和尚，一班道士，一班喇嘛，一班军乐队，同时并列，真是蔚为奇观！这真是中国人思想的缩影！

第四是散漫的思想。这种是片断的，琐碎的，无组织的。散漫的思想的由来，固且由于思想无严格的训练，但是主要的原因还是懒。他思想的方式是触机，只是他灵机一来之后，就在这机来的一刹那停止了，不追求下去了。这如何能发生系统的思想，精密的思想？于是成了“万物皆出于几，万物皆入于几”的现象。他只是让他的思想像电光石火一样的一阵阵的过去。有时候他的思想未始不聪明，不过他的聪明就止于此，六朝人的隽语，是由此而来的。“世说新语”的代代风行也是为此。中国人的善于“玩字”没有其他的理由。因此系统的精密的专门哲学，在中国很难产生。因此中国文学里很少有西洋式如弥尔的《天国云亡》，哥德的《浮士德》那般成本的长诗。因此笔记小说为文人学士消闲的无上神品。现在还有人提倡袁中郎，浮生六记，和小品文艺，正是这种思想的斜晖落照！不把思想的懒根性去掉，系统的伟大思想是不会产生的。

第五是颓废的思想。颓废的思想是思想界的鸦片烟，是民族的催眠术，并且由催眠术而进为催命符。颓废的思想就是没有气力的思想，没有生力的思想。什么东西经过他思想的沙漏缸一经过，都是懒洋洋的。颓废的思想所发生的影响，就是颓废的行为。以现在的文艺品来说罢，有许多是供闺秀们消闲的，是供老年人娱晚景的。有钱的人消闲可以，这是一格，但是我们全民族是没有饭吃的时候，没有生存余地的时候呀！老年人消闲可以，因为他的日子是屈指可算的，但是给青年人读可为害不浅了。而现在喜欢读这些刊物的反而是青年人！文人喜欢诗酒怡情，而以李太白为护符。是的，李太白是喜欢喝酒，“李白斗酒诗百篇”。你酒是喝了，但是像李太白那样的一百篇诗呢？我们学李太白更不要忘记他是“十五学剑术，遍干诸侯，三十成文章，力［历］抵卿相，虽长不满七尺，而心雄万夫”的人呀！你呢？颓废的思想不除，民族的生力不能恢复！

第六不能从力行中体会思想，更以思想证诸力行。中国的文人，中国的“士”，是最长于清谈的，最长于享受的。在魏晋六朝是“清谈”，在以后是“清议”。清谈清议是不负责任的思想的表现。南宋是清议最盛的时代，所以弄到“议未定而金兵已渡河”。明末也是清议最盛的时代，所以弄到忠臣义士，凡事不能作有计划的进行，逼得除了一死以外，无以报国。“清议可畏”，真是可畏极了！横直自己不干，人家干总是可以说风凉话了。自己叹叹气，享享乐罢。“且以喜乐，且以永日，我躬不阅，遑恤我后”。老实说，现在我们国内的知识分子，也不免宋明的清议风气，只是享乐则换了一套近代化的方式。我五年前到北平去，看见几位知识界的朋友们，自己都有精致的客厅，优美的庭园，莳着名卉异草，不够的时候，还可到北海公园去散散步。我当时带笑的说道，现在大家是“花萼夹城通御气”，恐怕不久要“芙蓉小院入边愁”。现在回想起来，字字都是伤心之泪。这不但北平如此，他处又何独不然。我们还知道近年来通都大邑有“沙龙”的风气吗？“我们太太的沙龙”是见诸时人小说的。很好，有空闲的下午，在精致的客厅里，找几位时髦的女士在一道，谈谈文艺，谈谈不负责任的政治。是的，这是法国的风气，巴黎有不少的沙龙，但是法国朝着莱茵河那边，有绵延几百里的防御工事，有最新式的炮台，有电气化的战壕呀！我们的中华民国呢？我不否认享乐是人生应有的一部分，只是时期有先后的不同。我们的苦还没有动头。我们不愿意苦，敌人也还是要逼得我们苦的。“来日大难，现在就是，何待来日？”我们现在都应忏悔。我们且先从坚苦卓绝的力行里体会我们的思想，同时把我们坚强而有深信的思想，放射到力行里面去。

以上的话，是我们互责的话，也是我们互勉的话。因为如果我脑筋里还有一格兰姆智识的话，我或者可以忝附于知识分子之列。我所犯的毛病，同样的也太多了。不过我们要改造民族的思想的话，必定先要自己负起知识的责任来。尤其是在现在，知识分子对于青年的暗示太大了。我们对于青年现在最不可使他们失望，使他们丧失民族的自信心。我们稍见挫折，便对青年表示无办法，是最不可以的事。领导青年的知识分子尚且如此，试问青年心理的反应何如？我们要告诉他们世界上没有没有办法的事，民族断无绝路，只要我们自己的脑筋不糊涂！知识是要解决问题的。知识不怕困难。知识就是力量。而且这种力量如此之大，凡是物质的力量透不进去的地方，知识的力量可以先透进去。知识的力量透过去之后，物质的力量，就会跟着透过去。全部的人类文化史，可以证明我这句话。我们只要忠诚的负起知识的责任来，什么困难危险都可以征服！

顾亭林说过："天下兴亡，匹夫有责。"何况知识分子？他又说："有亡国者，有亡天下者"，他所谓"亡国"是指朝代的更换，他所谓"亡天下"是指民族的灭亡。现在我们的问题，正是亡天下，亡民族。在这时候，知识分子如不负起这特别重大的责任来，还有谁负？我觉得我们知识分子今后在学术方面要有创作，有贡献，在事业方面要有改革，有建树。我们不但要研究真理，并且要对真理负责。我们尤其要先努力把国家民族渡过这个难关。不然，我们知识分子一定要先受淘汰，连我也要咒诅我们知识分子的灭亡！

傅斯年

傅斯年（1896—1950），字孟真，山东聊城人，著名历史学家、教育家。1913—1919 年在北京大学预科、本科学习。北大毕业后，赴英、德留学。1926 年底回国，后任中山大学文科主任及历史、中文两系主任。1928 年任中央研究院历史语言研究所所长。1930 年代在北大兼任教授。抗战时期，先后担任北大文科研究所所长、中研院总干事、西南联大校务委员等职，同时出任第一至四届国民参政会参政员。抗战胜利后，出任北京大学代理校长。1948 年底被任命为台湾大学校长。

早在五四时期，傅斯年就与罗家伦等一起创办了新潮社，五四运动中，他是学生游行总指挥。在中山大学时，他创办“语言历史研究所”，中央研究院成立后他筹备建立了中央研究院历史语言研究所，创办《历史语言研究所集刊》并任主编，创造了史语所的辉煌。一大批著名学者到史语所主持或参与研究工作，如：陈寅恪、赵元任、李方桂、罗常培、石璋如、丁声树、胡厚宣、邓广铭、张政烺、严耕望等，在他的领导下史语所抢救、整理了大批明清档案，科学发掘河南安阳小屯殷墟，做出了极大的学术贡献。抗日战争后他曾担任北大代理校长，对北大的复校功不可没。

九一八事变后，傅斯年抗日态度非常坚决，是北平抗战知识分子的中流砥柱。《塘沽停战协定》签订后，胡适在《独立评论》发表《保全华北的重要》，认为当局一时无力收复失地，赞成华北停战，傅斯年为此大怒，甚至要退出独立评论社。为表达其抗日意志之坚定，傅斯年用唐代赴朝抗倭名将刘仁轨之名命其新诞生的儿子以喻其志。九一八事变发生一周年之际，傅斯年即认定这是与第一次世界大战和俄国革命并列的“二十世纪世界史上三件最大事件之一”(《九一八一年了》)。

本书共收入五篇文章，其中《九一八一年了》、《“中日亲善”??!!》、《地利与胜利》、《抗战两年之回顾》四篇文章是对日本对华侵略政策及进展的分析评论，表达了对国民党政府不抵抗政策的猛烈抨击和对中国不是一个可以灭亡的民族的坚定信心。《中华民族是整个的》是针对日本人策动的华北自治所表达的对中华民族完整统一的坚定信心，“我们中华民族，说一种话，写一种字，据同一的文化，行同一伦理，俨然是一个家族。也有凭附在这个民族上的少数民族，但我们中华民族自古有一种美德，便是无歧视小民族的偏见，而有四海一家之风度。”

九一八一年了！*

今天是中华民国廿一年九月十八日，正是九一八事件一周年了！

九一八是我们有生以来最严重的国难，也正是近百年中东亚史上最大的一个转关，也正是二十世纪世界史上三件最大事件之一，其他两件自然一个是世界大战，一个是俄国革命。我们生在其中，自然有些主观的情感，我们以这一年的经验，免不了有些事实的认识。我们纵观近代史，瞻前顾后，免不了有些思虑。假如中国人不是猪狗一流的品质，这时候真该表示一下子国民的人格，假如世界史不是开倒车的，倭人早晚总得到他的惩罚。所以今天若把事情浅看出来，我们正是无限的悲观，至于绝望；若深看出来，不特用不着悲观，且看中国民族之复兴正系于此。

先说浅看中的失望。

第一失望是在如此严重的国难之下，统治中国者自身竟弄不出一个办法来。国民党在民国十六年以来，以历史的及领袖人格的品质的关系，在表面的成功之下，自身破裂其组织，以至于建国固谈不到，而碰到空前的国难，国民革命军打到山海关的时候，真是朱洪武打跑胡元以来中国民族的第一个好机会，国民党的领袖人物如有知识与人品，中国又何至出数十万万的资财，数万的性命，以供

* 原载《独立评论》1932 年 9 月 18 日第十八号。

其“家争”。“家争”的结果，国民党所存之革命性尚存几何，及国民党是否站在人民的立场上，天下共知。其最惨酷的滑稽事，如冯玉祥“势逼处此”的走了“叛逆”之一途，而打出去的奉系被请进来做党国柱石！九一八事件一出，我们以为大家总要革面洗心，人尽其能，共赴国难，当时未尝不引“敌国外患所以安国”之谈以自慰。然而不然！起初是和会的一阵文章，党国领袖人物曾表示其“诚意”于天下，其继是仓皇辞庙，税驾东周，及南北军阀对沪战反应之百分冷淡，最近是以所谓抵抗计划引其来的汪精卫辞职，到了今天，不特抵抗的工作不曾办，并如此这般的一个政府也亦弄到不上不下，若有若无了。今天若想广州不做撤腿的文章，南京肯做积极的工作，汉口不谋局面的开展，北平有个振作的精神，恐怕没有多人相信罢？这样的渔阳鼙鼓惊不破北平的羽衣曲，引不出汉口的轮台诏，振不起广州的勤王意气，碎不了南京的六朝风度，则中华民国更有何希望呢？

第二失望是人民仍在苟安的梦中而毫无振作的气象。政府与统治集团之使人失望绝望，人民犹可望到别处，若一般国民都如此醉生梦死，尚有何说？元兵未渡江，临安已经给他预备好了；清兵未入关，燕京南都已经给他预备好了。所谓预备者是些甚么呢？靠天活着的心理，毫不振作的生活，做顺民或逃之夭夭的幻想，知命的哲学！所以人民虽众，如一群羊，社会虽繁杂，如一堆沙，以今日之局面比宋明亡时真正再像也没有了！自己先已准备好了亡国，做成一碗现成饭，人家为什么不来吃？俗语说得好，“天予不取，反受其殃”。试看今日南北人民对此局势如何反应？日本货是照旧买的，尤其以华北为甚。明明摆着，买他二角钱的东西便给他一个打我们的枪子，买他两块钱的东西便给他一个打我们的炮弹，存他一批五万元的货便给他一个炸我们的飞机。然而还是买的。劳苦的大众国家本不曾给他以生活保障，他们莫名其妙是可恕的，至于所谓中等阶级，真是与国休戚的，仍是专心致志的图谋他的小小安舒生活，尤其这个阶级中的太太小姐们，全不想到“国破家亡身又辱”！看看上海租界，以为亡国不过如此而已！

第三失望是世界上对此事件反应之麻木。中国人自己的事，而想到别人反应的态度，诚然是可耻的。不过，这篇文章不过叙述我自己的意见，我们在这一年中自然免不了想到些世界问题之牵连，我们如果知道依赖别人是最大之耻，而奉行此义，则亦无妨替人想想。倭人之暴举，不特给美国的太平洋政策一个正面打击，并且是积极胁迫大英帝国在海上存在之第一要着。且国际联盟从此失其效能，大战结局中之唯一可以值得保持发展的创设丧失了，于是大强国支配小国之一种调协的工具拆台了，英法皆感其困难，而尤以法国为甚。且日俄局面从此尖锐化，倭人在东北之横行迟早必引起对俄之纠纷。以如此凋零之世界，如此巴尔干化之欧洲，群策群力，以图经济恢复现状安定之不暇，则日俄一战所引起之波澜，真要将世界大战遗留之疮毒一齐溃烂。俄国在地势上是不可破的，一九一九至一九二二〈年〉之往事可证，然则虽反俄者若有意识亦不能希望以此得利。凡此形势，似甚明显，而列国舆论多昧于此，只以目前之自了为眼光视线所及，尤其使人失望的是英国，统治日本领导日本国民之日本军阀已明明表示其要建设大帝国于亚澳各洲，而英国多数舆论似乎以为满洲问题不关自己，眼光如豆者，必有祸事临头之一日。英国此日对远东之态度颇像大战前之态度。诚然，大战前英国的地位是与今日不同性质的，大战前英德暗斗已见，此日日本统治者虽明言吞并澳洲，统治印度，然而形势不如彼时之迫切，不过，大战前德国，虽也把英国来打的一笔账算在心中，却并不曾觉得英国在德法战时必战。英国人自己也有时在事后责备爱斯葵知的政府，说，假如那时英国的态度表示鲜明些，或者可以使德国自觉而免于一战。英人总是以自恃的手段行混过去的步骤的，因而救火每每救在燎原之后。今日英国，如欲放弃其苏彝士运河以东之势力则已，否则坐看日本攫到东北之金穴，用其天然供给，一步一步的在亚澳两洲扩充势力，先是扫荡英国的商场，次一步便是政治统治了。若谓此事尚远，则远而忽之，正是舆论麻木之象征，世界多事之缘由也。

第四失望是中国的政治似乎竟没有出路。国民党固曾为民国之明星者若干年；而以自身组织紊乱之故，致有今日拿不起，放不下之形势。于是一切残余的旧势力蠢蠢思动，以为“彼可取而代之也”。国民党诚然太对不起国民，其所以对不起国民之一件，即是过量的对得起这些残余势力，因为当年不曾自己努力，把这些东西根本拔去了，使他们今日尚在那里胡思乱想，胡言乱道。有一天一个人就所谓“国难会议”发议论，说国民党如何不好，非交出政权来不可。我便老实说，国民党对不起国民，事诚有之，然而以往失败的南北军阀及政客团体尤其对不起国民，国民党要交出政权来，容或有之，然而残余势力如北洋系、安福系、研究系、政学系等，都没有这个资格起来接受。这话说来，我们这专心同情于国民党及其前身二十多年的人最伤心，今日诚有哑子吃黄连的苦处。我们其将如唐明宗祷天，愿天生圣人于国民党中乎？今日之大难题，即在国民党自身弄得没有办法，而中国并没有任何政治力量可以取而代之。好比明朝亡国的时候，南京、北京的姓朱的都不高明一般。说到这里，有人要想到，“然则共产党是出路吗”？平情而论，果然共产党能解决中国问题，我们为“阶级”的原故，丧其性命，有何不可。我们虽不曾榨取劳苦大众，而只是尽心竭力忠其所职者，一旦“火炎昆冈，玉石俱焚”，自然当与坏东西们同归于尽，犹之乎宋明亡国时，若干好的士人，比贪官污吏还死得快些一样子。一从大处设想，即知如此运命真正天公地道，毫无可惜之处。所以我们是不应以个人之前提论这事的。不过，共产党自身的力量也正有限，以我前者同共产党共事的经验论，不能不觉得他们也是感情的发泄，而并无建国之能力，所做的工作很多还是洋八股。中国革命的形势与俄国大不同者至少有三。一、地理上截然不同。俄国是难打破的江山，背后靠着北冰洋，冰山便是他的泰山，又有冰雪及辽阔的地势做天然的保卫。中国有个大肚子伸在海中，真是一切帝国主义的最自由的战场。二、国民经济上截然不同。俄国在天然上，富力只下于美国，欧战前社会有相当的富庶，且地太广人较稀，而统治及地主阶级尤是大富，所以有田可分，有产可共，分田共产之后，国家仍能有大资本，国民以五年计划之故，不得不忍痛以输将，到底还有输将之余地。中国人至于今日，小小的些资本几乎皆在租界及经济上受租界支配之大城中，如北平受天津租界之支配，广州受香港之支配等。这地方的资本，不用转地方便“出国”，而中国乃成全无资本吃菜根嚼粃糠之乞丐国矣。以如此之经济形势，任何政治做不到，遑论经济发展？然而经济不发展是建不了国的，所以俄国如此勤劳于其五年计划。第三是革命人材上截然不同。俄国革命党历史将及百年，以如此长期之演进，如此长期之训练，不特革命的人格得以培成，即施政之人物亦在革命党中吸收不少，因为俄国革命党中本有不少小学教师、低级官吏、小商人、小工业家、工师、技员，政权到手，办得了事，如此乃是建国，不然乃是发疟子。国民党以中山先生伟大人格之吸引力及其前身二十多年的经过，吸收不到一套施政建国的人才来，遑论几年中专靠怨气及性欲解放的一队缺知识少训练的人们。共产党之一朝攫得政权虽可能，而共产党之建国是办不到的。

如此说来，失望至此，真正绝望，然而我们怎么办？因此不免想到：一、自杀，免得活着难过；二、暗杀，暗杀国贼巨丑，乃下至污吏奸商，或者自己的仇人也可以；三、穷极享乐，只顾今朝，快乐反正赚到，因而死了尤妙。这样办法以外，还有别的办法没有呢？

不过看深一步，以上的失望都不够使我们绝望的。中华民族自有其潜藏的大力量，三千年的历史告诉我们，中华民族是灭不了的，而且没有今日天造草昧之形势，民族是复兴不来的。这不是自己安慰的话，有事实为证。

第一，东北是亡不了的，所谓东北者，在历史上本非一个单纯的层次，狭义的辽东永是中国人居住地，其北部则多是荒地，最近百年中山东河北的健儿冒风雪，辟草莱，吃人类吃不了的苦，然后此地在民族上永为中国人。一朝日本人来，自然要对这些人加以排挤，然而三千万人岂能赶得许多？我们这三千万同胞中大多数是如何去的呢？我记得小时，常走由天津向南的一条大路，每每遇到成群结队的山东人“下关东”。他们背着一袋干食，即是干得比铁差不多的杂粮饼子，和几百文钱，以便路上买点水吃，一直走到黑龙江，或西伯利亚。有火车是坐不起的，而且京奉路上洋人管的火车，每每把他们闷死。这样远征，自然死许多，然而他们很多竟到了，后起者只以到者为劝，不以死者为戒。尤其可恨的是东北的军阀变成了大地主，要耕地者须先拿出一些大租金，而他们的生活乃真如农奴一般了。在这样情形之下，他们为中华民族开辟了若干万里的疆土！日本人可以攘取而势不能驱走，日本人虽能得其大利，而势不能夺其小利，则他们之存在依然，若以教育同化，则现有台湾之榜样在，试问台湾多数人民之汉人近于日本人乎，近于福建人乎？燕云十六州沦于北族者数百年，黄河流域各省沦于金元者数百年，一旦大明朝起来，这些地方是谁的呢？今日中国民族之有东北，乃是山东河北劳苦农民的功劳，今日中国政权之失东北，乃是东北军阀作恶误国的成绩，则将来关内的政治一有办法，暴虐的倭人一遭艰难，我们自可恢复故物。虽说，今日东北之卖国贼如许多，日本的教育又必不放松，然而日本之小器，适足以促成反感，卖国贼的子弟每有不少革命党。日本人不能使关东的中国人另成一种生活，则一朝小水银球碰到大水银球，是分不了的。

第二，中国的事情说难也难，说容易也容易。只要军队稍有纪律，地方便可以平安，只要政府能维持最低限度的秩序，人民便可以猛烈的进步。即以山东论，张宗昌几乎把山东全省的社会组织拆散，而今日以韩复榘之治法，竟能成一小康之局，若在外国，岂非怪事？但使中国的政权有少许的安定，中国政府有三分的清明，便可有开国的景象，所谓“饥者易为食，渴者易为饮”也。骤看中国此时的情势，真像社会的总崩溃，然而转移也是有望的。前人说“尧舜率天下以仁而民从之，桀纣率天下以暴而民从之”，这话像是极不通，不过，二千年的帝制训练，人众如羊群，一般风气转移决不是封建时代之固执了。今日之所以暮气沉沉者，正是二十多年政治失望之结局，人民向上之心，一摘，再摘，无数摘，焉得不如今日？这是虽可悲伤，然而总是一种变态，是可以改得过来的。记得二十一条交涉之后，北京中央公园开救国储金大会，数万人去了捐款，老婆子小孩子都多得不可数。然而不过半年，筹安会出来了，救国储金便为梁士诒等用作帝制费了。似此的摧残无数次出现，焉得不有今日之死气。不过这死气究是长期摧残之结果，非本性则然。一旦国人对社会略有半分希望，对大局略有半分期求，这个死气是可以改的。譬如我们住在北平的多数人眼看此间的“政治”，还去希望什么？眼看见有政权人物之公私行为，还计较什么抵抗排货？但这种死气并非本性，死气之内，包着热烈的怨气。一旦局势稍有一缕的出路，天良是泯灭不了的！二十年中，舆论清议每况愈下，以至于无，然而“野火烧不尽，春风吹又生”，春风一来，死气告退。从长看去，中国人不是惯坐在墓口中的。

第三，国际上的形势今日虽然混沌，除美国以外几没有说句公道话的，然而东北之大变关系世界大局者过于巴尔干，日本既以作鲸吞亚澳的发动，迟早必横生纠纷，且决是迟不了很多的。今日大家之所以踌躇犹豫者，一是没有准备，大家都不曾料到日本如此之突然大闹；二是怕苏俄，日本势力之消落是苏俄骤升的大机会，而苏俄之上升是资本主义国家所绝不愿见的。然而这样形势虽是使目下沉闷之背景，久而久之局面总要开展的。英国决不能放弃其辽东市场，美国之日本开关，合并檀香山群岛，合并菲律滨群岛，宣布中国领土保全门户开放主义，调停日俄战，开华府会议，数十年中一步一步的一贯政策，决无因日本在沈阳之一击而一朝放弃的。至于俄国，尤其不能割贝加尔湖以东以与人。假如中国真能自己稍稍振作，以后不患没有利于我们的机会，即如二十一条时代，我们是何等的困难，欧战罢了乃有华盛顿会议。历史自然是不能保其重现的，然而只要自己有办法，环境上免不了出有利于我们的机会。

第四，中国人不是一个可以灭亡的民族。历史上与中国打来往的民族，如匈奴、鲜卑、突厥、契丹、女真、蒙古等，固皆是一世之雄，而今安在？中国人之所以能永久存立者，因其是世界上最耐劳苦的民族，能生存在他人不能生存的环境中，能在半生存的状态中进展文化。这或者就是中国人不能特放异彩，如希腊人如犹太人的原故，然而这确是中国人万古长存的原故。论到智慧，虽不十分优越，却也是上等中的中等，固曾以工商业及美术文学及大帝国之组织力昭示于历史；论到政治力量，今天固然惭愧的很，不过今日之患，在乎没有政治重心，一有政治重心，中国是能有大组织的。诚然，以早早脱离了封建社会，在二千年帝制下的训练之故，社会如散沙一般，然而南北东西各有万里直径的方土中，人文齐一，不分异类，也不是没有有益的方面。东北在备极昏暴的军阀治下能骤进人口，南洋及新大陆能以猪仔式的进身开拓生财，在这样最平庸的形式中，包含着超人的精神，比起娇贵的西洋人，器浅的倭人，我们也自有我们的优越处。今日中国各事，从深里看出，皆不足悲观。说科学不发达呢？然而以如此之环境，有如此之科学已经是难能了；说实业不发达呢？然而政治摧残之下这里那里尚有几个飘萍，也是大不容易了。所没有办法者，只是政治，而政治之所以没有办法是没有政治的重心。只要这一层能以一种方式演出来，无论是国民党或其他乃至于一种能拿得起政治来的阶级统治，一切事都可望进步。在中国做事业说难固难，说易也易。

若说我这些话不免自己安慰自己，则试看在如此死气的一年国难中，何尝没有使人精神奋发的事？例如上海之抗日，真是"顽夫廉，懦夫有立志"。又如东北的义勇军，以那样的情势，做那样超人的奋斗。又如铁血除奸团，极少人不顾性命的组织竟有如许大的效力。然则中国的事是不可一概而论的。

浅看来是绝望，深看来是大有希望。这希望不在天国，不在未来，而在我们的一身之内。我们若以民族的希望为宗教的信仰，以自身之勤勉工作各尽其职业为这信仰之行事，则大难当前，尽可处之泰然，民族再造，将贡一份助力。宋明的道学先生尚能以四书五经养其浩然之气，我们不能以近代知识养我们的浩然之气吗？

我们的知识不使我们有失望之余地，我们的环境不许我们有懈惰的权利！

“中日亲善”??!!*

最近两个月真是“中日亲善”论最走运的时代。也许这个理论与行为在将来更时髦，更成国是，更不得了，本未可知。不过在现在走运到这个田地，已够使人忧心如剪［煎］的了。仿佛这番热闹恰是为纪念一·二八的第三周年！这真是历史上的最惨酷的幽默。

蒋委员长的两次对记者谈话，第一次之末了一笔及第二次之全旨都还使人满意，却还不忘国民党之革命立场。不过这些话或嫌空洞些，或者这也有不得已处，然而对外国人是不可虚与委蛇的，是要把明白的话说在头里的。中日国交之失常全在日本，全不在中国，欲更改正局面，须得日本一反其自九一八以来之行动。在日本易如反掌，在中国无从为力，排日并无此事实，东北必须还中国。

汪精卫先生在中政会的演说词诚是一篇花团锦簇的文字，非善于辞令如汪先生者莫办。至于其含义呢？则《大公报》有一段隽永的评语，以为此是中日通商以来数十年间最亲善的论调！并且假设汪先生若发此言于九一八以前，不愧为特识独见，而今言之恨晚！（原文不在手边，姑凭记忆。）外交官说空话，在相当范围内本亦无不可，与广田作竹枝词式之唱和，也未尝不可，不过汪先生在这段文章里有两个漏洞。第一，广田的空腔中有实件，汪先生的诚心上

---

* 原载《独立评论》1935 年 3 月 3 日、10 日第一四〇号、第一四一号。

皆空谈。广田说些好听话，而归本于要求中国取消排日（这在今日本是见鬼的话，未免太看重中国人了）。汪先生何不也说些好听话，而归本于要求日本退还东北？如此乃是虚对虚，实对实。今也徒作一篇颂圣论，只是为人鼓气尔。第二，中国的外交立场，应该建设在列邦平等、东西同仁的原则上，绝不容许偏亲日本。因为偏亲一个弱邻，固有不利之嫌，而偏亲一个强邻，尤有望风归顺之弊。而且远东又不止中日两国，美俄英有同样的利害关系。中国与英与俄也都是壤地相连的，与美国也只一水相隔，现在水是通道不是隔人的。自九一八以来，日本对世界之妄暴理论，皆以自居东亚主人翁为出发点，而要求其在东亚有特殊立地，对中国有特权威权。这是中国的绝不当承认一丝毫的，中国只能承认大家一样。今汪先生之议论，谓赞扬中国与日本之特别亲密关系，似乎已渐诱到日本理论之道路上。我不免害怕！汪先生之又聪又明，且亲且和之态度，诚是其不可及处，亦是其政治上有力量之一因，不过，国际间的情景与国内不同，说话还是自己防卫一下子才好。无须乎过量的客客气气。

至于王宠惠博士之东渡攀亲善，诚不免令人齿冷。最妙的是昨天日本电通社的消息，他在看了些沈阳事变的罪魁祸首之后，重光葵饯别他，请的陪客是“满洲帝国驻日大使丁士源”！丁士源与王宠惠，同是英国老留学生，同服官历家于北京政府，直到张作霖时代的，想来总有相当熟识。今日同席于重光之堂，论此时东向怀“德”之情景，并非申包胥、伍子胥之异趋而走秦吴，想当年北庭作宦之往迹，或有诸葛瑾、诸葛亮之同气而别吴蜀。岂非东庭服远之佳话欤？若有书呆子以为这是王公自己跑去取辱，乃真是浅人不足以话深！夫王公之生平，《大公报》“巧宦”之评可以不待盖棺便足论定。据中国传统的训诂学，宦者买卖也，巧宦者，善运虚无于买卖也。在当年王公能一面列位北庭，一面犹不失为国民党人，又何怪乎此日逢闲回国，第一着是说粤，第二着是和戎。登陇首而左右望，此日行情，盖无过于此两市者也。如此看去，此人此事正与中日关系不相干，且不去论此罢了。

言归正传。在高谈中日关系之前，有几件不可忽略的事实。

第一，除非日本人改变其对东北之态度，中日亲善绝不可能。按伪国之作用是使中日两国万万不能“尔无诈，我为虞”的，伪逆的组织存在一日，则中国受暴之创痕日日新，又日新，中国人既不应忘情于三千万亡国之同胞，尤不能放心此个丑极的危险分子。

第二，中国此时并无可注意的排日之事实，所以日本人之借口适足以显其不可测之心肝。此日中国之全国萎靡，是中外共见的。在此情景之下，有志气的中国人，正当恨我们之不长进，具耳目之日本人，岂不见到这个普遍的事实。然而犹以此为言者，还不是明明坐人以罪，这算有诚意吗？在这种气焰态度之下，能有公平的来往么？《水浒》上记林冲被狱吏拷打，林冲问他自己犯了什么罪，狱吏说，你坐着也是罪，站着也是罪，醒着也是罪，睡着也是罪，一弯腰一挤眼都是罪。这岂不是此日现状的描写？伪国的事件姑不论，且看福建与河北非武装区的情景，治安之不易维持，社会之大成紊乱，谁实为之？谁令致之？此皆现实，乃舍而不谈，反说中国排日。难道中国政府能虚造几件排日的案件而惩办之，以应日本之要求吗？

第三，“中日经济提携”一路乃是中国灭亡之速路。凡是两国的经济提携，必须在实际上互惠，在原则上平等然后可，否则只是大并小，本邦对殖民地的关系。日本是一个近代化的工业国家，中国是一个生产落后、农村破产的国家。若中国不给日本以特惠，当然无所谓提携；若给以特惠，无非是使日本的工艺品进口得容易，使中国的原料品出口得便宜。关税已自主了，乃又反到受束缚的地域。这乃真使日本工业不致萧条，中国工业无从起手，不久之后，日本将多量吸收中国资本，将为“东亚之工场”，中国将见都市随农村以俱破，永为万世一系之苦力国民。这真不待征服，先已灭亡了。而且抽象之谈还不亲切，目下正有具体榜样在那里。所谓“日满经济合作”是怎样一回事，则“日华经济提携”也就可想而见了。所以“中日经济提携”之口号，只是要求中国做第二个“满洲国”。军部既建功于白山黑水间，以炫其国人，文官见猎心喜，更思不战而克人之朝廷也。

第四，广田非币原之比，论其背景煞是可疑。币原之背景为财阀与立宪政治，其政治思想又较近英美式，故西向兼并如东北事变之行为，在彼以为非事其国家之正道，乃有与中国和善之诚心。当时之外交部长王正廷君昏然无知，致使机会错过。至于广田，本属于玄洋社一派，玄洋社之行动，及其对中国之存心，是留心日本事情的人所知道的。（参看刘叔雅先生之《日本侵略中国之发动机》，载《独立评论》第十九、第二十两号，这是一篇值得国人永久注意的好文章。）中国若干革命志士被这一派人愚弄得不在少数了，即如头山满翁，他诚然帮助中国的革命党，然而最终目的总是为日本建业，为明治求归服者。此中故事我也听了不少，此地来不及说。总之，上当不是一次，不便再上大当了。去年春间，日本外务省官宣言，西洋各国不得问中国事，助中国政府，俨然封中国为日本保护国。于是惹起全世界的责难，日外务省只得取消。这样宣言，固是广田任内的事，而此番日议会开会，广田回答质问，固明明声称日本对华方针仍不改变那个宣言的道路。然则广田的空话尽管好听，广田所要求于中国者之实际条件，若拿出来，或者不免骇世界了。

第五，我们的政府不要忘我们此日不立即为日本人吞灭者，既不是由于自己的努力，也不由于日本人的“仁慈”，乃是由于中国之国际均势，虽动摇却并未扫地，虽在变化中却并未寿终正寝。果真在中国的国际均势扫地以尽，日本人会立刻来大规模的杀戮我们同胞，灭亡我们国家的。所有一切“共存共荣”、“东亚同种共济”欺人之谈，真是一套至无聊的口头禅，其行为早已证明此等口头禅全是其用心之反面。中国在国际均势之下生存了如此多年，华盛顿会议更给中国一个安息，果使我们善于利用那形势，不是没有图强的机会。不幸我们只是勇于内战，昏然无知，屡次的警告不注意，直到九一八日本人攻陷沈阳，然后此华盛顿之一章转入另一章。不过，日本虽以暴力摧毁《国联盟约》、《九国公约》、《非战公约》，终不敢一举而全部否认之，列强亦始终未曾承认其举动为合法。所以占了沈阳、长春之后，不敢立即用兵北满；用兵北满之后，不敢立即侵扰关内；侵扰关内之后，不敢立即入北京城。日军之顿兵于通州以外，岂是黄郛的《塘沽协定》所能停止的？日本人到底还是怕西洋人，所以才不长驱直入，黄郛的《塘沽协定》只是为日本人作个最荣誉的场面罢了。若是日本人无所畏惧于西洋各国，他定要立即请中国的驻外使节下旗回国；若是他们真的自觉着有力量抵抗英美，便没有广田的这一套把戏；若是他们真的自信再进扰华北仍不起世界的波澜，他们当然早就上下一心的把华北伪国组织成了。英美的接近越可能，广田的外交花样越翻新；美国的海军越增加，日本的和美议论越向上。果真日本真是敢于对世界作战的，内田的焦土外交何以不即成为国是，而易以广田之曲线外交？然则中国今日仍是存在于均势之下，只是此时之均势大不稳当，故此时中国之生存大感摇动耳。若以为均势真的已经全破了，乃真是荒谬糊涂之见。日本诚然向破坏此均势之道路上走，如其向中国之高谈亲善，便是他们这个工作之一，然而英美也正向维持此均势之道路上走，如其强化海军，谋互相接近，便是他们工作之二。

第六，“一失足成千古恨”，正是此日中国外交路径之警告。当国之高贤与外交之当局都不便以十年来对付国内情事之态度应之临之。国内的事情，尽管今天翻雨，明日覆云，反共有先后，不抵抗有早迟，国家诚为此等无定河边之立场斫丧无量元气。究竟君子犹可豹变，看戏的国人本不计较的。然而在国际的事件上，全不能容许这样的随随便便，一言则铁案如山，回头则魔鬼在后。果真今日我国为日本所提携，提之于股上，携之于胯下，以后只能照此一路步步入地狱，想转身是再也不能的。所以随便应付的态度，敷衍客气的姿态，忘其所以之心理，应机则变的希望，在此处是用不着的，一用则贻国家以莫大之害。

第七，没有一个国家能够不出代价便存在的，也没有一个民族能够不奋斗不牺牲便得自由的。设若我们的当局所努力只在政权之不移，那就不必谈下去了，如此用心，自然少一事好过多一事。设若他们未尝但为自己保全禄位计，而真的信他们自己之禄位不禄位正和国家之休戚为一事，也就不必谈下去了，如此设想，自然朕即国家。设若犹且觉得国家之存亡不即等于自身之升降——我深信今之当局在这一事上必能想得开的——则逢此生死关头，不必但做安闲的清梦，定要筹备爬山割股的工作。夫日本人之所以劫持我国者，岂不曰："你若不从我，我便更闹，华北、华南都可闹。"若骇于此语，怕有此事，不得不应承之，则其结果不做息夫人不止。看穿这一点，我们并不怕他闹，因为我们本是预备牺牲的，我们尤其欢迎他闹，因为他越多闹，世界上天明得越早些，则他不是技穷，便是自亡耳。若中国绝不准备牺牲，只有走朝鲜一条路，提携只是合邦之前一幕。若中国准备牺牲，看破他这一套，便得走比利时的一条路，生路是在死里出来的。

根据上列的认识，我希望政府当局在折冲此事上要取下列的立场：

一、绝不与日本说客气话，作敷衍态。劈头告诉日本说：欲中日关系上常轨，必须先解决东北问题，其解决之法，便是中国最大限度所能承认的国联调查团建议，过此以往是不能办的。

二、日本必须立即停止其干涉"排日"之要求。因为中国此时并无排日之事实，而此口号大含干涉内政之嫌疑。

三、中国只能“一视同仁”，对列邦取一样之态度，绝不能加入任何地域关系的或经济的集团。这是独立国的尊严，也即是弱国的性命。

四、中国不要日本的任何帮助。若要外助时，当诉之于全世界。

至于秉政者之存心与行事，希望他们看破自己的隆杀与进退，而努力于下列两路：

一、准备各种的变局，两国间的及世界的。

二、充实外交之机能，不便坐看驻甲国的使节不在任，驻乙国的使节不办事，驻丙国的使节不称职。自废其外交机用，是九一八前外交当局误国最大处。“殷鉴不远，在夏后之世！”

中华民族是整个的*

中华民族是整个的！

这一句话怎么讲呢？原来二千几百年以前，中国各地有些不同的民族，说些多少不同的方言，据有高下不齐的文化。经过殷周两代的严格政治之约束，东周数百年中经济与人文之发展，大一统思想之深入人心，在公元前221年，政治统一了。又凭政治的力量，“书同文，车同轨，行同伦”。自从秦汉之盛时算起，到现在二千多年，虽有时候因为外夷之侵入，南北分裂，也有时候因为奸雄之割据，列国并立，然而这都是人力勉强的事实，都是违背物理的事实。一旦有适当的领袖，立时合为一家。北起朔漠，南至琼崖、交趾，西起流沙，东至鸡林、玄菟，这是“天然”赐给我们中华民族的田园。我们中华民族，说一种话，写一种字，据同一的文化，行同一的伦理，俨然是一个家族。也有凭傅在这个民族上的少数民族，但我们中华民族自古有一种美德，便是无歧视小民族的偏见，而有四海一家的风度。即如汉武帝，正在打击匈奴最用气力时，便用一个匈奴俘虏做顾命大臣；在昭帝时，金日和霍光同辅朝政。到了现在，我们对前朝之旗籍毫无歧视，汉满之旧恨，随清朝之亡而消灭。这是何等超越平凡的胸襟！所

* 原载《独立评论》1935年12月15日第一八一号。

以世界上的民族，我们最大；世界上的历史，我们最长。这不是偶然，是当然。“中华民族是整个的”一句话，是历史的事实，更是现在的事实。

有时不幸，中华民族在政治上分裂了，或裂于外族，或裂于自身。在这时候，人民感觉无限痛苦，所渴望者，只是天下一统。未统一时，梦想一统；既一统时，庆幸一统；一统受迫害时，便表示无限的愤慨。文人如此，老百姓亦复如此。居心不如此者，便是社会上的捣乱分子，视之为败类，名之曰寇贼，有力则正之以典刑，无力则加以消极的抵抗。

中国经辛亥年的革命，由帝制进为共和，一统的江山俨然不改。只可惜政治上不得领袖，被袁世凯遗留下些冤孽恶魔。北廷则打进打出速度赛过五季，四方则率土分崩，复杂超于十国。中山先生执大义以励国民，国民赴之，如水之就下。民国十五六年以来，以北方军阀之恶贯满盈，全国居然统一。平情而论，统一后之施政，何曾全是朝气，统一后之两次大战，尤其斫丧国家之元气。中年失望，自甘于颓废；青年失望，极端的左倾。即以我个人论，也是失望已极之人，逃身于不关世务之学，以求不闻不见者。然而在如此情势之下，仍然统一，在如此施政之下，全国之善良国民，仍然拥护中央政府者，岂不因为中华民族本是一体，前者以临时的阻力，偶呈极不自然的分裂现象，一朝水到渠成，谁能御之？所以这些年以来，我们老百姓的第一愿望是统一，第一要求是统一，最大的恐惧是不统一，最大的怨恨是对于破坏统一者。

这个心理有最近的两个事实明白表示出来，段芝泉先生本是北洋耆旧，论其个人，刚性高节，本可佩服，论其政治的贡献，则师心自用，纵容群下，《春秋》责备贤者，正不必为之讳。然自其避地南归之后，无论何种政治思想者，除共产党外，无不钦佩他，他居然是无疑的民国之元功，社会之三老。所有安福政绩，在国民心中一齐消账。至其最近“股东不同意”（见《益世报》）之表示，尤为社会上称道不已。又如阎百川先生，虽在北方有最老之资格，其人之勤俭朴诚，爱惜地方，尤为国人所称道，然其见识与办法，亦有多人不以为然，且有嘲笑之者，自从他毅然决然飞到南京去，全国人都另眼相看，以为此老毕竟高人一筹，不待耕者有其田，他老先生已经有了全国人的心田！这种国民心理的转移，不是明白表示国人渴望国家不分裂吗？

然而这些天里，平津一带“空穴来风”，有所谓自治运动。若说这是民意，民在那里？若说这是社会上的事件，请问谁是出名领导的人？若问国人的心，他们只是希望统一，以便安居乐业。雇来的苦力不足为民众，租界上住着昔曾大量剥削人民后经天然淘汰之官僚军阀，不配算领袖，满街洒的黄纸条，都是匿名帖子！天下哪里有不具名的政治运动？黑市上哪里有正人？孔子有一句现成话：“将谁欺，欺天乎？”

所谓要求自治，虽然闻其声（黑路上的怪声）不见其人，而发挥其良心之主张，在平津者有教育界（宣言见上星期日《大公报》），其他各界虽未宣言，居心无二。这个宣言，初签名者数十人，到了第二天，几有千人，这才是民意的负责表示。宣言中指明这是破坏国家领土完整的阴谋，这才是有识人民的明确认识！

我终不相信此间事情就此恶化下去了，因为此间地方最高当局宋商二公之人格与历史是国民信赖不疑的，就宋主任说，他是西北军中最忠实的将军，从冯焕章先生经过无数艰苦，不曾弃他，这地方最足以表显其忠心的气节。忠于主帅者，自易忠于国家，何况他的捍卫国家的勋绩，虽在妇人孺子，至今称道。就商主席说，他早年便是志士，后来在北方军阀罪恶贯盈的时代，他最先在绥远举义。至其卫国之功，正与宋公伯仲。所以我深信他们决无忽然改换其自身历史，堕于大海中之理，所以在此汹汹之局，我们穷学究尚在此地安心默祝国家多福！

不过，伪造民意，扰乱人心的各种阴谋，也是可虑的。负责当局，应以国家民族的立场，把背叛国家的败类，从严防范，尽法惩治！

地利与胜利*

从倭贼在卢沟桥寻衅起，到现在二十二个月的中间，我们根据经验，可以判定倭贼作战的总策略是这样的：用他认为最相应的代价，换取我们最重要的交通枢纽，而且在一处呈胶滞状态时，另从侧面袭攻，或在距争夺处甚远之另一区域进攻，使得我们感觉着调动上之困难。倭贼用这个方法侵略我们，自始至今没有例外。细细想来，他只能用这个方法，更无其他方法可用，因为，若是他想找一个地方和我们决战，是做不到的，若在交通于他不利的地方，和我们消耗，他必然更认为吃亏，所以他只有取这样一个策略。去年春天，我在汉口听到一位为我们效力的外国军事家说，“日本的战略，是欧战前德国陆军学校教科书上的办法”，这话形容倭贼的似有变化而实无变化处，再好不过了。倭贼之终必归于全败，也就要在这个战略上决定了。在德国，乃至在全部欧洲（除苏联外），所发达的这样战略，都是为国家较小，交通发达，工业繁盛，易于速战速决的地方而适用的。倭贼用这法子而不能决，更谈不到速决，则其失败的运命，便算注定了。

看清楚倭贼的不变动的战略是如此，则我们可以定出一个最少消费、最有便利的策略，在各地相互照顾着使用，使得倭贼这样的

* 原载《傅斯年全集》第5册，217～223页，台北，联经出版事业有限公司，1980。

战略不发生效力，而早归于失败。我们这个策略的原则便是：充分利用我们现在所据地形上的优点，迅速补救我们地形上的弱点，使得我们的“腹里”成不可攻之地位，而运用我们在东南和西北的两臂，使他沿江的深入，沿海的占据，不发生任何效力。

这一个原则的具体实施项目，不是在这一篇短文中所能说完的，现在姑举其中的三个重要纲领。

第一，我们要充分发挥江南山地中地形的便利，使得倭贼沿江的深入失其重要。自抗战以来，最能利用地形上的便利者，可以拿山西的战事经过做例子。我们在山西，失去了正太、同蒲两路的时期颇早，但我们的主帅决定，国军并不自山西退出，而且更派生力军时常加入，使得倭贼在此地，如同陷在大泽中。一年以来，倭贼之不能南向渡河以窥郑洛，西向渡河以扰秦夏者，以此为主要原因；倭贼人力物力在此一带消耗之大，亦以此为原因。以山西喻江南，现在倭贼虽在长江游弋，近来又得到南昌，但是如想在江南更有进展，可就做不到了。浙江全省，除了浙西三府杭嘉湖以外，都是山地，而桐庐以西，富阳以南的地势，尤使得敌人不敢在浙江进展，皖南大部分是山地，洽以江西之西北部山地，俨然等于山西的吕梁、中条，草木之掩护，水流之交错，更使其胜过山西，这一地带的据守，关系江南的战局甚大。所以我们的军民能合作在这些江南山地中利用地形以抗敌，一如山西的局面，不特南昌之失可以补偿，更使敌人无在江南发展之可能。看来地形最便利于日本者，是海岸，其次是长江，铁道已不甚便当，公路更差，所以他无论在哪一省，都不能离公路甚远的县镇活动。然则江南山地之扼守，是使他沿浙赣、南浔、粤汉北段，各种图谋，诚费力而真无效用的。即令他能在江上伸一臂到鄂西，我们却也在陆地上，尤其是山地里，伸一臂到浙东，他还不是江上逍遥而已！这些江南山地，在今后的战局中，关系更大，我们的主帅和将士，必能发挥他的最大效用。所以南昌之失，事实上不算很重要。

第二，因为倭贼的战略，是没有变化的，我们大致可以料定，他在每下一步的攻击地是何处，而预谋对付。从他在大亚湾登陆算起，他之敢于在广东登陆，是他料定英国当时的心理，不是他愿在华南出大本钱。接着犯海南岛，也是同样的把戏。接着修水一带，也是要占交通形胜，而不肯出大价，不过事实上他出的钱比他预料的高多了。自今而后他的方向，我揣断如下：就华中、华南论，他决不会在北海登陆侵略广西，纵使在那一带的海岸上强力占个据点，其情形不过与占厦门一样，其作用无非空军海军在海南岛之对岸有个照应；他决无深入广西的志愿，因为广西的地形，既使他深入不利，而广西的民众组织为各省冠，尤使他深入即等于寻死。至于由广西境向百色攻以胁滇省之一说尤其是绝对不可能，这层忧虑，在后方的人，大可不想。为这层忧虑太近于幻想了。但，这不是说，我们可以不尽人力，坐着恃天险的。地形之便利，必须以人力运用，否则虽以三峡之险，如不拒守，历史上也曾有人一步一步进来。然则他之不敢自海上犯广西仍是怕我们在广西的布置，加以当地的地形，遂成不可犯之势。其实他在北海一带占个据点一件事，可能性也不大，因为他的海军炮火究不能达到海岸内五十里以外，他在海岸上不过得到沙鸥，一离开沙鸥的领域，便是他遭打的地方了，他决不肯出大代价的。然则倭国贼军下一季向他国民报销的是什么？我想来，仍是鄂中、鄂西及洞庭湖西岸一带。我们知道，自平汉、粤汉两路失其联络以后，我们的南北交通，在川省以外者，靠一线复杂曲折的公路，自洛阳至湘黔一带。他必图谋切断这一条联络，他可以趁洞庭湖水涨向西岸城市开炮，更要趁江水尚未大涨，在荆地水区活动。但这一层我们早料到了，当局早把精兵良将放在这些地方，来则送死而已。环顾长江以南全部形势，倭贼更无便宜可赚，南浔路上，算他最后的一个便宜了。常有人顾虑到的，由南昌到株洲，由岳阳到长沙，倭贼是决不得逼的，大致他也不会在这些道路上尝试。

第三，我们用作抗战复兴的根据的川滇黔桂四省，固有其地形地利上之绝大优点，亦有其缺点。发挥其优点，补救其缺点，是现在当务之急，亦是后方军民应日夜不息，合作进行之事。川省之东面、东南、北面，都有大山，层层叠叠的峙立。北面则汉中之北山形更佳，所以这几省的地域，可以说是不可侵犯的区域。但是，最好的形势是外面有崇山叠关不可侵犯，内面却要交通便利，我们的条件，合于上项而不合于下一项，目下由滇至川，及由川至陇，交通上之不便，大大的要补救。我不是说，我们对这一事上努力少，开辟这些山路实在千难万难，目下的成绩，已大有可观，但为将来长期抗战之便利，待办的事仍然很多。我们希望，滇川两省间的交通，至少要有两线，愈偏西愈好，既省运费，又少空袭之损失。目下叙昆间之公路，听说快要通车，这是云南人民对国家的又一个大贡献，我们希望这条路可以合于甲种路标准。此外，由滇省至西昌的公路，能早成就更好。至于大理以北直赴西康，也应该有一条公路。打开地图看，这一处的地形，自然甚不便于修路，但当年忽必烈由此路来率大军数十万，灭大理，灭缅甸，虽说蒙古兵以骑兵为主体，这一条路终非不可通的，不过沿途人烟稀少，征工太不容易了。由四川北出的公路，似乎也是太少，目下的局面，似乎过于集中南郑。而不经南郑，循嘉陵江上流至天水的一条路，也许在军事运输上同叙昆公路有同等的重要。总而言之，川滇间应有两条公路，愈西愈好；川陕川陇间也应有不同的公路，愈西愈好。“腹里”的交通网组织成功，然后外环的险要，得以利用。果然到了后来，日本人“狗急跳墙”，不避牺牲的集中攻打我们区域，我们在“腹里”调兵仍是很方便的，倭贼真要技穷了。以上是举例说地形，以下再举例说物利。川滇黔桂四省中，两富而两穷，幸而有一大好处，就民食平均来说，米大体可以自给。如不能自给，则是管理上的问题了。四省之中，只有贵州米不够吃，这是有法子调剂的。我们前方的战士，不少是吃小麦的，所以小麦的生产应速求其增加并当抑其高价。这个“腹里”，食虽大体无问题，衣上却须当局操心一下，如何屯积棉布，增加麻布，增种棉花，都是应该立刻努力进行的事。其次是药品，这也要大量屯积的（阔人的补药，以及一切介于有用无用之间的“注册药”，自然除外）。以上的一切要紧事，我在川省所见，似乎筹办的还不够快，而一切浪费如重庆及其他市上一望而见的汽油浪费，各种日用洋货的浪费，还不见厉行取缔，这是可惜的。尤其重要的是，在抗战期间，决不可任大多民众感觉到必要物价沸腾之苦痛。诚然，我们不是一个自给的国家，但是，四省中过半是出超的省分，粮食的产量又不少，使人民生活，尤其是劳苦大众，相当的安定，不是办不到的。举欧战作例，欧洲各国，皆不自给，英法虽有海上交通之便，却也大受德国潜艇之袭击，至于德奥，简直是捱饿。但是，他们在战争中涨价极微，尤其是食物。这都由于处理得严，处理得快，管理得密，管理得强。总而言之，在战争期间，国民经济应该自给自足，生活指数应该相当安定，这样才可以精神奋发，才可以努力奋战。抗战的大业，决不能在最近期间结束，至少还有三年。三年以后，我们必偕英法美以全胜，倭国必随中欧的桀纣以灭亡。在我胜利而他灭亡之前，苦是要吃，人力是要尽的。

以上所说，仅仅是举例，因为遍论在本文中是不可能的。不过这些例子的原则本是很明显的。这原则便是：“必求尽其人力以运用地利，胜利之左券在此。”

抗战两年之回顾*

自倭贼在两年前的7月7日，无端袭击我们的宛平县城（旧名芦沟桥），到了现在，恰满两年。这两年中，我们的同胞虽然饱受艰苦，大量死亡，但我们的民族充分表现其伟大的力量，不屈的精神。在这个表现中，看定了最后的胜利，光明的前途；以后的中国历史，要比四千年历史上任何时代都光荣伟大。所以这次的大艰难，已是缔造将来的大光荣的基石。

综合这两年中的事迹，可以看出几个重要的现象，现在分别来说：

第一，愈战愈疲的倭国，愈战愈强的我国。这虽是一句恒言，但也是铁一般的事实。本来中倭两国的力量大相悬殊，这也就是倭贼敢于屡次下手侵略我们的理由，但是倭贼却未料到我们在南京陷落后不瓦解，我们在武汉、广州陷落后不颓丧。在对我们无利的地形上和他摩擦了两年，而现在战事转到与我们有地利的地形上了。我们之所以越战越强，其原因不一，今举其主要者：第一，我们有全国一致非常信赖的领袖，而倭国没有。在我国，是上下一心的，人人感觉到亡国之惨；在倭国，老成人为国耽忧，少壮军人为国惹祸，实业家不得已而听从军人，却满怀着忧虑，一般民众，能听宣

* 原载重庆《今日评论》1939年7月9日第二卷第三期。

传，虽能甘从，却也莫名其妙，所以没有人能决定国策，没有人能统率全局。一个驻意、一个驻德的大使，竟能迫击内阁，使其改换严重决议。如此看来，倭国真不是一个现代有组织的国家，而我国的组织，经此抗战却远比他现代化了。第二，这个战争，在我们是自己救命的奋斗，在他们是侵略战。因为是救命，自然发动出所有的力量；既是侵略，虽然倭贼素受侵略主义的教育，素有侵略的经验，究竟侵略与救命在一般人心坎上是不同的。第三，倭贼的头目，每次告诉他的国民的，没有一次实现，他们总是说，某处某处可以不劳而获，某点某点可以少出代价，所以《动员法》不待全部实行，在目下状态中，当可兼与苏联英国起衅等等。然而这两年中的历史是何如？他出的人力物力的代价是怎样？他现在是不是能真与苏联英国开衅？他的头目，由此知道前言不符后语了，他的国民当也感觉万分无聊了。在我们，我们的领袖说：南京陷落无关大局，陷落后抗战精神及力量应当更强。事实正是如此。我们的领袖说：武汉广州之陷落无关大局，自此以后便转为优势，便要有大胜利。事实更是如此，乃有鄂北晋西晋南之大胜利。所以可以说，倭酋的宣言，无一确切实现；我们的昭示，无一成为虚语。在这情形进展中，自然他们越弄越疲困，我们越来越自信。第四，江海的沿线，平地的地形，是与我们不利的，所以以前固守，付出的代价多；自南昌陷落之后，此一局面告终，以后都是山地战，离开铁路，或且离开公路，我们发挥这个地形的便利，以后的斗争，决不需前者这样之代价了。况且我们在这两年中，一面抗战，一面练兵，目下尚有数十万的精兵未用，而且同时在更大的规模中继续训练着。所以西方半壁，固如金汤，倭贼不再来送死，则鄂北、晋南已开定例了。第五，我们的经济组织及工业化，原来固远不如日本，但这个斗争入于现阶段中一个有利的形势，所以我们能穷打，能苦打；日本则差得多，工业对于国力，是一个大贡献，却也是一个大担负。在此一点上，日本的忧虑，比我们要多得多。

第二，我们的军事力量，实有惊人的伟大。日本的新军力，有数十年的历史，当然是很有他的优点的，所以若以军队之近代化而论，我们的军力自然不及他。但是，我们这几年中，在蒋委员长领导之下，军力的进展，实在神速，尤其难得的，是一面战争一面增加军力。这个进步，以速度论，超过历史上任何时代，若舍去近代化而论，现在中国的军力，是比得上几个历史上的时代。这不特是我们的敌人未曾料到，即我们自己，事前的估量也未必如是之高。这个历史的考绩，是表示我们民族的伟大力最明显不过的。我们要记着，现在我们的军事力量，比前年上海战争时，增加了几多倍了。至于在近代化上缺陷颇可以“攻守异体”、“哀兵者胜”抵偿。故在军事上，我们绝用不着忧虑。

第三，新教育之表现其力量。这里所谓新教育，专自清季以来之新制而言，尤其着重在五四以来之开明运动，近几年中之民族主义教育。在今天，回想我们在小学时代——前清光绪末年——真正是两个世界了。现在的青年，以考上空军学校、炮兵学校为荣，尤其是在好家庭中之青年，有此志愿；至于一般“老百姓”爱国心之发动，更可以看出时代的转变。诚然，受新教育者尚有不少的人去做汉奸，可见在教育上还要努力。但是，以百分比例算去，可见目下的局面出在二十年前，或十年前，汉奸要多好些倍。一切北洋军阀、无聊政客，今日知自爱者极多，足证时代之进步——所可耻者，还出来一个汪精卫。

第四，政治上也有好的开端。战事可以作为改良政治的准备，但政治不能在战时大量改革，这本是一个不可移的原则。所以，我们如果希望一下子到了儒家梦想的“唐虞三代”便也是做梦了。不过，这两年中，政治在精神上已有了大进步，国家意志成立，共信心成立，因共信而互信，遂有真正统一。在这里新国家之基石就奠定。夫共信不立，则互信不成，互信不成，则统一不固。战前之统一运动，成就的颇偏于表面；自抗战以来，乃有心理上统一，即是真正之统一。所以抗战是建国的训练，抗战是建国的基础。

综观两年中的趋势，我们是一天一天的上升，日本是一天一天的下降。自今而后，就国内论，地利、人和更好过以前；就国际形势论，慕尼黑的恶迹，已将结束，欧局将有大变动，而影响及于远东，倭贼将随其贼伙而没落。所以大光明的前途，正在不远。然而天下事总在人为，成功总在努力。现在我们要发挥我们的一切力量到最大限度，人尽其力而不偷闲，物尽其用而不浪费，人得其才而尽厥职，政治昭明而感大众，这是在最高领袖领导之下，必能办到的。

后，夫其信不立，则互信不成，其信不成，则[illegible]一不固。战前之准备不力，战败的阴影[illegible]于表面；时[illegible]以来，乃有心理上之[illegible]，即是其出之统一。所以抗战是使国内团结，抗战是建国的基础。

综观四年中的趋势，我们是一天一天的上升，日本是一天一天的下降。自今而后，就国内说，地利、人和是好过以前；就国际形势论，"轴心国的悲观，反将结束，欧局将有大变动，而影响及于远东，[illegible]随其风波而改路"，可以大光明的前途，正在不远。然而天下事总在人为，成功总在实力。现在我们要发挥我们的一切力量到最大限度，人尽其力而不偷闲，物尽其用而不浪费。人尽其才而地尽其利，政治清明而惠大众。这是在最高领袖领导之下，必能办到的。

钱端升

钱端升（1900—1990），字寿朋，别号爱青，生于江苏省松江府（今属上海市），著名的政治学家、宪法学家。早年入北京清华学校，后留学美国北达科他州立大学和哈佛大学。回国后，任教于清华学校（大学）、南京中央大学、西南联合大学和北京大学。1948 年当选为中央研究院第一届院士。1952 年负责筹建北京政法学院（中国政法大学），并担任第一任院长。1954 年，任中华人民共和国宪法起草委员会顾问。著有《德国的政府》、《法国的政府》、《比较宪法》（与王世杰合著）、《战后世界之改造》、《中国政府与政治》（1950 年哈佛大学出版社英文版）。

钱端升蜚声中外，于 1947 年底应邀赴哈佛大学任客座教授，主讲《中国政府与政治》，但他坚辞美国著名学府聘任，1948 年返回北京大学。在北平解放前夕，他与中共地下党紧密联系，在保护革命学生、维持学校秩序方面发挥了重要作用。十一届三中全会以后，已界耄耋之年的钱端升，又受聘于北大、外交学院、南开大学，为新时期中国政治学科的恢复与建设发挥作用。为纪念钱端升对中国法学研究作出的贡献，经中国政法大学倡议以钱端升名义设立了“钱端升法学研究成果奖”。

作为政治家和法学家，在抗日战争中，钱端升以中华民族的存亡发展作为思考国际关系的根本出发点，权衡利弊，指出我国如何应对日本侵略的道路、策略与方法等。1934 年初，钱端升赴天津接替罗隆基担任《益世报》主笔，8 个月期间共写了 170 篇社论，揭露与驳斥日本侵华阴谋及其罪行，大声疾呼各界人士放弃对日和平幻想，积极做好抗日准备。为此，蒋介石大为恼火，勒令邮局停邮《益世报》。"芦沟桥事变"爆发后，应南京国民政府的安排，钱端升作为北大三教授之一赴美、法、英等国宣传抗日，争取美英等西方国家的援助。

本书共收录六篇文章。其中原载《益世报》的四篇文章主要论及复兴民族的条件，对日外交的方略等。针对华北当局力亲善及妥协政策，黄郛代表中国政府与日本政府交涉一事，钱端升撰文明确指出"我们以为日本人对华的最后目标在制服中国，在没有达到最后目标以前，他们的欲望是不会满足的"，黄郛代表中国政府交涉必定于我国不利。同时他主张应该更多地了解日本，应多组织团体，多鼓励私人去日本游历考察。1936 年元旦，钱端升撰文《论中日关系》指出，中日"亲善之不可能"，必"置之死地而后生"，只有下牺牲的决心，准备作积极的抵抗。1938 年 10 月，抗日战争已进入相持阶段，钱端升的眼光已经超越当下的战争，论及中国外交的根本政策，强调我们需要一个目光远大的外交政策，奋斗能解决民族目前之厄，但只有和平堪作长期的外交政策。

复兴民族几个必备条件*

近两年来，有一极严重崭新之问题，侵袭吾族志士仁人之心脑，疑难惶惑，忧虑感伤，而迄未能获得一确切之答案。问题为何，即吾中华民族今后究否能屹立于世界？简言之，即吾族存亡问题是也。

论及吾族之存亡，国中人士，见解不同。忧时疾世之徒，辄倡中国必亡之奇论；怀奇负志之士，多具吾族必兴之信心。凡此皆属主观之概念，一己之见解，不足以断定中国之前途。吾人今日所应研求者，即在纯客观的立场上，试问吾民族今日是否已具备一切"必亡"的条件？同时更问是否尚具备几许"不亡"的可能？一个民族"亡"与"不亡"，非易论也。以吾族论，具有数千年悠久之文化，永有数千万方里之广土，过去兴亡，非止一次，今后成败，谁能断言？平心而论，吾族数千年来经列祖列宗发扬化育，惨淡经营，优美之德性，伟大之精神，已深植于吾辈不肖子孙心坎与血液。吾人今日有共同惟一之信念焉，即今后无论经过如何困苦艰难，盘根错节，吾族终不失为人类最优秀民族之一种；吾人更自信中国民族决不会亡！即亡亦当与世界人类皆亡耳！此非豪语，此非狂言，此乃吾族心理上伟大坚韧之基石！充此心理，充此信念，充此精神之所至，天可崩，地可陷，世间无可亡我之人！国人听诸，此心理上

* 原载《益世报》1934年2月24日、25日。

之强大自信基石决不可自毁，吾族复兴唯一之生机，其将建立于此基石之上。

虽然，吾人固有自信吾族不亡，然亦必有不可亡之道。今日当问此不亡之道安在？倘其有也，固宜发挥而光大之；其无也则必须有以恢复而建树之。九一八以来，海内外贤士大夫奔走呼号，复兴民族之声，嚣然四起。有提倡道德复兴论者，有提倡教育复兴论者；而国民党领袖诸人尤侧重提倡礼义廉耻之四维论，认为吾族复兴之基础。凡上所举，莫不各具其局部之理由，而均未得复兴吾族之全盘真谛。吾人今兹顾一申述吾人之所见，以为如欲复兴吾民族，最低限度必须具备下列几种条件焉。条件为何？一曰树立民族中心信仰与中心势力；二曰恢复民族自信力与原始建国精神；三曰彻底改革现时社会风气习尚；四曰保持吾民最低限度之温饱。

第一吾人当论所谓“民族中心信仰与中心力量”。此等名词，已习闻国人之耳，本报过去社论中亦曾屡次申述其意义矣。国于世界，必有与立，人生处世，亦必有所信有所宗。今日中国立国所以“与立”者何在？吾族四万万大众，其所信所宗者又为何物？当今世界诸邦无论为民主国家，或独裁国家，无论为资本主义国家，或社会主义国家，均莫不有其中心信仰与中心之力量，苏俄之中心【力】信仰为社会主义，为五年计划，而其中心力量为斯大林所领导之共产党。意大利之中心信仰为极端之国家资本主义，而其中心力量为莫索里尼所领导之法西斯蒂党。日本之中心信仰为完成“大陆帝国”，为做到东方主人翁，而其中心力量则为少壮军人及其所领导挟持之全国大众。此外如德意志，如土耳其，无论在信仰上在力量上，均莫不有其中心。惟其信仰有中心，力量有中心，故能统一其国人之意志，齐一其国人之步骤，以赴其共同之途径与目标。顾吾国则何如？政府与民众，显如一盘散沙，各是其是，各非其非，诈虞相尚，私利是图。在思想上，曾未树立一个中心信仰以维系把握全国之人心；更未造成一个中心力量以发动领导此全国之大众。今日中国民族正如海上一叶孤舟，暴雨狂风，灯昏月暗，而无一罗盘针以指其方向与归途。鲜有不覆亡者！吾人以为今日欲复兴吾民族，首先必须在国人心脑中，树立一个中心信仰，标栥一种切合时代国情之主义，使举国有所宗；同时在政治上必须组织一个有主义有计划之党团，此中更应有几个伟大人格之领袖，有多数坚贞忠实信义仁勇之团员，严格其训练，铁化其纪律，以此为国民力量之中心，方能领导发动全国国民，以共赴此中心信仰。信仰与力量之中心具备，吾族乃不致如今日之颓废零散，奄无生气。今后必能同心合力齐一步骤，以戡内乱，以御外侮，以建国家。年来国民党人呼号“精诚团结”，不知“精诚团结”非呼号所能致，舍此中心信仰与中心势力之树立，将无从求得之也。

第二，吾人所认为复兴民族另一个必备条件，为恢复吾族自信力与原始建国精神。国人今日之大病在不自信。一般青年志士，震于强邻船坚炮利，同时感于自身有国无防，必亡之论，崩陷之悲，应时而起。虽然此实心理上之病态，此失其自信力也。以如此悠久历史之伟大民族，历经盛衰兴亡，终能巍然独存于大地，倘无可以自存之道，曷能臻此？吾人实不应妄自菲薄，须知吾辈先民留下此宝贵之遗产，几千年来，不知断送几许头颅，耗费无量心血；历史上多少忠臣烈士，肝脑涂地，断颈裂身，捍卫吾族疆土，争博吾族自由，悲壮惨烈可歌可泣之事迹，史不绝书。所为何来？所求何事？无非为吾辈子孙争取一绵延孕育之场，留下一生养滋荣之地，以维系其血统终于不坠。吾辈子孙倘能追怀先民如此光荣之事迹，伟大之精神，即令下愚懦夫，亦当知所淬厉感奋，不待他人亡我，其心灵上先已自亡。故吾人今日如欲复兴民族，首当铲除此心理上之大敌，首当恢复吾民族“不能亡”之自信。全民族人人心中充满一个“有我在中国决不亡”之信念，则任何艰苦，可以肩负，任何环境，可以征服，此心理上之基石一定，甚至无坚不摧，无敌不克。征诸历史，当拿破仑征服德意志之日，费希德以“恢复日耳曼民族自信力”之说申儆其国民，树起德人心理上之基石，卒赖以复兴其民族而报法国之仇。更视苏俄，二十年前在工业农业上犹是一十七八世纪之国家，乃以列宁斯丹林辈之崛起，改制翻新，树立计划，十年之间，竟跻最现代化国家之列，迈越其他国家一个世纪之过程。非苏俄民族具有伟大坚强之自信力，焉能若是？凡此均足证明一个民族之自信，实为一切事业之原动力，吾族如谈复兴，最初之条件亦非恢复此种自信力不可。与此自信力相辅为用者，即吾先民原始建国精神。所谓“烈山泽辟草莱”，所谓“筚路蓝缕以启山林”，均吾先民原始建国精神之表现。即如前文所陈历史上多少忠臣节士不惜牺牲头颅鲜血，以谋保全其疆土，滋育其子孙，是皆原始建国精神也。降至今兹，国势陵夷，子孙不肖，祖先之光荣，为吾辈辱没殆尽，而其开国建业之精神，至今日更不可复得。吾辈须知先民原始建国之精神实为吾族之至宝，能恢复自信力，并能恢复此原始建国精神，方能谈建国，方能谈复兴，舍此一切均不足道也。

第三，吾人所深忧痛感者，即为中国社会风气习尚之败坏浇薄，认为非澈底改革，不足振起举国之人心。今日之中国社会，简言之，实一病态之社会。整个社会所表现者，为自私，怯懦，欺诈，虚骄，偷惰，苟安，无公德心，无责任心，有小我而无大我，重家族而轻社会，此实中国民族堕落颓沉最可痛之现象也。处如此恶劣败坏风气之中，虽有圣哲，无以自拔，又何能期望作育一般纯洁志士青年，以肩起此复兴之大任？迩来国中有识之士亦多有感于此，颇有倡导改革社会习俗风尚者。最近南昌党政军民在蒋先生鼓励之下，更有“新生活运动”之发起，以涤除腐恶旧俗，树立优良风气为目标，期以策动全国改变人心，此实最可赞誉之举也。吾人以为改革社会风气，必须由多方进行。一方面由政府发动，以政治力量改良制度，提倡善良风俗。一方面由政府领袖诸人以身作则，澈底改变私人生活习惯，树立新风气为天下先。曾国藩有言："风俗之转移，系乎一二人心之所向"，是知领袖人物之言行，影响全国民众实深且巨。今日中国社会风俗之败坏，大部原因要在过去与现在当领袖私人生活之腐化恶化，贪污自私，见利忘义，穷奢极欲，各种现象所以造成之。故如改革风气，必先从改革在民上者之行为与心理做起。至在民众本身方面，应由智识分子，中坚人士，组织团体，相与策励，检查社会各种病象，认为足以贻害全族者，一一胪列而出以为铲除打倒之目标。同时保留中国旧有美德，参取西洋优良习惯，融合贯通，以创立一种合于时代与国情之新道德新风气，以此发动民众，风行全国。必如此，而后恶习尽除，世风一变，无论老幼，同作新民，其于吾族复兴之前途，实有莫大之意义也。

第四，吾人以为复兴民族，必须维持吾族最低限度之温饱。吾人为此言，实不胜其悲伤感慨！孙中山先生曾谓中国人无贫富之别，只有大贫小贫之分，此言在当日或别有用意，然至今日则已不复尽然。今日中国社会，一方面为军阀官僚，买办豪绅，吮同胞之脂膏，挟亿万之财产，托庇于租界洋场，置身于汽车华厦，恣情放欲以享人世物质文明之至乐；一方面为吾数万万劳苦大众在层层剥削压榨之下，终年胼手胝足，衣不能温，食不得饱。本报农村问题专页所征集农村疾苦之函件，达五六百封，其中十之八九多忠实陈诉农村破产状况，柳絮为衣，草根为食，诚有令人不忍卒读者！吾民族今日显然分为两大阶级，一为立在"奢侈线"上之剥削者，一为伏在"饥寒线"上之被剥削者。"奢侈线"上之有产者，固无从驱之上"火线"以就死，"饥寒线"上之贫苦大众，又孰能驱之赴"火线"以责其抵御外侮捍卫邦家？淞沪之战，江北人多汉奸，岂甘心为汉奸？乃饥寒逼其如此！长城之役，亦有多少任敌探者，被捕后多自承迫于饥寒。是知今日单纯的"道德论"，已不足以谈救国谈复兴。

今日当国者，必须为此颠沛流离贫弱无告之劳苦大众，先谋一回苏喘息之生机；至少至少，亦应将其生活从“饥寒线”上提到“温饱线”上。孔子所谓“富而后教”，管子所谓“仓廪实而后知荣辱”，昔贤已为吾人言之。吾族大众，降至今日，困苦极矣！以如此贫病交迫不得温饱之大众，而期望其能担起复兴民族建立新国之大任，于理不可能，于情不可通。同时吾人更须知欲复兴民族建立新国，又非赖此大众之力不能有成。是则今后之问题在如何苏息此大众，培育其生机，至少必须使其获得最低限度之温饱。吾民族生活希望并不甚奢，倘获温饱，于愿已足。必待温饱，而后可以有力量有生机；亦必待有力量有生机之民众，而后可以谈复兴谈建国。复兴民族之必备之条件，此当为首要者矣。

上举四事，吾人观感所及，简略敷陈，意义容有未尽，而事理则无可或疑。吾黄炎子孙大汉民族，今日实已至中衰垂暮之时期矣！复兴之机，崛起之望，实系于吾人一转念一立志之间！吾人倘自信可以复兴，则吾族复兴，可立而待！兹篇略抒一得之愚，愿以供诸国人之参考，吾族不乏健儿有志之士，时机至矣，曷兴乎来！失今不兴，大劫之来，恐将有不容想象者矣！

论华北大势——兼送黄委员长南行*

行政院驻平政务整理委员会黄委员长将于今晚南下。按黄氏于去年五月初，日军威胁平津时，始受整理华北政务之命，于五月十七日始抵任所。八月初他尝回过南方，当时且有消极的传说；经中央当局几度敦促，始于十月初重又北上供职。

黄氏再度北来于今又有五月。在这五个月中，华北局势在表面上虽无若何变动，但其底流则几无日不在推移之中。对日关系应凭怎样的方针，华北政权应否有所更张，这二者俱为当前急待解决的问题。解决得法或可以替国家保存若干元气，解决不得法且会促华北早一日的沦亡：其中干系至深且大。然则黄氏此行与解决的方法必将有所研商，故我们特乘方法未定以前，对中央及黄氏郑重一言。

现在华北问题可分为二：一是对日问题，一是内政问题。

对日问题我们于社论中常有论及，在二月二十二及二十三日并常阐明何以中日不能妥协的理由。日本是强的，中国是弱的，这是尽人皆知的事实；主张和日的人知道，不主张和日的人也知道；精通日本事情的人们固然知道，不以精通日本事情自命的我们也同样的知道。我们与主张亲日者见解不同的地方在下面一点。亲日派以为日本人对华的欲望是有一定的限度的，如果满足了他们的欲望，

* 原载《益世报》1934年4月3日。

他们（至少暂时）便不会前进。我们以为日本人对华的最后目标在制服中国（或武力吞并，或攻守同盟，或经济操纵），在没有达到最后目标以前，他们的欲望是不会满足的，他们一定是得寸进寸，得尺进尺，有机会乘的。这个不同的见解，在对日方略上是有根本重要的。如果亲日派的见解不错，那我们毫不迟疑地希望有人敢负起割地求和的重任，以让我们有整理内部，徐图复苏的机会。如果我们的见解不错，那割了东北，日本仍会要求华北，割了华北，日本仍会要求长江，与其开门揖盗，财物被劫，内眷蒙羞（近年中国民气的衰落和妇女被污有同样说不出的苦），而生命终归乌有，毋宁与盗肉搏，而死壮士之死！

我们很不客气地坚持我们的见解是唯一正当的见解。我们近来在平津常听见这样一个譬喻。鲨鱼噬糖，闻糖味必追逐，所以在火轮盛行以前，运糖的海船无不畏怕鲨鱼的。为免得鲨鱼破船取糖起见，船上人常有陆续抛糖以饵鲨鱼的必要。有时鲨鱼继续追逐，则常有到岸而被捕者。"日本通"的意见以为日本是鲨鱼，而中国是糖船，所以现在唯一的办法是抛若干包的糖，以保全整个的船。这个譬喻的根本错误即在以贪馋无计划的鲨鱼譬日本人，而以有灵犀的船夫譬中国人。所以我们现在如果采用糖船抛糖的办法，则我们于抛完糖了以后，还得把自己供献于鲨鱼的。我们现在提出一个具体的问题来问"日本通"。假设我们将东北正式割让于日本，而日本也正式签订和好条约，请问你们就能相信日本人的诚意么？如果相信，你们能保证日本人不再作进一步的侵略么？你们割让的用意当然在求有整顿内部的机会，整顿内部的目的也当然在复仇。日本人非鲨鱼，非冥顽不灵者，他们决不会傻到让你诱他们到岸上，让你捕他们，让你有复仇的实力。

中日的关系既谈不到根本的妥协或亲善，我们现在所能做到的最大限度的亲善即是与日人客气客气，口上不谈复仇或抵抗而已。

至于通车通邮等等，则我们认为只有百害而无一利。害之大者，一为使各国得有承认伪国的藉口。再为使华北的民气更死，更消沉。“日本通”或以为通车通邮而后，日人容会让我们有较大的统治华北之权。这一点在不知华北内情的“日本通”容许尚可存此奢望，但黄委员长则当不应有此妄想。日人自所谓撤兵以来，在华北包运毒物，诱致贫农，侦查险要，到处演习，等等，黄氏当必知之有素。日人的跋扈只谓因通车通邮而加增，决不会因通车通邮而减小。这是我们可以根据常识而敬告黄氏的。

所以关于华北的对日外交，我们只有一个秘诀，就是不割让实际的权利。我们如能一方面不割让权利，一方面又能和若干日本要人联欢，使他们能稍有抑制浪人无赖辈之兴风作浪，那当然是最上算的事。黄氏本以熟悉日本情形见称于时，国人所期望于他者当然也在此处。但联络好感的条件如是利权的割让，如通车等等，则我们宁可不要好感，宁可受浪人的扰乱。我们只能有一分力量，则用一分力量来抵抗。中日问题根本是无法解决的，我们愿黄氏对于妥协一道勿轻于尝试，我们但愿其忍辱负重，与日本人敷衍，而不让日本人携权利以去。黄氏如能立意为此，则在积极方面纵无贡献，但国人的感激是可以预期的。

至于对日的重要交涉则中央仍责无旁贷，与地方交涉而不和中央交涉为日本对华传统政策之一。张作霖时代如是，今日的华北亦如此。然这一定于日本为有利的。不然日本必不出此。近一年来国人中颇有人以为任黄郛全权交涉乃有利于我国的办法者。这当然是知己而不知彼的看法。任黄交涉，在中央固可减除许多麻烦，然必于我国为不利，不然日本便不肯这样做法。日本所以愿同地方交涉之故，因为地方向比中央易与。故对日大计中央自己应负起责任，万万不可让地方当局将生米煮成熟饭。这次黄氏入都时，深愿中央给黄一个固定的活动范围。

至于华北内部问题，以理论言，黄委员长是华北各省市的最高行政长官。然黄无军权，亦无指挥军队之权，而封疆大吏则大多为军人，故黄绝无实力。这次黄氏晋京或会向中央要求较大的实权。但我们根据多方面的观察，认为不必改弦更张。从事实言，欲令鲁韩晋徐之辈听命于黄是做不到的。我们对于匪军向主讨伐；但我们对于实力派，因欲维持统一之故，向主渐进。若韩徐能听命于黄，则汪蒋也早能指挥他们，何待今日。此其一。从政治上设施言，黄氏亦未有收得指挥韩徐等的道义上的权利。现在华北各省市名义上归黄节制者，固有冀察晋绥鲁五省及平青两市，而实际上属黄者则仅有平市及冀省战区各县。平市市政除禁舞及取缔女招待等等细政外，足以号召于人民者又有什么？蓟密滦榆各县的行政又有何种成功？所以从道义上讲，黄氏应首先改进平市及战区行政，如平市及战区成绩确能优于华北其它省市，则黄氏便取得道义上整理华北政务的权利。此其二。

再从外交而言，华北政权如真属黄氏，则日人的压迫必将更进一步。现在黄氏因非真实首领，故日人尚无法逼迫。日人既不得志于平，遂分头向济南，太原，及张垣等处，接洽勾结。然平当局既不敢有显著的亲日行为，则别地当局势亦不敢放肆。万一黄氏如有大权，则形势顿将危险。日人首必竭全力以压迫黄氏。他如答应，则丧权辱国。他如不应，则日人势必勾拉不愿受黄氏节制之地方当局。此中危险，如中央及黄氏稍加考虑，当不难意味得之。所以从外交而论，黄氏亦犯不着要求大权。此其三。

华北局面啼笑皆非，是最悲痛的局面。愿当局者以国家的利益为重，而以个人的成功失败，与夫地位权力为轻！

华北对日外交的方略*

对日政策我们主张不亢不卑。我们不唱高调，因为不察实情，徒唱高调，足以亡国。我们也反对低调，因为一味畏怯，一味屈服，也是亡国。我们以为如日人定欲作进一步的侵略，我们只有再忍痛对抗一下（明知这抵抗的结果一定又是失败）。这是不卑。但日人如能停止侵略，则我亦不妨和他们解决一切悬着的枝节问题。这是不亢。

华北今日的外交局势真是危险极了。但这危险不来自日方，而由自己造成。华北的外交当局因为早抱定了对日非妥协不可的成见，故总疑日方十分强硬。因疑日方强硬，遂致日方不欲于此时扰乱华北大局的衷心，亦若熟视无睹。要是政府以华北外交当局戴了有色眼镜而看得来的情报，为制定对日方案的根据，那定是丧权辱国的方案。要不丧权，要不辱国，要安定华北，同时又恰合于今日的形势，政府须采下述三个方略：

第一，我们须坚持不承认伪国的原则。在过去我们政府容许已做过若干可视为等于承认伪国的行为，但这本是重大错误，我们不必一错而必再错，我们今后再不能有比这种行为更进一步的行为。塘沽协定本是辱国丧权的协定。据我们所知，当时日方并没有非获

* 原载《益世报》1934 年 4 月 15 日。

书面的协定不可的决心，而停战条件也没有非如协定所载各条那样苛刻不可的决心，只因华北外交当局慌张过度，而奔走之人又轻率不知大体，以致铸成塘沽的大错。现在塘沽协定既已早成事实，我们反对本是多余，但塘沽协定以外的屈辱我们却不能不加反对。塘沽协定或可视为对于伪国的一种承认，但进一步的承认，我们却万万不能默认。赞成通车通邮者以为通车通邮是塘沽协定以内之事，那是一种戴了眼镜的看法。塘沽协定的地的范围仅为滦榆蓟密的停战区域，我们如果此时由河北进取热辽，固为违背协定；但由内外蒙收复东北，则并未违背协定。如与伪国通邮，伪邮便可南及百粤；如与伪国通车，伪车亦可西至北平。百粤及北平俱不在停战区域以内，我们又乌能视通车通邮为塘沽协定以内之事？我们即不能反对已成的塘沽协定，我们又乌可不反对未成的通车通邮？

通车通邮，无论用何种掩耳盗铃的方式，总逃不了承认伪国的嫌疑。无论“技术”如何高明，结果总是上当。某欧籍专家告《大公报》记者的意见（见昨日该报北平通信）正与我们素来的评论相合。因为通车通邮等于正式承认伪国，而又为既往条约（塘沽协定在内）义务所不需要，故我们绝对加以反对。我们更望唱低调者不自菲薄，重视舆论的重要，而严促政府，并力助政府拒绝日人的要求。

而且，关于车邮二事，日人的要求并无如谣传的激烈。毅然拒绝，决不致酿成如有些人所恐惧的结果，也决不致使问题恶化。不应不拒，才可以使问题恶化。华北谣言日前本极惊人，今观于日外务省所发表的声明，更可见谣言的无稽，而车邮之并无不通不可的严重性。此亦为政府当局所不可不知之事，而低调者也不必过于慎重。

第二，我们关于战区的问题须和日本作一新的交涉，新的解决。这不是高调，这是应有的外交。我们应要求日人遵守塘沽协定的文字及精神，而关于侦察一层则加以修改。战区以内，我本可以警察维持治安，所以我们必须早派巨数的，有力维持治安的保安队进驻战区以内。这是第一点。按照塘沽协定，日人可以自由侦察，这是协定中最不妥的一条，这条务须修正。修正后日军绝不能让其开入。日军如开入，便等于开入河南山西一样，我们仍须视为侵略，不惜以军力抵抗。这是第二点。又日人在停战区域内所享的权利，除沿北宁路按《辛丑条约》得以驻军若干外，余如在内地一样。故现在日人的自由居留，自由开肆等等，俱非条约所许。我们现应据约力争，与之交涉。这是第三点。如以上各点不能做到，则停战区域等于非我所有。华北外交当局如畏日人如虎，则中央应易以较有胆子的当局去和日人折冲。我虽铸过塘沽协定的大错，然我仍须以独立国家自视。一味畏怯又有何用?

第三，日人如能应我关于战区的各项要求，则我们也不妨在不承认、不丧权的原则下，答应日人若干关于华北的另几个枝节的要求，甚或自动的与日人以若干的便利。现在日方主张通车通邮较烈者全是军人，而多少可以主持外交大计的外务省（前虽不能主持，今则多少可以主持）则并不作同样的看法。如果我们能取予有道，予外务省以相当面子，则外务省当可借此抑制在华军人的气焰。我们现在固未便说得太具体，但中央外交当局是应熟权轻重，而向日示意的。

东北问题是无法解决的。但华北的对日问题是可有一整个的解决的。虽则这解决仍是短时期的，如果日人不放弃征服中国的野心，政府不要只求应付日方主动的外交，政府立须制定一整个的方策来和日人折冲。

国人应多去日本游历考察*

在地理上日本是和我最接近的邻国；它对我即没有近年来使我寝食不安的侵略，我们也应熟知它的一切情形。近二三年来中日问题的紧张当然使我们更有熟知日本情形的必要。人家快要亡我，人家快要将我一口吞下，人家对于我们的情形又知道得巨细无遗，我们那可反而不知道人家的情形？

说起来也奇怪，国人对于日本的情形向来是十分隔膜的。以留学生而论，留日的当远在留美的留欧的之上，然懂得欧美各国情形的人尚有不少，而懂得日本情形的人则直是凤毛麟角。国内学者中，能教英国史，或美国史，或法国史的人还可找出几位，而能教日本史的人乃缺乏到几乎找不出来。历史如此，政治的制度或社会的组织亦然。这样隔膜的缘故大概有二：第一，国人向来对于日本的一切，每带着几分瞧不起的态度——虽则这是绝不应有的态度；第二，留学日本的人对于日本文字能贯通者为数极少，而这极少数的极大部分又往往是学习两种完全西洋式的学科——陆军及政治——者，所以对于真正的日本国情又极少接触的机会。

我们今后对日的政策不论亲仇软硬，但我们从前的隔膜无知是必须纠正的，我们从今起，必须力求通晓日本的情形。日人对我，

---

* 原载《益世报》1934 年 5 月 11 日。

无所不知，无所不晓；即俄人对于满蒙的情形亦无所不知，无所不晓。我们今后如再不想法明了日本的情形，那我们真是活该亡国的懒惰民族，夜郎民族。我们今后是绝不能再不深自警惕的。

日本人来华考察的私人及团体每年不知道要有多少，自东北沦亡以来，来者更多。我们今后亟应采用日人的精神，仿照日人的办法，在财力容许的范围内，多组织团体，多鼓励私人，去日本游历考察。游历考察的目的一方面固在作他山攻错之助，另一方面也可藉此探知日本的民气，熟识日本的人物。日本的工商组织有好些是值得我们观摩的，游历考察的结果便可改进国内的工商组织。日本的青年是非常爱国的，而且迷信帝国主义的，但日本的工商领袖及政党巨子，则未必尽赞成积极的侵华政策，游历考察的结果可使国人明了日本的派别，而知有所应付。因为游历考察的目的不是单一的，所以无论团体私人，去得愈多愈好。像我们过去的不乐于赴日游历考察是万万不该的。

依我们的看法，现在中国应即遣派两种团体赴日，一为工商界巨子所组织的团体，一为学者的团体。与日本要人有私交的私人也应多去几个。日本工商业因有倾销的缘故，近年来还未感受恐慌，但一旦欧美各国取缔倾销成功，则日本的工商业必将感受威胁，于是更不能不顾到在中国的市场。因此，日本工商界最怕失了中国市场，更怕华人抵货。我们的工商界如能使日本工商界知道武力或政治侵华将于对华贸易发生自杀的影响，则他们或可拚死力来控制军阀。日本的政客及学者有的固主张对华积极，但有的则不作这样主张，如果我们的学者能去同它们谈话，或亦不无好处。至于私人的谈话则更有微妙的用处，故我们也主张多去几位。而且这些团体及私人，除了可以任若干疏通舆论的责任外，并将带回许多有裨于我们的材料。

学生的修学旅行也是我们所鼓励提倡的，在七八年前，我国学生团体之旅行日本者尚不罕见，但近年来一因国内多故，再因国交欠和，竟至绝迹。且即在旧时，旅行者亦几尽为教育系或师范班的学生，赴日目的几全在参观日本的学校教育，而鲜及其它。这是极不健全的偏重。今岁的情形似较往昔为佳。就平津各校而论，北大清华上月已各去过三四十人，师大今日又将有一批东渡考察。而且这三校的旅行团俱不限于一科一系，更不限于教育。我们认为这是一种好现像，我们更望其它各校能接踵而起。日本学生近来来华参观的几可肩摩踵接，前日即有一批开到北平。以我们的和他们的相比，我们还是瞠乎其后。

来华游历的日本学生是享有种种便利的。他们依了国家的武力，往往可以有越出轨外的行动，如绘图摄影等等；因此，他们所得的材料也独多。同文书院旅行团所获的材料往往可使我们政府机关咋舌惊异。我们东去的学生，我们自无从望其能和日本在华旅行的学生有同样的收获，但我们希望他们除了留心本人所习学科范围以内的事件外，并注意（一）日本的舆论：尤其对华的舆论；（二）日本人民——学生在内——习劳耐苦的精神；（三）日本人民爱国苦干的情绪；（四）日本大中学生在社会上所处的地位，及其对于社会的贡献。

今日适为北平师大学生东渡之日，愿他们对于上述各点能特别注意。

论中日关系*

一、亲善之不可能

我在前年二月间，尝发过下面的一番议论：

两国间的关系总不外（一）不相往来，无所谓好恶；（二）平等关系，虽有冲突，也能互存；（三）一强一弱，一为把持者，而一为被把持者三种。在近代的国际情势之下，第一种状态是绝不能存在于中日之间的。在古时代，我国海疆如有相当整饬的军备，我们便可拒海寇的入侵，而不问日本内部的情形。现在国与国间关系都是十分密切，而中日尤甚，故不相往来的闭关自守是不容再见的了。

第一种关系之不能存在不足为悲。中日问题之所以严重，乃因第二种关系之同样不能存在。日本与中国虽各有其众多的人口，两者却不能同时俱为强大的国家。日本如求为强大的国家，则不能不侵中国。中国如成为强大的国家，则日本势无继续为强大国家的可能。我们须知所谓强大国家，其最重要的条件即为经济上可以独立的能力。即旧日所视为强大征象的军力，在今日亦非建筑于繁盛的工商业基础之上不可。中国如能修明

---

* 原载《中国新论》1936年1月1日第2卷第1期。

内政，走向近代的康庄大道，虽铁矿等微嫌缺乏，尚不难成为又大又强的国家，但日本则绝对不能独立以求强大。日本地小，而煤铁等矿又极缺乏。如要成为强大的国家，非恃工商业的发展不可；但要发展工商业非求助于其他国家而依赖其原料不可。但求助于人终非独立可比。日本既不能东向南向以谋美澳南洋，则只有西向以谋亚洲大陆。所以中日及日俄关系的恶化，经济的形势实为促成的主因，而日本人的喜功好战尚是次因。日本如可得志于西比利亚，则中日关系尚未始无好转的可能，然他进取西比利亚的可能既并不大于进取美澳的可能，则除侵略此可侵略的中国外又有何法？

中国如强大，则中国必以自己之力发展其富源，而东北的煤铁森林及耕地在所必争；所以日本如让我暂时安居关内以图中兴，则中兴成功而后，我仍必与日争夺东北。这点即最短见的日本人当亦可以料及。我如强大，而后日本纵仍可向我购原料，纵仍可互市，但到了那时，把持者势将为中国而非日本。这当然不是日本之所能甘心。中日间的关系既是你强我弱，我强你弱的形势，则日本之不能容我统一，容我安定，容我振作，容我强盛，乃显而易见之事。

所以中日间，不发生关系固不可能，而平等互存亦不可能。中日两国必有一个在上，而一个为经济上的附庸。我如能强盛，则日本在经济上，势非依赖我国或别的国家不能生存；我如长此贫乱，则日本或可于短期中并我吞我，于掠夺东北华北福建之后，复控制中南两部的一切经济命脉及政治活动力。要日人处依赖地位，固非他们所甘心；要我们受日本的宰割，我们亦安能甘心？所以中日间的死拼是无可幸免的。

中日间只有在两种情形之下可以共存共荣。其一，日本向美澳推进（此处不提西比利亚，因为日人一到西比利亚后仍非南行不可），而不来侵我。但这不是国际情势之所能容许。其二，日本之于中国，其感情的融洽，一如比荷之于列强；我让日人开发富源。而日人不采经济侵略以制我。这固为向来提倡中日亲善者之所主张，但中日感情向极恶劣，两国人民又久已相轻相忌，重以九一八以来日人予我的奇耻大辱，则第二种的情形当然也不能存在。（见天津《益世报》民国二十二年二月二十日①社论。）

上面一番议论，不但三十四个月的经过不能改易其一丝一毫的真实，即再过了三十四年，其真实亦不会有一丝一毫的变动。民族主义存在一日，中日间的情势将一日如上面所说；列国间的经济竞争存在一日，中日间的情势也一日将如上面所说。

我国的一部分人民向日受了同文同种说的宣传，每每误认中日有亲善的可能。这种误认实在经不起最简单的分析。在民族主义澎湃之日，同文同种实在是算不了什么。德法两国的人民，其同文同种的程度，尚远在中日两国人民之上，然而德法仍不免为世仇。瑞士是欧洲大陆上最能维持统一及独立的一个国家。如果同文同种是国际间友好的标准，则瑞士应分隶德法意三国，而不能凑成一个国家。所以在今日的世界，文字与种族的相似，实在算不了什么。

而且我们也不要忘了中日在历史上的关系。在民族主义及经济竞争尚未发达的旧时期，日本就不是一个安分的国家。侵略是日本传统的政策；历宋元明清均是如此，十九世纪下半叶以来的举动更不是例外。国民党在历史上固然曾经受过日本朝野某种程度以内的庇护；但庇护的用意何尝是希望国民党统一中国，改善中国？庇护国民党的真正用意也不过是利用国民党来减削北政府的势力。安知

① 日期有误，应为天津《益世报》民国二十三年（1934年）二月二十二日社论，题为“中日问题果能解决么？”

国民党竟出乎日本人意料之外，居然能统一了中国。日本人对此又如何能不暗自伤心，自承错下了一个棋子？此所以民国十八年元旦张学良易帜之日，即日本军阀下了“膺惩”的决心之时。中国愈往统一强盛的路上走去，日本必愈欲得我而甘心。试将最近六七十年的中日关系作一仔细研究，诸问这铁律曾否有过一次的例外？迷信同文同种之说者，固常为日本的文人辩护，将侵略的责任，代日本的文人卸在军阀的肩上。但是在骨子里，日本全国的国民，在内心的深处，又那一个不赞成侵略中国？日本大多数的文人也岂不均在摇旗呐喊，攀龙附凤？试问在何处可以听到他们的反对侵略？即如室伏高信，他总可算是日本当代最有胆量，最有理性，最拥护自由的第一流人物了，但他所望于中国人民者，岂不也是孔子教曾子的一套孝道，要我们逆来顺受？

中日间之根本不易亲善既如上述，至于目前的形势则更不许有亲善的可能。盖今日的日本是军人本位的国家。军人要怎样，政府便得怎样。自九一八以至今日，军人在我中国的行为，无一不得政府的赞助与承认，自九一八以至今日，军人在国内所要求的预算，或军人所视为应该排除的学说思想，亦无一不获完全的贯澈与最后的胜利。推其所以得占优势之故，则缘军人有积极的理想，与坚密的组织，而其他国民则或者缺乏可以麻醉日本国民的理想，或者缺乏强大有力可与军人抗衡的组织，但军人的理想则又为一种最狭窄的军国主义。他们坚信大和民族为最优秀的民族，大和文化为最优秀文化；使黄种人尽同化，为他们的理想之一；而用以实现他们理想的手段，则是武力的压迫为主，而经济的侵略为辅。他们又深信日本的政客财阀为自私而不知“王道”的集团，议会政治则为政客财阀植党营私的利器；所以取消议会政治为他们的又一理想。至于取消后的代替物，则他们尚缺乏具体的提议；取消的时期已否到临，他们也缺乏一致的见解。此外他们反对资本主义，更反对共产主义；

而在原则上赞成一种可以造福平民的经济制度。因此反共产反俄也是他们的理想之一。且他们只信任他们自己有反共产的坚强信仰，与反共产的能力，而不信欧美各国有坚决的信仰，更不信我们有反共产的能力。

细考日本军人的理想，认为是一种变相的法西斯主义固无不妥，但干脆称为日本式军国主义更是妥当。此种主义近正澎湃如怒潮，而渐为日本人民的共同信仰。对华的侵略多进一步，多一分成功，则此种主义亦多受一人的信仰。于是凡不以军人的主义为然之人亦只有二路可走，不是依附军部，作违心之论，以保全政治地位，便是明哲保身，不发议论，不作主张。

日本既以军人为本位，而军人的理想，手段，及势力又如上述，则比年以来，其舆论界之不能有正当的主张，其外务省之缺乏交涉的技能，其关东军之为所欲为，其大小武官之睥睨我全国官民，固亦情理之常，不足为异。然而欲同这样的一个国家讲亲善，则直是与虎谋皮。我如有武力，则非致兵连祸结不止。我如没有武力，则又非被侵吞不可。中日的利害既根本难以相容，而目前的日本，又是这样的一个国家，中日关系之成为一幕悲剧者在此，而中日亲善之不可能者也在此。

二、和好之不我许

在理论上，中日问题可有四种不同的解决：即“完全屈服”，“让步求和”，“消极抵抗”，“积极抵抗”四种。“完全屈服”即是“降”，“积极抵抗”即是“战”。“让步求和”与“消极抵抗”间的不同，不在让步之有无，而在让步后的状态；如两国和好则为前者，如我方仍暗图抵抗则是后者。但在实际上让步求和及消极抵抗俱是不能实现的理想；走上让步求和的路，必然不至完全屈服不止；而真欲消极抵抗，其结果亦非积极抵抗不可。简言之，解决中日的问题只有降与战。和是不可能的。这是九一八以来我的一贯的见解。在起先的时候，这种见解，虽建筑于很浅显的道理，但尚有待于事实的证明。自《塘沽协定》以来，则这种见解已有充分的事实上的证明，丝毫不容否认。

和，如果是可能，我当首先赞成，尤必绝对拥护。割地求和，我可以赞成；承认日本人的满洲国为独立国我也可以赞成。我也愿中国做能屈能伸的大丈夫；勾践事吴的事迹我也不比任何人为隔膜。但是，“我纵勾践，人非夫差”，识者已早有此言。在日本高压之下，一屈即须永屈，再伸恐无此时。华北尚未完全丧亡，而日机已至徐海。到徐海做什么？就恐怕中国有文种之流，在布置勾践复仇的工作。日本人的大志既在掩有中国，则我们不论让到如何的程度，如非整个的降服，他总不会放心。

最近二三年来，我们常常可以听见主张对日妥协的人们，盛道一种所谓抛糖喂鲨的政策。这种譬喻不但不能证明妥协的可能，反充分暴露了妥协的不可能。我于去年尝说过下面一段话：

> 我们近来在平津常听见这样一个譬喻。鲨鱼噬糖闻糖味必追逐，所以在火轮盛行之前，运糖的海船无不惧怕鲨鱼。为免得鲨鱼破船取糖起见，船上人常有陆续抛糖以饵鲨鱼的必要。有时鲨鱼继续追逐，则常有到岸而被捕者。主张抛糖政策者以为日本是鲨鱼，而中国是糖船，所以现在惟一的办法是抛若干包的糖，以保全整个的船。这个譬喻的根本错误即在以贪馋无计划的鲨鱼譬日本人，而以有灵犀的船夫譬中国人。所以我们现在如果采用糖船抛糖的办法，则我们于抛完了糖以后，还得把自己供献于鲨鱼的。现在我们提出一个具体的问题来问主张抛糖者，假设我们将东北正式割让于日本，而日本也正式签订

和好条约，请问你们就能相信日本人的诚意么？如果相信，你们就能保证日本人不再作进一步的侵略么？你们割让的目的当然在求有整顿内部的机会，整顿内部的目的也当然在复仇。日本人非鲨鱼，非冥顽不灵者，他们决不会傻到让你诱他们到岸上，让你捕他们，让你有复仇的实力。（见天津《益世报》民国二十二年[1]四月三日社论。）

当我写上文之日，正是华北当局力主亲善政策及妥协政策之时，征诸华北年来的演变，我的预测，其应验乃丝毫不爽。但是我初非有过人的明察，我所言者，凡稍知中日大势者均能言之。稍知中日大势者能言之，而所谓通晓日本事情者反看不到。此国运之所以否极而泰不来也！

让步求和既足以亡国，然则消极抵抗又如何？

所谓消极抵抗者，即一方面因受强力的压迫，而放弃土地与主权，又一方面则仍拒绝与日本谋妥协之谓。但这种抵抗是不可能的。日本今日所要求者不仅是土地与利权，土地与利权之外，日本更要求我们有诚心诚意的屈服心。人打了我们不算，还要我们不叫痛。消极抵抗就是叫痛，如果叫痛，还得再打；如果敢存消极抵抗的心理或有消极抵抗的行为（例如不用日货，不赴日宴，不收日本学生，不卑躬屈节地接见日客等等），还得另谋制裁。如服其制裁，则结果必是屈服；如不服制裁，则亦只有积极抵抗。所以以消极抵抗为积极抵抗的前趋，以积极抵抗为消极抵抗的后盾则可；只有消极抵抗而不图以积极抵抗为继续，则亦势非放弃消极抵抗而流于屈服不可。

但屈服是绝无讨论余地的。元后之有明，清后之有民国，决不可为今日之训，国民中如尚有以为我们即亡于日本后，我们仍能如

---

① 年份有误，应为天津《益世报》民国二十三年（1934 年）四月三日社论，题为“论华北大势——兼送黄委员长南行”，见本书前文。

明代及民国之得光复，或如菲列宾及印度之获自治者，便犯了没有认识日本民族主义的狭窄性的毛病。

既不能和，又不甘屈服，则惟有下牺牲的决心，准备作积极的抵抗，才可以维持民族的生存。我并不否认作战时民众势必遭受的悲惨，我也不否认战败后四分五裂，一蹶难振的情状。但如讲和即是屈服，则与其瓦碎，毋宁玉碎。自九一八以来，我常说这次中日的问题，不是玉碎与瓦全的问题，而是玉碎与瓦碎的问题。如果尚有瓦全之道，自然可暂求瓦全再说。如果只有一碎，则玉碎当然愈于瓦碎。如有玉碎的决心，天下事正未可限量，结果亦不一定是碎。如果希冀瓦全，而结果是瓦碎，那才是碎得不值一文钱。年来有一部分国人尚日在妄冀瓦全，而实乃正在一步一步的向瓦碎之道深入。这就是我们今日所处的险境。

三、置之死地而后生

由上所说，可知要维持民族的生存，便只有下牺牲的决心，准备作积极的抵抗。

积极抵抗的原则固已为全国有识者所共同承认，但实行的时期及步骤，则尚无一致的看法，有主张立即实行抵抗者，有主张稍缓若干岁月者，更有主张对方土地侵略如进展至某某地域，再予以总抵抗者。数者之中究以何者为利最多而害最轻，则应先就下列三种因素，加以考虑：（一）国内的形势——即知己，（二）日本的形势——即知彼，（三）国际的形势。

就国内的形势而言，无疑的，我们无作战的资格，我们军备不如人，经济实力亦不如人。我们如要作战有把握，势须先为长期的预备。所以单就这一点而言，战事愈推后，于我当愈有利。但这只是理论上的看法。在实际上，如其他两因素不变，我们的预备亦只能在极小的范围内有进步。这种进步于抵抗的前途不会发生多大的关系。而且有几种进步只是在抵抗的过程中，才能实现。

从另一方面说，此时如不取积极抵抗的态度，则民气将更衰，人心将更死，而汉奸之徒将更有蜂起的可能。单有民气这个东西，决不足以御侮，这是的确的。但没有民气，则纵有很完善的武备，亦难以取胜。近年来民气的衰落，及人心的麻木本为民族最可哀痛之事，而其所以致然，则政府的步步退让及不能保障舆论，实为主因。所以平津智识阶级最近激昂表示，以及胡适、傅斯年等坐危城而敢说敢言，不畏强暴的态度，实是政府所最应感谢，而国人所最应继续努力之事。但如此时不即采取抵抗的态度，则为敷衍日本起见，政府或不便任其存在，而人民亦将趋向于消沉或过激的两途。

至于汉奸，与抵抗成反比例，与不抵抗成正比例。如毅然采抵抗的态度，则畏死的汉奸将无立足的余地。如不抵抗，则他们因发纵有人，奥援可恃，必将风起云涌，难以阻止。即令下令讨伐，亦仍必等于具文，徒然丧失政府的威严。我国的民族主义是微弱的，贫穷又是普遍的现象，而日人又已深知我们民族的弱点；所以我们如一日不抵抗，则一日不能以严刑峻法部勒积极作恶的奸民，及消极附恶的愚民。我们如一日不对抗，日人试用已有相当成功的傀儡戏，势将更蔓延于各地。此亦延期抵抗的一大弊害。

至于共产党问题则诚是展缓积极抵抗的一个良好理由。攘外必先安内我亦完全同意。但攘外亦可促进统一。西南与中央貌合神离为莫可讳言之事。最近关系稍有改善，但亦不甚完全可以令人满意。西南此种态度我素向反对。但惟有在积极抵抗之下，始足以消灭西南一切的藉口。如果中央积极抵抗，而西南当局仍敢取不服从中央的态度，西南的革命人民亦将不许。西南而外，北方若干省亦有处同样之情形者。中央的态度游移，则这些省的当局亦乐得敷衍日人；

中央的态度坚决，则他们亦必可完全服从中央。

所以就国内的形势而言，实以早日决战为得计。

若就日本的形势而言，则即战与缓战似无分别。有人谓日本少壮军人急于一战，我如即日迎战，适中其计；不如按兵不动，待其内部发生问题，然后再动。我以为这是一种虚玄的希望。侵华为日本的国策，日本的民众本来根本一致。日本内部如有风潮，无论何人均将利用对华的侵略，以消弭此风潮。如财阀有不利于军阀的行动，军阀固将在华滋事以自高其身价；即军阀有不利于财阀的企图，财阀亦将诱军阀在华滋事，以移转其目标。所以日本在最近数年内，如果有革命的预兆，则政府必将利用对华的侵略来消弭这革命。既然如此，纵再待几年，日本仍将是一个强暴的侵略者。

而且据我的观察，我如决心以武力来抵抗，日本或不见得会决心以武力来侵略。日本人的办法是得一步，又一步的办法，是利用汉奸割据，而不是直接用兵的办法，我如决心举全国的力量以一拼，日本人或者不愿牺牲，因而中止土地的侵略，亦未可知。我这种猜测固有错误的可能；但即使是错误，展缓抵抗的理由也不成立。

所以单就日本的形势而言，即日抵抗或者亦比展期抵抗为上算。

就国际的形势而言，则即战与缓战虽似各有理由，但均乏可靠的根据。现在欧美各国均承经济凋疲之余，且阿比西尼亚问题又未解决，所以稍缓决斗，或可多得国际的援助。但我们又安知阿比西尼亚问题之后，没有其他问题发生？安知近来颇表同情于我的英国，在贸易上能永与日本抗衡？安知德俄间的关系不比今日更为欠佳？国际的形势瞬息万变，我们此时似正宜利用列强对我的好感，而向日本表示不低头的精神。我们此时如不即采取抵抗的态度，则国联的立场，及九国公约的立场，不久势须放弃，如放弃前两种的立场，则国际间的同情势必尽失。如坚持前两种的立场，则冲突又势必无可幸免。至于前面两种立场之万万不能放弃，则凡稍知欧战后国际间的大势者皆能道之。其不知此中的大道理者，实不足与言外交，亦不足与言谋国。

所以单就国际形势而言，展缓作战的理由亦难成立。

在此处我更应一辟因“以夷制夷说”而起的种种误会。“夷”字固极易引起友邦反感，但以夷制夷是任何国家的外交根本方针，我们初不必因日本人的批评而放弃。法国畏德，于是联俄制德。英国畏意，于是联法制意。日本昔年恨俄，于是联英制俄。可知联甲制乙乃是讲求自卫的最自然的政策。日本既谋我如此之急，凡愿制日者，我自然与之联合。日本的抗议是不值得顾虑的。

考虑一切的形势后，我仍觉毅然即行抵抗是上策，亦是唯一应采之策。

如果政府负责当局的考量，得到相反的结果，认不即抵抗为不利较少的办法，则政府至少亦应采纳下列各点：

第一，定一最大的让步限度，实行公开的外交谈判。外交本以秘密为佳，但对日外交应推开了天窗说亮话，无所用其秘密。让步无论大至如何程度，必须早定；定后即可明白告诉国人，告诉日本，告诉世界。日人如果诚意的接受，那我们暂时可以相安无事。如果日人诚意的不接受，那我们只有打仗，不能再有屈服。如果日人的接受而没有诚意，那也不害事，因为我们反正再不能有让步。

告诉国人，可以使国人有齐一的意志，免得人心惶惑无定，亦免得人民嫌政府软弱，而政府嫌人民浮暴或消沉，如让步甚大，固会引起西南及一部分国民的反对，但西南及一部分国民也尝反对过《塘沽协定》，而政府并未动摇。我以为与其使人民反对于让步之后，毋宁使他们反对于让步之前。

告诉日本人，可使日本人知一止境，省得不断的来尝试我们的忍耐性。以理言之，人家未要求前，我万无自动奉送之理。但中日九一八以来的关系，早非常理中事。广田的三个原则，如果完全照日人，此后可以随机应变的解释，尽可使我们成为日本的附庸。与其不定限度，而使日人存中国可以逐步退让之心，毋宁干脆先告以最大的限度。

告诉世界可使世界知道我国的立场，而不致怀疑我国有被日本夷为附庸，成为爪牙的可能。

第二，让步可以极大，但独立国家的立场及独立国民的风度必须维持，为维持独立计，主权土地决然不能放弃。所以自治一类的傀儡戏不能容忍，而断送国联及九国公约的立场亦不能考虑。其次，日本自九一八以来的行为，当然是仇敌的行为。因为无力而不抵抗，还可以说得通；肉麻地和他亲善，则失了独立国民的风度。他们固然会要求所谓“亲善”，但我们应老实告以谈不到亲善，且应力避亲善。

第三，积极的欧美外交活动是必要的，是不能牺牲的。国内有几个较著名的日报及杂志，有时主张联络各友邦以自助，有时却又主张少与往来，以减日人之忌。这是对于国际大势，缺乏坚强认识的一种表现。友邦的援助是少不得的。交友也是独立国家不可少的权利，所以不在让步的限度以内。

总之，即日积极抵抗是上策，公开作一次的大让步，待其表现无信时，再作抵抗，为下策。但如认真奉行下策，我恐实行抵抗之日，亦即在目前。然则又何惜而不即作背城借一之举？

论外交根本政策*

我们过去从没有一个眼光比较远大的外交政策。我们现在急需建立这样的一个外交政策。

我们如仔细研究近代各国的历史，凡是比较兴荣的，比较稳定的国家，都秉着一个历久可以不生多大变动的基本政策，以应付国际的局面；纵使与国及敌国有时不能不改易，甚或经过战争，而这政策依旧存在。凡是对外交政策无定的国家，不是这国家政乱民贫，因而不能有基本的外交政策，便是这国家因缺乏远大的外交政策，而致盛衰无常。

大国是英美法，小国如荷比瑞士，俱属于兴荣稳定，而有基本外交政策的国家。英国的基本政策一在防止欧陆产生一个足以威胁三岛安全的国家或集团，再在维持英国在世界各地巨大的商业利益。这政策的存在已有三四百年之久。在过去，大海军为执行这政策的工具；而和或战、亲德或亲法，则可以随形势而变。美国向来的基本政策一在防止欧洲国家干涉美洲国家之事，再在防止美洲产生拥有强大武力，足以抵抗美国的国家。所以欧亚如没有足以威胁美国安全的国家或集团产生，则美国便不顾问欧亚之事。美国上次参加欧战之是否合于其基本政策，则须问德奥势力，如不遭受打击，是

* 原载《新民族》1938 年 10 月第 2 卷第 13 期。

否可大至足以危害美国的程度。法国的基本政策，自维也纳和会后，在维持其欧洲强国的地位，所以法国不能容许德国有称霸欧陆的雄厚势力，如法国的力量不及德国时，法即联络其他大小国家，以共同对待德国。一八八〇年以后的法国新殖民政策，亦不过是增加人力物力，以减少德法间国力的差数的一种方法而已。荷兰自立国以来，其基本外交政策约如英国，但以英为岛国，地又较大，易于守卫，而荷兰则地小，又毗邻列强，无法自卫，故不得不亲英以自重，更睦邻以消除冲突及觊觎。比国立国以来，以维持中立为基本的外交政策，欧战时虽以抵德侵袭之故，与协约国联在一起，但近年来仍返守中立的政策。瑞士之守中立政策，则为世界所共知，可以不论。

巴尔干，中南美，及亚洲多政乱民贫，因而不能有基本外交政策的国家。这是共见的事实，亦不必细论。

德日等国属于第三类国家。他们的地势及土地都有资格成为比较兴荣，比较稳定的国家，但因缺乏远大的外交政策，以致盛衰无常。一八七一年的德意志或普鲁士姑置不论，即以一八七一年以后的德国而论，其外交政策已有数变。俾斯麦时代以维持欧陆第一大国地位，不与英俄树敌，而努力发展工商业为政策。那时期，德国大盛。威廉第二时代则竭力扩张海军，欲与英国争霸，冀成为世界第一大国，结果为欧洲大战，而德国惨败。槐麦尔共和时代，斯特勒□曼国联政策成功，德国地位渐复，且渐为举世所信爱。今则国社党当权，外交政策又大变，但距最后判断之日恐已不远，德国的命运殆又将遭受不堪的打击。日本自维新以来，也缺乏一个持久的外交政策，今日联甲，明日联乙，今日南进，明日北进，今日拥国联，明日反国联，其唯一不变的就是向亚洲大陆侵略。但侵略绝不能成为一个政策。日本的外交，比较的要以华府会议后，九一八事变前的币原或其同志当权的时期为黄金时期，而后之历史家殆亦将视此为日本近代史上的黄金时期。如今日本的外交政策已经变了，而日本的黄金时期也已过去，崩溃时期也已开始了。

中国自与外国有繁杂的关系以来，也有了百余年的历史，但绝无一定的外交政策可言。起先是一味排斥洋人，兼看不起洋人。随后则联俄，联日，联英等论调此起彼伏，俱视一时的利害，不计长远的祸福；外人责我专恃以夷制夷的政策，而实则一国也没有联成。中间又有过昙花一现的排外政策与庚子之变。国民政府成立后，又叫了三四年“取消不平等条约”的口号，不平等条约没有废除多少，而可能的朋友则得罪光了。即在抗战的十五个月中，我们仍可听见许多所谓路线也者，或望日内瓦，或向英美，或攀莫斯科，或梦德意。我国近百年来外交之缺乏定策，诚是莫可讳言之事。

那末，我们究竟是因国家贫乱，而无暇顾问基本政策呢？还是因没有基本政策，而致国家常乱呢？关于这点，我们固不易为肯定的答复，但我们总不应该否认甲午之战以前，及国民政府北伐成功以后，我们曾具有采用基本政策的资格罢！无论如何，我们现在是意志统一的新国家，我们现在总应制成一个基本政策；否则我们总免不了政乱民贫之讥，或盛衰无常之惧。

要决定一个比较可以垂诸久远的基本政策，我们当然要考虑我们所处的国际环境。我们是太平洋上兼东亚的大国。要争取我们民族应得的地位，并永远维持这地位，我们不能容忍太平洋上或东亚有任何好侵略的强国存在。强国对我尚不妨事，但好侵略的强国我不能容忍，因为与侵略者为邻，则战争必将常起，国家将永无宁日。所以对于日本，我们为保持我们自己的安全起见，我们必须努力于下列各项工作的完成：（一）摧破日本的武力；（二）待日本人民以宽大，使日本渐成走上民主及和平的途径；（三）助长国联的权威，使国联成为强有力的制裁机关。日本如长为强而横，或虽弱而蓄心报复的国家，则我们的安全及和平便会长受威胁。

日本问题之外，我们旧有的属地也是决定外交政策时应得考虑的问题。我们四邻有旧属于我们的许多较小民族，如高丽缅越之类。我们将来应收回他们呢，抑采民族自决主义让他们自决呢，抑不加闻问呢？我们现在当然顾不到这件事，但我国一旦强盛后，旧属地一定成为一个极大问题。如我们政策太积极，我们或会使英日法等俱成我们敌人。一方为对得起这些民族，又一方为和睦英法等国起见，我们似应要求国联早日成立一个保护弱小民族，且给予【的】弱小民族自决权的有效政策。这个政策应适用于全世界，而不以旧属我国的若干民族为限，这样，毗邻我国的许多小民族必可得公平的待遇，而我与列强之间也可免除发展的冲突。

我们还有许多侨民散居于南洋及美洲，而在南洋者尤众。我国强盛后如采积极的民族政策，必将引起英荷等国的不安。怎样可以一方对得起这些侨民，一方又维持我与英荷等国的友好关系，也值得未雨绸缪。

舍了我们自己，而论世界的局势，则我深恐大战终难以幸免。如果徼天之幸，我们已满意地结束对日战争，而大战尚未开始，我们自然应运用我们的全力以防止大战的爆发。如果大战终不可免，则我们惟有竭我全力，以最大的武力（如中日仍在战争中）或经济力（如大战发生在中日战争结束以后），以援助被侵略者，使取到最敏捷的胜利。

基于以上种种，我以为我们应以信义和平为我们外交的信条，以联合世界爱好和平的国家，共同拥护国联的组织，光大国联的理想，发挥国联的实力为我们的基本政策。

我所主张的信条深合于我中华民族的较高贵的理想。我们民族也不是从来没有侵略过他族，但就全局的历史言，爱好和平的情绪确是超过了侵略的劲儿。和平有消极与积极的两种。我们过去偏重消极的不侵略人，而没有能积极的防人侵略。我党总理孙先生看得最为透澈，所以他的全部民族主义，是要国人恢复民族的力量，有了力量以后，则以全力维持世界的真正和平。我们如不能时，以维持世界和平的大任自勉，并以之勉我们的青年，我们将失了一种令我们可以自尊自傲的巨大理想。我们如坚持这种理想，则世界上比较趋向同一理想的大民族，如英美民族等等，必能引我们为友，而我亦可引他们为友。

我所主张的政策，老实说，就是拥护和运用国联的政策。国联成立将近二十年，其威望要以最近几年为最低小。但这不是国联本身的过失，更不是北欧瑞士等诸小国的过失，而由于英法等大国，未能忠实奉行国联盟约之故。我国在消极方面固可告无罪于国联，但在积极方面，我们过去是畏首畏尾，顺应英法，而不能处在严正的立场，翊赞诸小国的行动，以求国联盟约的实现，更说不到领导诸小国，以求国联的强化。

我主张我们在国联中采取一种新的积极政策。除了我们自己的事固应充分予以注意，冀取得国联的援助外，凡有关公益之事，只消于盟约有根据，我们应联络志同道合的国家，共同提出大会，要求讨论。如第八条所述的裁减军备，与第十九条所述的修改条约，我们可以不问有否实行希望，要求大会讨论，或恢复裁军会议，或另设新的筹备委员会，均无不可，而以愈积极者为愈得，我明知这些事一时不易实行，但天下宁有不预作长期的努力，而一旦可以遽成的大事，我们如知难为而不为，到了可为的时候，难道就可轮到我们来立功?

我以为我们如能在国联中博得“富于高理想主义”的赞词或贬词，我们便算得到了大成功。美国进入国联是不易的，但没有加入国联不是不可能的。美国今已加入国联劳工局及国联其他的附属组织，且国际法院中也有美国推事。我们如能与美国订立【各种】以国联赞助为条件的各种条约，我们就可以渐渐地将美国诱入国联。

一般读者读了上文以后，一定要以“著者是理想主义者，不知现实情形”相责，或且以我于作战期内谈和平及国联为迂腐。但正因我们刻在与狰狞的侵略者作殊死斗，所以我们不能不有高尚的理想及远大的政策以支持我们。我所主张的政策，纵与抗战无补，亦绝无害之可言。而且我以为这政策对目前的抗战也有补助。自台儿庄之后，欧美人颇多信我们在不远的将来可得胜利。但他们颇恐我们胜利之后，也成为军国而富于侵略野心。此种恐惧足以使友邦裹足不肯助我。要解除这种恐惧疑惑，惟有一面坚信和平的理想，一面复将这理想表现出来。又日本一般人民，堕在军阀的恶宣传中，亦确信我们一面是仇日的。我们如能待日本人民以宽大，且常向国外表示对于日本资源的缺乏，战事解决后，我愿联合世界各富国共同想法，我想此种德音迟早亦会宣传到日人的耳朵中去的。

我并且要还问难我者疑我者，除了我所主张者外，是否尚有第二个政策值得我们的考虑？我敢说，和平及国联的政策为唯一的康庄大道，其余的或等于无策，或则绝难成功，更绝无永久的可能。

孙先生最后的遗嘱是“和平奋斗救中国”。只有奋斗能解决民族目前之厄；亦只有和平堪作长期的外交政策。

图书在版编目（CIP）数据

学者的责任：中国学者在抗日战争中/杨宗元编．—北京：中国人民大学出版社，2015.8

ISBN 978-7-300-21779-6

Ⅰ.①学… Ⅱ.①杨… Ⅲ.①抗日战争-中国-文集 Ⅳ.①K265.07-53

中国版本图书馆 CIP 数据核字（2015）第 174787 号

学者的责任

中国学者在抗日战争中

杨宗元　编

Xuezhe de Zeren

出版发行	中国人民大学出版社		
社　　址	北京中关村大街 31 号	**邮政编码**	100080
电　　话	010－62511242（总编室）		010－62511770（质管部）
	010－82501766（邮购部）		010－62514148（门市部）
	010－62515195（发行公司）		010－62515275（盗版举报）
网　　址	http://www.crup.com.cn		
经　　销	新华书店		
印　　刷	固安县铭成印刷有限公司		
开　　本	720 mm×1000 mm　1/16	**版　　次**	2015 年 8 月第 1 版
印　　张	24 插页 2	**印　　次**	2023 年 11 月第 2 次印刷
字　　数	290 000	**定　　价**	68.00 元